insular
fascínio além do litoral

Editora Appris Ltda.
2.ª Edição - Copyright© 2025 da autora
Direitos de Edição Reservados à Editora Appris Ltda.

Nenhuma parte desta obra poderá ser utilizada indevidamente, sem estar de acordo com a Lei nº 9.610/98. Se incorreções forem encontradas, serão de exclusiva responsabilidade de seus organizadores. Foi realizado o Depósito Legal na Fundação Biblioteca Nacional, de acordo com as Leis nos 10.994, de 14/12/2004, e 12.192, de 14/01/2010.

Catalogação na Fonte
Elaborado por: Dayanne Leal Souza
Bibliotecária CRB 9/2162

S586i 2025	Silva, Graziela Izauro da 　Insular: fascínio além do litoral / Graziela Izauro da Silva. – 2. ed. – \ Curitiba: Appris, 2025. 　　325 p. ; 23 cm. 　ISBN 978-65-250-7082-7 　1. Encantamento. 2. Insular. 3. São Francisco do Sul (SC). 4. Romance. 5. Escritora francisquence. I. Silva, Graziela Izauro da. II. Título. 　　　　　　　　　　　　　　　　　　　CDD – B869.93

Appris editorial

Editora e Livraria Appris Ltda.
Av. Manoel Ribas, 2265 – Mercês
Curitiba/PR – CEP: 80810-002
Tel. (41) 3156 - 4731
www.editoraappris.com.br

Printed in Brazil
Impresso no Brasil

Graziela Izauro da Silva

Insular
fascínio além do litoral

Curitiba, PR
2025

FICHA TÉCNICA

EDITORIAL	Augusto V. de A. Coelho
	Sara C. de Andrade Coelho
COMITÊ EDITORIAL	Ana El Achkar (Universo/RJ)
	Andréa Barbosa Gouveia (UFPR)
	Jacques de Lima Ferreira (UNOESC)
	Marília Andrade Torales Campos (UFPR)
	Patrícia L. Torres (PUCPR)
	Roberta Ecleide Kelly (NEPE)
	Toni Reis (UP)
CONSULTORES	Luiz Carlos Oliveira
	Maria Tereza R. Pahl
	Marli C. de Andrade
SUPERVISORA EDITORIAL	Renata C. Lopes
PRODUÇÃO EDITORIAL	Daniela Nazário
REVISÃO	Andrea Bassoto Gatto
DIAGRAMAÇÃO	Amélia Lopes
CAPA	Daniela Baumguertner
REVISÃO DE PROVA	Jibril Keddeh

Dedico esta obra aos meus ancestrais, principalmente à minha mãe, Rute Izauro da Silva, e em memória de Orlando José da Silva, meu pai, e também a todos os meus descendentes, sobretudo minhas filhas, Helena e Heloisa.

SUMÁRIO

1
ANCESTRALIDADE 11

2
FOGO E CONFUSÃO 19

3
ONDE VOCÊ MORA? 24

4
CRIATURA 30

5
DESCOBERTAS POLIGLOTAS 34

6
DESVIO MANAUARA 38

7
FARÓIS 45

8
ANGEL 50

9
DEUSES E DEMÔNIOS 56

10
ESQUENTANDO OS TAMBORINS 61

11
CONFIANÇA 65

12
REINADO DE MOMO..71

13
CONTO DE AREIA..75

14
A BENZEDEIRA..81

15
GRATIDÃO...88

16
TEMPO CONCOMITANTE...92

17
DEPOIS DO HOJE..97

18
CONFLITOS..105

19
DESPEDIDA..116

20
VIVER A MORTE..120

21
ACASO..126

22
DOCE SACRILÉGIO..135

23
A FUMAÇA...139

24
ÀS PRESSAS...143

25
INFERNO AO LÉU 147

26
NO HÁBITAT 153

27
SORRIA! 158

28
SEXTA-FEIRA TREZE 167

29
O AUTO DA BOCA DO CAMINHO 178

30
DESPERTAR 185

31
DISPENSA 191

32
CORTA! 198

33
ORDEM DO DIA 205

34
PARAÍSO AMARGO 216

35
NÃO IDENTIFICADO 221

36
DE CUMPLICIDADES E SEGREDOS 227

37
PAGA-SE O PREÇO 238

38
RAÍZES, SEMENTES E FRUTOS 247

39
O DÉCIMO PRIMEIRO 256

40
A CRUZ CELTA 261

41
O PACTO 268

42
COMPATIBILIDADE 273

43
ECLIPSE TOTAL 283

44
RAPAZES EDUCADOS 291

45
TEUS SEGREDOS 297

46
CONVERSA RETA 309

47
UM BRINDE À VIDA 314

48
OLHOS DE FECHADURA 320

1

ANCESTRALIDADE

— Sim, eu confesso! É verdade! Participo de sabás e pratico sexo com meu amo e senhor, o diabo...

— Pera aí! — Helen foi interrompida na leitura por Raquel, a irmã. — Esse texto não é o resultado da sua pesquisa sobre a família? A nossa família?

— Sim. E daí? — respondeu Helen dando de ombros.

— Uma dúvida: vai ler isso numa sala cheia de adolescente? "Sexo com o diabo"?

— Sim.

A irmã e a avó menearam a cabeça negativamente.

— Então não?

— Como você sabe que ela falou isso? — Interessou-se a avó. — Estava registrado nos documentos antigos?

— Ah, vó! — Helen fez uma pausa, procurando a forma correta de se explicar sem descredenciar o próprio trabalho. — Não com essas palavras, mas ela confessou o crime do qual foi acusada. E o crime era esse.

— Está bem — falou Raquel, gesticulando com a mão como se chamasse alguém para perto de si. — Continue o texto antes que o neném acorde. Daí já viu, né?

Daí já viu. Estava mais do que entendido. Helen concordou. Colocou de novo a folha com o manuscrito defronte ao rosto e deu sequência à leitura.

— Essa foi a confissão de Luciana Maria Conceição, minha decavó paterna, que após três meses de torturas físicas impostas pelo Santo Tribunal Inquisidor de Lisboa, descobriu, enfim, qual era a acusação que pesava sobre ela.

— Bruxaria! — gritou a avó, adiantando-se para demonstrar que sempre estivera certa no assunto. — Desculpe. Pode continuar.

As irmãs uniram os olhares na direção da senhora. A narradora continuou:

— Heresia e prática de feitiçaria.

Nascida aos 13 de outubro de 1733, na Ilha do Faial, arquipélago dos Açores, após tortura e confissão, aos 20 anos, Luciana foi submetida a um dia de humilhação em praça pública, em Lisboa, num cortejo dos chamados "Autos da Fé". O rei Dom João V em pessoa assistiu à procissão punitiva e foi o próprio que, num ato de benevolência, concedeu a ela expatriação e expropriação dos bens dos quais era herdeira.

— Benevolência... — disse Raquel, em um desabafo indignado. — Essa foi boa! É uma ironia, né?

— Também. Mas poderia ter sido queimada viva.

A avó, ouvindo os comentários, gesticulou com o sinal da santa cruz, sussurrando alguma coisa. Helen continuou:

— *A herança da qual foi desapropriada, tinha recebido após o óbito do pai, Pedro Alves, um cristão-novo, que tinha sido um bem-sucedido banqueiro em Lisboa e que se refugiou na ilha para salvaguardar a integridade física dele e da filha das cruéis perseguições antissemitas que inflamavam os ânimos em Portugal.*

— Interessante. Vai continuar o texto, né, com as informações do diário da bisavó Sabina?

— Alguma coisa, sim. Mas não vou fazer referência aos comentários específicos de bruxaria.

— Por que não? Se a confissão já foi feita lá em Portugal?

— Ela foi forçada a isso, Raquel. E o que as descendentes delas foram anotando em diários nada mais era do que a coleta de transmissões orais. Como ela chegou ao Brasil com esse estigma de bruxa devido ao maldito Auto de Fé, que a difamou entre seus patrícios e descendentes, então a fama se espalhou por gerações. Tipo assim: "Sabe o filho, o neto, a bisneta, o filho da bisneta da mulher que era a bruxa na Costa do Santinho e Porto Belo?". Desse jeito.

A avó, descendente direta na árvore genealógica, ainda fazia questão:

— Mas escreve. Mentira não é. Eu sei.

— Vó, não é questão de mentira ou verdade. É uma redação interdisciplinar de História e Português. O professor vai querer as fontes. Desculpa, vozinha. Vou fazer assim: no próximo texto de Língua Portuguesa eu escrevo as desventuras da bruxa luso-brasileira.

— Não se esqueça do "expatriada" — Raquel não deixou passar despercebido.

— Bem lembrado. Nossa ancestral foi degradada para o Brasil e chegou a Floripa- Desterro em 1753. Isso vai no texto também.

— Mais uma coisa: antissemita você escreveu aí? Então, por parte de pai, do lado da nossa vozinha aqui, nossos ancestrais eram judeus açorianos.

— Cristãos novos.

— Sim. E os pais deles?

— Está certa. — Helen entendeu o raciocínio da irmã. — Os chamados judeus sefarditas.

— Onde você conseguiu levantar todas essas informações?

— Arquivos e documentos na internet, Torre do Tombo e sites de genealogia.

— Se fosse eu, escreveria sobre a avó Felicidade. No máximo sobre a bisa. Bem menos trabalhoso. Eu não encontro essas coisas.

—Tem que pesquisar e conectar informa...

— Xi, xi, xi, xi! Deu por hoje. Perdão! Arrependi-me de ter perguntado. Vou adiantar a minha vida. Pelo que eu vi a sua já está ganha.

O bebê de Raquel estava acordando.

Helen guardou o texto entre as folhas do caderno, dentro da mochila, e foi recolher as roupas antes que os pais retornassem do supermercado.

Enquanto desprendia dos tecidos e elásticos os grampos de madeira e lançava as roupas limpas no cesto, como fazia metodicamente todo fim de tarde quando não chovia, a brisa invadia seus pulmões e sussurrava em seus ouvidos uma reflexão sobre a última frase que a irmã lhe tinha dirigido:

"A tua vida já está ganha,

A vida é uma dádiva,

Às vezes, a genitora não é mãe,

A Mãe é a divindade que tudo governa.

O pai tem que ser eleito pela deusa.

A vida pede amor e dele se alimenta.

A vida oferece escolhas, quem decide é você".

Helen tinha recém-completado sua décima quinta primavera, estação que em nosso hemisfério marcava a data do seu nascimento. Desde os 8 anos de idade tinha dessas coisas. Ouvia a voz do vento. Nada que a incomodasse. Mas não compartilhava com ninguém. Poderiam querer examinar sua mente. A avó Felicidade era a única que poderia entendê-la. Ainda assim, não estava preparada para ouvir o parecer dela.

Em menos de um mês encerraria o primeiro ano do ensino médio. Ansiava pelo fim do ano, pois o irmão mais velho, Sérgio, de 20 anos, que morava, trabalhava e estudava em Joinville, já tinha prometido levá-la para curtir o *Réveillon* daquele ano na Praia da Enseada. Na companhia do irmão, Helen podia ir a qualquer lugar, a qualquer hora.

Dois anos antes, quando Raquel tinha 16 e ela 13, nenhuma das duas podia sair de casa à noite para festas e baladas. Então Raquel e Joaquim começaram a namorar. Tudo seguindo os protocolos. Estavam apaixonados. Joaquim foi até a casa dela e pediu permissão ao seu Raul e dona Ana para namorar a filha mais velha. Seis meses depois foi feita a revelação: Raquel estava grávida, entrava no terceiro mês de gestação.

Foi como um tsunami. Abalou o oceano que, por sua vez, externou sua dor lançando águas sobre tudo que estava apoiado na superfície da terra. Numa explosão, estilhaçou os vidros das janelas, enlameou as mobílias depreciando suas estruturas, soterrou as flores e as plantas do jardim e, de repente, viram-se procurando os mortos e os feridos. Foi tudo muito rápido.

Uma nova era floresceu naquela casa: Sérgio ganhou apoio financeiro para alugar uma quitinete em Joinville. Seu Raul, que andava protelando sua aposentadoria da Estiva, deu entrada nos papéis e antes do neto nascer já não era mais um estivador da ativa.

Afrouxaram as rédeas dos filhos, resolveram ser avós sem compromisso e passaram a ir com mais frequência a Paranaguá, terra dos familiares de dona Ana.

— Helen, vem ajudar a tirar a compra do carro!

— Sim, senhora.

Helen tirava as coisas do porta-malas e colocava sobre a mesa, enquanto o pai procurava o controle remoto para trocar a programação da TV e a mãe e a avó organizavam os mantimentos nos respectivos lugares.

— Conseguiu fazer a tua pesquisa genealógica, filha?

— Sim. Do lado do pai a árvore foi longe.

— Poxa, que legal! E do meu lado? Meus ancestrais foram encontrados?

Helen ficou visivelmente chateada.

— Não. Quase nada. A última descoberta foi aquela que eu tinha mostrado já, da bisavó da senhora, que viveu e morreu em São José dos Pinhais, no Paraná. Daí a pesquisa ficou travada porque em nenhum documento consta o nome dos pais dela.

A irmã, que saía do quarto com o filho, veio se intrometer:

— São José dos Pinhais? Essa é nova pra mim. Achei que fôssemos litorâneos, desde Adão e Eva. Mais do que isso: insulares.

— Ah, tá! Os negros chegaram aqui em seus transatlânticos e ainda puderam escolher seus quartos de vista para o mar.

— Cruzes, Helen, que mau humor! Engoliu um escorpião vivo, foi?

Helen já estava com os olhos beirando a lágrimas.

— Desculpa, Raquel. Você não tem nada com isso. Na busca pelos ancestrais desse lado da família, só o que encontrei foi falta de registro, dor e frustração. Como se a identidade, a origem e a idade daquelas pessoas não tivessem a menor importância.

— Talvez no continente africano tenham nascido e vivido em regiões litorâneas.

— Sim. É bastante provável.

Dona Felicidade trocou um olhar com a nora. Já a tinha alertado de que a neta estava envolvida demais naquela pesquisa e que era preocupante o desgaste emocional da jovem. A benzedeira sempre explicava ao filho e à nora que Helen era diferente dos outros netos, que tinha uma ligação estreita com a terra, a natureza e a ancestralidade.

Como havia prometido à avó, Helen fez um texto registrando o que dona Felicidade ouvira de sua avó quando era menina, conforme sua mãe lhe tinha contado e que, por sua vez, tinha lido num diário antigo que se perdeu em algum momento do transcorrer das gerações.

Colégio Estadual Santa Catarina
Aluna: Helen Karina dos Santos   *1º ano*
Disciplina: Língua Portuguesa

Um oceano entre fogueiras

Quando chegou ao Brasil, após livrar-se de uma possível morte na fogueira, na qual seus gritos de dor e o mau cheiro de sua carne queimada serviriam de entretenimento para a digníssima sociedade lisboeta do século XVIII, Luciana viveu uma vida bastante reclusa na região da antiga Desterro.

Apesar de não conseguir se socializar devido à exposição sofrida em sua ex-pátria, a mal-afamada jovem ainda nutria o desejo de constituir uma família.

Certa noite, a jovem foi importunada por moradores da localidade. Havia um surto de varicela que estava acometendo os bebês das proximidades e devido, talvez, ao seu triste histórico, decidiram que deveriam queimar sua pequena casa com ela dentro.

Do meio da multidão surgiu um homem de notória altivez, de postura imponente e que trazia no olhar o domínio sedutor de um eclipse lunar. Todos que olharam diretamente nos olhos dele sofreram agravos na visão; teve até um que ficou completamente cego. Dominados pelo medo do inesperado que tinha se juntado à ignorância que os guiara até ali, os moradores retornaram para suas casas.

Depois desse ocorrido, Luciana mudou-se para Porto Belo, casou-se e teve três filhas.

Como desgraça pouca sempre é bobagem para quem escapou de duas proeminentes fogueiras, Luciana ficou viúva ainda muito jovem. Assim que o marido faleceu, Adrina, a filha mais velha, ficou doente, indo à beira da morte; passou toda a noite com febre alta.

Sem ter a quem recorrer, pois até a benzedeira local já tinha desenganado a criança, Luciana caiu numa prece desesperada, ungida com as próprias lágrimas. Na manhã do dia seguinte, o tal homem que tinha salvado a vida dela sete anos antes, em Desterro, então Vila de Laguna, apareceu na porta de sua casa:

— Não me convida para entrar?

— Sim. Fique à vontade! — respondeu, sentindo-se confortada pela presença dele.

— Vim dizer que a morte ronda sua casa desde que seu marido faleceu e que embora eu tenha tentado interceder junto à deusa maior pela vida da nossa pequena Adrina, a divina Mãe pede que você retribua.

— Qualquer coisa — respondeu ela sem titubear.

— Você terá que aceitar o seu fado e se juntar à ordem das sacerdotisas da natureza.

— Não vou mais fugir do meu destino. A despeito de toda maldade e ignorância dos seres humanos, que não merecem meu desvelo, eu aceito a minha missão, meu fado; serei uma sacerdotisa da natureza.

— Está ciente da condição de linhagem que será estabelecida enquanto sua descendência viver sobre esta terra?

A resposta ele já sabia, mas ela tinha que concordar verbalmente, pois a palavra oral integra o encantamento.

— Sim. Eu conheço a condição de linhagem e aceito a missão.

O homem assentiu com a cabeça. Não havia outro jeito de manter Adrina viva e na companhia da mãe que ele mesmo escolhera, com a permissão da deusa maior, a Mãe de toda vida.

— Sente-se ao lado da menina na cama.

Eles ficaram um ao lado do outro, inicialmente, com as mãos sobrepostas e viradas para cima. Depois, segurando a mão dela, o homem conjurou algumas palavras, realizando movimentos circulares com os dedos nas palmas das mãos da mãe da criança moribunda.

O círculo criado emanou uma energia de multicores que percorreu todo o corpo dela e passou sucessivamente para as mãos e o corpinho da menina, que estava até então num estado de coma irretornável a qualquer ser totalmente humano.

Primeiro os pezinhos e mãos foram ganhando uma coloração rosada, depois os lábios e as maçãs do rosto.

Segundos antes de a pequena abrir os olhos e iluminar a alma de sua mãe com seu sorriso inocente, a luz no quarto desapareceu. Luciana chorou de felicidade com a filha nos braços, e quando se virou para agradecer ao seu amado benfeitor, percebeu que ele não estava mais lá.

O emissário da mãe natureza, vindo das águas, sete anos depois de salvá-la do fogo em terras brasileiras, tinha, por uma divina transmissão de energias, feito a iniciação da sacerdotisa do ar e das tempestades, e dado início ao legado daquela que ficou conhecida por muitos como Simus Anatlã, a bruxa mais poderosa do litoral catarinense.

A leitura foi feita no púlpito do auditório da escola. Sim, caro leitor, no auditório da escola, em frente a todos os alunos, corpo docente, direção e até convidados especiais da ALBSC-SFS[1] e Câmara Municipal de Vereadores, Helen apresentou seu texto a convite da professora Iracema, de Língua Portuguesa, na Feira Cultural do Colégio Estadual Santa Catarina. Ao fim da leitura, abriu espaço para comentários e perguntas.

Um aluno do terceiro ano ergueu o braço e recebeu o microfone:

— Meu avô é de Floripa, manezinho da ilha. Ele contava histórias dessas bruxas. Essa sua história é baseada em alguma verdade?

Helen, que iniciara a leitura um tanto tensa diante da plateia e aos poucos esvaiu-se de si para dar vida ao texto, conseguiu relaxar e esboçou um sorriso de contentamento ao responder:

— A resposta a essa pergunta eu deixo a critério de cada um.

---

[1] ALBSC-SFS – Academia de Letras do Brasil de Santa Catarina, Seccional de São Francisco do Sul.

FOGO E CONFUSÃO

No ano em que o planeta Terra completou sua décima sexta volta ao redor do Sol após o seu nascimento, Júlio finalmente recebeu dos pais a permissão para ir ao *Réveillon* na Praia da Enseada, na companhia do amigo Paulo, o Tainha, apenas dois anos mais velho.

Os dois amigos viviam no Bairro Paulas, praticamente de frente para o mar, onde a maresia, segundo as alegações de Júlio, não afetava apenas a integridade dos móveis mas, poderia muito bem ter interferido nas informações do código genético da família. Ele falava essas bobagens para desviar um pouco os comentários depreciativos sobre sua aparência por meio do humor.

Maiores foram as inconveniências na infância, em que os colegas valiam-se de suas características físicas destoantes dos demais para tentarem se sentir superiores, impondo-lhe apelidos e provocações, e em consequência eclodiam as brigas.

Nas brigas as coisas pareciam mais justas, pois todos são iguais quando sentem dor; olhos roxos, caras inchadas, joelhos ralados, lágrimas, dentes quebrados e sangue... Ah, o sangue! Esse, sim, vermelho para todos.

Júlio tinha sangue nas veias, como todos, mas o dele era pré-aquecido e fervia num espaço de tempo mais curto que o dos demais.

A diferença dele para os colegas da escola e os irmãos é que ele era o único com sardas e cabelo cor de fogo. O irmão mais velho, Ruan, e a caçula, Eliza, sabiam que entre eles, apenas o irmão do meio herdara os traços físicos do avô paterno, enferrujado de pele e pelo.

Ao atingir da adolescência, a cor do cabelo deixou de ser um incômodo, ainda que ficasse acanhado com os elogios que lhe rendiam das admiradoras. Nessa fase ele começou a investir no crescimento do cabelo.

Acreditava que o cultivando mais longo o ajudaria a disfarçar as ferrugens do rosto e do pescoço.

O pai, seu Rômulo, travava inúteis discussões tentando obrigá-lo a cortar o cabelo, mas o clima só servia para atiçar a faísca que incendiava o seu espírito explosivo. Já a mãe, dona Sônia, dispunha de estratégias bem mais eficazes. Habilidades femininas capazes de envaidecer a um franciscano e edificar moralmente até o mais tacanho dos homens.

A ideia para a manobra que ela colocou em ação naquele fim de ano tinha tirado das telas de TV:

— Você precisa fazer uma visita ao barbeiro, meu filho. Quando você está com o cabelo curto, seus olhos se destacam com um brilho igual ao de um topázio.

A tal joia, nenhum dos dois jamais vira, mas a mãe conhecera nos emocionantes e derradeiros capítulos de sua novela mexicana favorita: *O brilho da paixão*.

O temperamento cálido e passional permitia que mudanças de humor transparecessem nitidamente pelos oscilantes vitrais de sua alma. A tonalidade variava conforme a instabilidade emocional: quando feliz era de um azul límpido e claro como nos dias de sol radiante. Quando se fechava em alguma tristeza ou decepção, a íris escurecia, alcançando uma tétrica coloração cinza, como a do céu que anuncia as tempestades de fim de tarde nos verões litorâneos.

No cotidiano insular, torna-se corriqueiro esse tipo de insegurança.

Vive-se um fascínio por mistérios anunciados e previsíveis ocultos.

Vida e morte estão à mercê dos humores da natureza: ciclones, tornados que provocam chuva de granizo, ressacas, enchentes, destelhamento de residências e redemoinhos.

Os redemoinhos e o mar.

Júlio tinha uma relação paradoxal com o mar: não entrava nele. Nunca aprendeu a nadar. Nas ocasiões em que se via forçado a andar de canoa ou subir à balsa, entrava em pânico. Já a brisa do mar ele amava de forma inexplicável; e o sentimento era recíproco. Fazia bem a ele, atraía-o e o seduzia como o "canto da sereia".

— Júlio! Ei, maluco! Tá em transe? — Era o Tainha, seu amigo de infância, falando.

O amigo era da paz, mas atendia aos instintos protetores e por conta disso a fama de um se estendia ao outro. Se Júlio estava numa briga justa, que seria ele contra no máximo dois, o Tainha só ficava na torcida, fazia o relatório e depois trabalhavam os erros para não se repetirem.

Se o contingente de adversários superasse o um por dois, Tainha organizava a confusão. Aí, sim, era covardia, porque embora Tainha fosse pouco maior e menos esquelético que o outro, quando a necessidade se apresentava ele demonstrava ter uma força descomunal que nem ele sabia dizer de onde vinha.

Improvisaram uma academia de luta nos fundos do quintal do amigo e lá faziam seus treinos. O pai de Paulo não via mal, sabia que o filho não era violento, só estava se exercitando. Já a mãe incentivava, dizia que o sangue guerreiro lhes corria nas veias há gerações.

— Quem te mandou aqui?

— Até agora, ninguém. Mas faltou pouco pra sua mãe me delegar essa função.

Quando Júlio não podia extravasar a raiva, subia nas altas rochas entre as praias dos Ingleses e Figueira e ali ficava. Podia permanecer horas olhando o mar, o horizonte, o pôr ou o nascer do sol, a movimentação de banhistas e o perseverante e tranquilo ritual de trabalho dos pescadores.

— Você acha que foi o Joaquim que desapareceu com a nossa grana?

— Só pode, cara. Não tem outra explicação. Olha só, meus pais não estão querendo ver. Acham que o mano fuma cigarro, maconha, bebe e só. Até aí, beleza.

— Se fosse só isso, né, cara?

— Se fosse só isso a namorada não tinha ido sozinha pra maternidade e ele não teria conhecido o filho só dois dias depois que ela voltou pra casa.

— Ela mora no Acaraí?

— A Raquel mora ali, pela Barão do Rio Branco. Eu mesmo não sei onde é. A mãe é que às vezes vai e a busca com o bebê pra passarem umas horas juntas, comprarem alguma coisa pra criança...

— Como se chama mesmo? O seu sobrinho?

— André Luiz. É a cara do mano, mas é bonito.

Paulo conseguiu arrancar risadas do outro. Não gostava de ver o amigo assim, tenso, sem ter em quem bater para descarregar os quilowatts de energia. Tinham guardado dinheiro num pacote dentro de uma caixa de interruptor inativo que ficava atrás do guarda-roupa, no quarto do Paulo. O plano era curtir o *Réveillon* na Praia de Enseada. Em agosto, Paulo completou 18 anos. Eles conseguiram a permissão dos pais e começaram a juntar dinheiro para a empreitada.

No início de dezembro, a Secretaria de Turismo já começou a divulgar o show ao vivo, acesso *free*, com a banda Cidade Negra, à beira da praia. Paulo alugaria um carro e ainda reservariam grana para o lanche, bebidas, um par de tênis novos para o Júlio e uma jaqueta para Paulo. Jaqueta de gola alta era uma mania dele. Mesmo nos dias quentes, desde criança fazia de tudo para encobrir um sinal de nascença que tinha no pescoço e que ele próprio não suportava olhar e desejava esquecer. Por isso também deixava a barba crescer. Esconder aquela mancha era uma das prioridades de Paulo.

Infelizmente, não só de mar, areia e sol se faz uma península. Um mal acometia boa parte da juventude no cotidiano da cidade portuária: o acesso à diversidade de drogas ilícitas, sintéticas e semissintéticas roubava a saúde, parte da vida e a vida toda de parte de uma geração. Em geral, a comunidade era atingida de forma direta ou indireta. Parafraseando John Donne: ninguém é uma ilha.

São Francisco do Sul não é uma ilha. É uma "quase ilha" que se comunica com o continente por meio de uma intervenção humana, um istmo: o aterro sobre o Canal do Linguado.

Tal qual a inconsequente modificação geográfica, que promove gradualmente impactos no ecossistema local, o vício também apresenta características epidêmicas, porém, esse sim, exige canais, istmos, ações políticas de enfrentamento e acolhimento do doente para ser diagnosticado e tratado dessa enfermidade social.

Joaquim, cinco anos mais velho do que o irmão Paulo, já estava viciado há dois anos. Como seu comportamento começou a mudar, mais ou menos na mesma época em que conheceu Raquel, os pais buscaram por conta própria as melhores justificativas para a mudança do filho. No caso do vício, entre as melhores não se encontra a verdade.

Mas de duras verdades os pais de Paulo César já estavam massacrados. Quando Paulo ainda era menino, Emily, sua irmãzinha mais nova, morreu na frente dele, atropelada por um carro, em Joinville. Ninguém falava no assunto e o fato trouxe um bloqueio na memória do menino. Então era só o Tainha e o irmão mais velho, Joaquim.

Aproveitando que o irmão do Paulo já tinha entrado de forma indireta na história, é válido lembrar aqui que Joaquim tinha 21 anos e a namorada, Raquel, estava a três meses de completar seu décimo sétimo aniversário na semana em que seu primeiro teste de gravidez deu positivo. Mas não entraremos nesses detalhes agora.

Desconfiando que Tainha devaneava os pensamentos, Júlio o resgatou para a conversa:

— Como fica agora? Vamos perder a virada de ano?

— Tá bom... Até parece! — respondeu Tainha, com um sorrisinho carregado de um sarcasmo sutil, ao mesmo tempo em que se levantava para oferecer a mão para que Júlio se erguesse. Era sempre nessa ordem que a coisa acontecia, como o passo a passo de uma cerimônia, e naquela circunstância, o gesto significava que estava encerrado o tempo da lamúria.

ONDE VOCÊ MORA?

Diz o provérbio que em São Chico todo mundo conhece todo mundo. Mas na alta temporada de verão o valor dessa máxima sofre defasagem, perde o crédito. Numa situação atemporal para se constatar a veracidade do dito, Júlio tinha a impressão de que encontrava mais rostos desconhecidos que familiares.

A banda começou com uma hora e meia de atraso e por mais decadente que tenha sido o show de abertura ninguém reclamou, afinal não houve despesa com entrada e o clima era de festa. A apresentação começou depois da meia-noite.

Na busca por rostos familiares, Júlio encontrou Sérgio, um conhecido do tempo em que frequentava a infame escolinha de futebol do Uru, no campo do Atlético. Aproximou-se para cumprimentá-lo:

— Sérgio, que legal te encontrar aqui! Feliz Ano Novo!

Eles apertaram as mãos e abraçaram-se. Num breve movimento de cabeça, Júlio César visualizou o amigo Tainha, que fora retido pelo constante assédio feminino, e o convidou a se juntar a eles.

— Feliz Ano Novo, pessoal! — respondeu Sérgio, enquanto se aproximava de uma moça que estava cantando e dançando com a atenção totalmente voltada para os artistas que se apresentavam ao palco.

— Helen! Vem cá! Estes são o Tainha e o Júlio.

— Paulo César. Tainha é apelido.

— É verdade. Tinha me esquecido — confessou Sérgio.

— Prazer, Helen!

Helen e Tainha trocaram um aperto de mão e encostaram sutilmente a lateral de suas faces.

Júlio se mantinha mudo e estático desde o momento em que a moça virara o rosto na direção deles. Não passou despercebida ao amigo de infância a mudança de expressão e comportamento. O que poderia ter acontecido? Não era o momento de perguntar. Seu dever de amigo era socorrê-lo.

— Este aqui é o Júlio. Júlio César — disse, aproveitando o ensejo para lhe dar uma tapinha discreto nas costas e despertá-lo do transe em que se encontrava.

A jovem estendeu a mão na direção da mão esquerda dele. A mão solicitada, respeitando o convencional e o automático gesto de saudação, agarrou-se à outra que lhe era ofertada. A mão dela era suave e quente. A dele estava fria e suada.

— Helen.

— Helen? — Foi o som emitido pela estátua ruiva.

Também foi de Helen a iniciativa para complementar o gesto de apresentação; aproximou-se e beijou-o no rosto. Não de forma mecânica, nem pelo simples cumprimento protocolar, mas cedendo ao impulso que sentiu de tocá-lo.

Helen encostou os lábios no rosto dele, imprimindo um pouco mais de força que a necessária, e o marcou com seu batom.

— Linda! — Júlio "pensou em voz alta", como Tainha costumava dizer diante de gafes como essa.

O "pensamento" foi ouvido pelos outros três. O irmão da moça riu. Discretamente, mas riu. Júlio nem percebeu. Estava inebriado com o perfume de Helen, que fora instantaneamente captado e cadastrado no arquivo perpétuo da memória afetiva do seu sistema nervoso, promovendo o estímulo simultâneo de milhões de neurônios. Em algum ponto do caminho havia perdido o autocontrole das reações. Sentiu-se enfeitiçado. A presença dela, o cheiro, o toque das mãos e dos lábios e o roçar do cabelo em seu pescoço... Eram muitos os atributos dela que poderiam ser culpados pela cara de paspalho com que ele se encontrou.

— O nome. Lindo! — explicou Tainha de forma apressada, sentindo-se na obrigação de desembaraçar o amigo da situação em que se encontrava.

Com sutileza, ainda chegou a cochichar ao ouvido do outro:

— Cala a boca!

Reconhecendo sua inabilidade em controlar as próprias atitudes, Júlio obedeceu.

Resignou-se a contemplá-la.

A beleza dela extrapolava sua capacidade de admiração devido à ausência de referencial precedente: pele negra, lisa como seda, cabelo em espirais vivos, fios pretos como o mistério da noite compartilhavam espaço com fios cor de canela, revestidos por um brilho de mel. Os olhos castanhos exercem uma força de pulsão magnética que o atraía e, ao mesmo tempo, perturbava-o, repelindo-o como uma glória celeste, inatingível e fatal.

A perturbação era algo particular à pessoa dele. Estava em seu íntimo e por algum motivo inconsciente, talvez transcendente, parecia nascer da relação antiga que se estabeleceu entre o mar e ele. Quando menino, atravessando a baía de canoa na companhia do pai, o tempo virou de forma repentina. O vento forte e traiçoeiro que chegou sabe-se lá de onde começou a agitar o mar e a mudar radicalmente o humor das ondas, que passaram da calmaria e segurança a uma agressividade gratuita, que promovia no mar uma mistura de cores. Uma confusão estabelecida entre o verde ilusório das águas e o marrom proveniente de uma reação à brutalidade do vento, que arrancava a areia e a lama do fundo do mar até a camada superficial de cada onda.

Júlio identificou uma inédita tonalidade de castanho; o castanho redemoinho. Essa tonalidade exclusiva, advinha da percepção da essência humana dele, Júlio César, e da deleitosa bagunça que o dominou no instante em que seu olhar chocou-se com a magia emanada pelos olhos dela. A atração causava-lhe um irresistível emaranhado sinestésico. Os lábios arredondados desenhados com perfeição tinham um toque macio que ele ainda podia sentir em sua pele. Naquele instante, descobriu-se refém.

A cada pequeno intervalo na apresentação da banda, Júlio comemorava com efusivos gritos e palmas:

— Mais um! Mais um! — Era o fã mais empolgado e apaixonado. Não desviava os olhos de cima dela.

Devido ao atraso inicial, o show acabou se prolongando para além do esperado. Júlio temia ser privado daquela envolvente companhia assim que a banda encerrasse a apresentação.

Sérgio deu-se conta de que o último ônibus de volta ao centro da cidade já havia partido. Deixou a irmã sentada em um dos tantos bancos de pedra trabalhada, distribuídos por toda a orla marítima, e aproximou-se da movimentação de pessoas na rua, na esperança de estabelecer contato com algum conhecido que lhes desse uma carona de volta para casa.

Tainha viu-se na incumbência de acompanhar o casal de irmãos para não abandonar o amigo, que seguia a jovem a todo canto, parecendo um devoto a implorar milagre à padroeira.

Sentada sobre a superfície fria do mármore, com um vestido branco ajustado à cintura, cuja parte inferior maleável cobria as pernas somente até os joelhos, e alças que mostravam os ombros, Helen se encolhia tentando se proteger da impiedosa brisa marinha.

Ouviu a delicadeza de uma voz familiar:

— "... *eleito pela deusa, quem decide é você*".

A uma curta distância, Júlio percebeu a pele dela se arrepiar. Sentou-se ao seu lado sem dizer uma palavra. Tirou do corpo a jaqueta que vestia e num gesto cortês cobriu os ombros dela. Numa troca de olhares, Júlio chegou a receber um silencioso agradecimento antes que, de forma abrupta, saísse correndo em direção ao movimento da Avenida Atlântica. Voltou afoito, esbaforido:

— Vocês estão vendo aquele caminhão da prefeitura que está ali, próximo à tenda da Petrobras? O motorista é meu tio. Ele está indo pro centro, vai levar o veículo para prefeitura. Se vocês quiserem, a gente pode ir junto, mas na caçamba.

Todos aceitaram e concordaram em comportarem-se e permanecerem sentados e quietos.

Assim foi, até que passaram pelo posto da Polícia Rodoviária Federal, no Bairro Iperoba.

Esse foi o marco de esquecimento do pré-acordado. Tainha e Júlio levantaram-se agarrados às laterais da caçamba, cantarolando ao vento, o refrão que marcaria aquela virada de ano:

— "*Amor que não se pede, amor que não se mede, que não se repete... amor...*".[2]

---

[2] Fragmento da música *Onde você mora*, de autoria de Marisa Monte e Nando Reis, sucesso na interpretação da Banda Cidade Negra.

Helen e o irmão não arriscaram se erguer, mas também cantavam engrossando o coro.

No trevo, antes do Rocio Pequeno, o tio parou um pouco o caminhão no acostamento e dirigiu a palavra ao sobrinho:

— Posso ir por aqui e te levar até o Paulas. Depois eu volto direto pro Centro Histórico.

Júlio consultou o casal de irmãos:

— Onde vocês moram?

— Numa travessa da Barão.

Do Centro Histórico à Rua Barão do Rio Branco era menos de um quilômetro. Da Barão do Rio Branco ao Bairro Paulas quase quatro. Ainda assim, Júlio não teve dúvidas:

— Pode ir direto pela Barão, tio. Depois, eu e o Tainha vamos a pé pra casa.

Tainha concordou sem muito entusiasmo, mas motivado pela alegria do amigo e pela curiosidade de saber no que aquilo ia dar.

O caminhão parou na Barão, na esquina, próximo ao semáforo, defronte ao posto de gasolina, antes de virar para o Centro Histórico. Todos os caroneiros desceram. Agradeceram ao motorista, que seguiu seu caminho.

Júlio ainda arrastou o amigo até a entrada da Boca do Caminho, onde Helen tirou o casaco e devolveu ao dono, que o vestiu de imediato, sem desviar seu olhar dos olhos dela.

— Tchau, Sérgio! Tchau, Helen!

— Tchau! Obrigada pela jaqueta.

— E pela carona! — pensou em voz alta o irmão da moça.

Helen e Júlio, além da despedida verbalizada, separaram-se trocando uma lembrança imaterial, mas possível de ser vista aos olhos mais sensíveis — carregavam um algo a mais no brilho do olhar e guardavam na essência um pouco um do outro.

Júlio seguiu caminho com o amigo, aconchegado no calor e na fragrância do corpo dela, que de uma forma involuntária e desleal foram inoculados no interior acolchoado da peça de roupa que Helen tão divinamente tinha vestido. A despedida foi mera formalidade. Nunca se livraria dela. Carregava-a consigo e sabia ter deixado com ela uma porção de sua rubra imagem.

Fazendo companhia ao entusiasmo do amigo, Tainha juntou-se a ele no extravaso das emoções do ano que se iniciava e seguiram cantando pelas ruas:

— "Aonde você foi moraaaaaaaaar... Eu sei que eu fui embora, e agora eu quero você, de volta pra mim...".[3]

---

[3] Fragmento da música *Onde você mora*, de autoria de Marisa Monte e Nando Reis, sucesso na interpretação da Banda Cidade Negra.

CRIATURA

João Pedro era uma alma ferida. Sobrepujava mágoas viscerais expondo de si ao mundo apenas superficialidades. Estreava e dirigia a própria vida conforme o roteiro ia sendo desvendado. Viver assim não parecia complicado, tão pouco fácil. Era avesso à vida complicada. Reconhecia-se pertencente a algo maior do que a efemeridade do fôlego humano.

Via na mãe o arquétipo da frivolidade. Ao pai creditava todas as suas possíveis qualidades de caráter, embora tencionasse seguir a vida sentimental num caminho oposto, com menos abstinência.

Guido Manfredo, o pai, era o seu alicerce. A principal referência de afeição, cumplicidade e confiança de João Pedro. A figura paterna era a segurança material e emocional desde sempre.

Na infância escolar, a mãe não marcava presença nem mesmo nas homenagens de Dia das Mães. As justificativas, no entendimento dela, eram "compreensíveis": encontro com as amigas, hora marcada no salão de beleza, shopping, cirurgias plásticas, recuperação de cirurgias plásticas, viagens, spa, chás, semanas da moda em São Paulo, Europa e Estados Unidos, e outros eventos prioritários.

Eram tantos os compromissos que na escola primária, nem amigos, professores ou direção escolar chegaram a conhecer pessoalmente a dona Ângela. E ninguém perdeu nada com isso. Entretanto, na época, a ausência materna em ocasiões específicas feria os sentimentos do pequeno João Pedro. Infelizmente, em outros momentos amargurava seu olhar e maldizia a presença dela.

Conforme foi passando pela puberdade, foi fazendo questão de dissociar sua imagem à da mãe. Aquela que na opinião de alguns não passava de uma *socialite* afetada e sem noção.

Há um incomensurável contingente de amor a ser distribuído dos pais aos filhos e dos filhos aos pais. Para alguns pode haver desproporções nessas incalculáveis medidas. O complexo de superioridade da mãe o fazia direcionar para o pai uma cota do apego e da admiração que naturalmente deveria ser destinada a ela. Ainda assim, por algum motivo, numa caixinha bem guardada e lacrada a sete chaves e segredos, João reservava algum afeto a sua progenitora.

Desde os 8 anos sabia que Guido não era seu pai biológico. Ao acordar certo dia, um pouco mais cedo do que lhe era costumeiro, percebeu na sala de estar uma movimentação incomum.

Seus pais pareciam estar numa discussão acalorada. Involuntariamente, testemunhou sua mãe lançar ao peito aberto e desguarnecido do pai uma de suas flechas envenenadas:

— Não me aborreça! Você sabe que eu já tentei, mas não tem como eu me afeiçoar ao menino. Não nasci para ser mãe. Não consigo entender você. Apegar-se desse jeito a uma aberração com olhos de cobra, que diz que se comunica com os bichos. E pior, sabendo que nem seu filho é!

— Como consegue ser tão baixa? — Ouviu o pai rebater antes que os sentidos lhe desnorteassem, e mesmo numa confusão de ânimo e emoção, o peito parecia que ia arrebentar em pranto. No cair das primeiras lágrimas, correu em direção ao pai e abraçou-o.

— Não acredita nela, pai! Isso é mentira! — Foi o que conseguiu falar ao ser precipitado pela própria mãe no abismo macabro de sua história.

Ao clamor do instinto, suplantou a própria dor, sentindo-se na obrigação de proteger o pai por entender que aquele era o lado mais frágil, mais sensível no embate, e que fora de forma covarde e traiçoeira, duramente atingido com aquelas palavras.

— Ela só está falando isso porque quer te afastar de mim — continuou o menino, tentando confortar o pai, que também chorava diante do evidente sofrimento do filho.

Guido não deixou passar despercebido o ato altruísta do pequeno num momento de aflição pessoal. Essa constatação amenizou em seu íntimo o amargor da circunstância.

Angel segurou os óculos escuros que costumava embutir no alto da cabeça, baixou-os, ocultando o azul acinzentado dos seus olhos frios e libertando o movimento do cabelo loiro e liso. Terminou de acomodar os pés nos tênis de academia, levantou-se, tapou os ouvidos com os fones e fechou-se na sala de ginástica. Embora se declarasse inocente e vítima de um complô arquitetado entre pai e filho contra sua mal interpretada pessoa, decretou seu próprio isolamento por toda aquela manhã.

Foi o pai quem se encarregou de atender à criança:

— Vamos para o seu quarto, *bambino*. Lá podemos conversar. Minha *mama* já dizia que as paredes não falam, mas têm ouvidos.

A conversa foi parca nos detalhes e farta nos cuidados. O narrador se comportou como um soldado valente e atento que precisa atravessar um campo minado. A preocupação em não magoar o filho teve prioridade na narrativa a que deu início depois de se acomodarem sentados lado a lado sobre a cama:

— Quando conheci a sua mãe ela já estava esperando você.

— Pai, ela nunca gostou de mim. Já me acostumei com isso. Não ligo. — As palavras pareciam firmes, mas a nuvem de tristeza no olhar mostrava divergência entre a boca e o coração. — Para mim o que importa é o seu amor, *papà*.

— Eu sempre amei você, mesmo antes de você nascer. Sua mãe é um mistério, meu filho. Ainda tenho esperanças de que um dia possamos aquecer o coração dela com o nosso amor.

Mesmo em idade precoce, João Pedro sentiu-se menos ingênuo do que o pai, pois não admitia aos outros que ainda nutria expectativas sobre o afeto materno. Pensou nas palavras duras e inconsequentes que ela usara para se referir às características singulares dos seus olhos e seu dom de entender os demais seres vivos. Foi inevitável a mente estabelecer uma comparação imediata com os elogios que o pai lhe costumava fazer sobre a riqueza da cor dos seus olhos e sua habilidade especial com os animais, que dizia ser uma dádiva.

— Ela me acha feio por causa da cor dos meus olhos e esquisito porque falo com os bichos e entendo os sentimentos deles. Pai, com quem me pareço?

— Entendi sua pergunta.

Guido aproveitava cada instante para reunir uma verdade que não parecesse ao pequeno tão absurda quanto os contos fantásticos que lhe contava para dormir. Então disse a ele:

— Anos antes de você nascer, quando eu ainda era um jovem solteiro, conheci um moço, muito bonito e parecido com você. Esse rapaz me falou algumas coisas que naquele momento me pareciam inacreditáveis, mas que, com o passar do tempo, foram todas tornando-se reais, uma a uma. O mais interessante foi ele me dizer que em um passar de sete anos, eu conheceria uma jovem e que essa jovem estaria grávida de um filho gerado por ele.

João Pedro era um prodígio. Esperto demais para aceitar uma inserção mítica num contexto realístico, pensou Manfredo. Por outro lado, contava com sua capacidade de autoperceber-se incomum para que a consistência de seu relato se solidificasse. Ele, João Pedro, mais do que qualquer pessoa, sabia que era diferente.

— Os meus olhos são iguais aos dele?

— Sim.

— Como ele se chamava?

— Olha, meu filho, não tenho muito para lhe falar sobre essa pessoa. Quase nada, na verdade. Nem posso te afirmar que ele é o seu pai biológico. Nossa conversa foi breve e em ocasião única e exclusiva. Ele se apresentou a mim dizendo se chamar Agenor. Só isso. Sem sobrenome. É possível que mesmo esse nome seja inventado.

Aos poucos, Guido ia largando, no percurso da resposta, dicas implícitas de que estava desconfortável com a conversa. Estava com medo das perguntas que o filho pretendia fazer. Como o menino entenderia que o pai se ligou a ele por consequência de um pacto cuja motivação oscilava entre o ambicioso e o sinistro?

Na leitura que o menino fazia dos sentimentos paternos, achou por bem encerrar o assunto. João Pedro ergueu seu corpo franzino em frente àquela figura, por ele idolatrada, e abraçou-o com força:

— Muito obrigado por ser meu pai! Eu amo você!

Com os braços finos enroscados ao pescoço do homem ainda sentado, e que era seu escudo, Pedro compartilhou sentimentos sublimes que, embora os tivesse herdado de seu progenitor, foi com o pai que aprendeu a desenvolvê-los.

DESCOBERTAS POLIGLOTAS

Desde a infância, quando falava com diferentes seres vivos — animais, vegetais e em algumas situações, até minério —, o pai percebeu que Pedro tinha vocação para aprender idiomas.

O menino, entretanto, oferecia resistência a frequentar os cursinhos que lhe disponibilizavam ensinos restritos, presos à figura de um professor, apostilas e um ou outro auxílio audiovisual.

Tinha fome e sede de múltiplos atrativos.

Usando sua obstinação e sua inteligência comunicativa, na adolescência conseguiu convencer o pai de que seria bem mais proveitoso investir de acordo com o interesse dele: cinema, música, experiências com pessoas, viagens — de preferência à Europa —, onde, de fato, absorveu com avidez uma boa parcela da riqueza de línguas germânicas e eslavas, desenvolvendo uma paixão pelas culturas e línguas românicas ou neolatinas e alguns de seus dialetos.

O período de transição física e psicológica lhe apresentou ainda transformações e descobertas. A primeira foi a facilidade que tinha de atrair as mulheres, principalmente aquelas que lhe despertavam maior interesse. A segunda funcionava ou desfuncionava como uma reação adversa à primeira: quanto mais encantava as mulheres, menor ficava sua habilidade de conversar com os animais, embora isso em nada interferisse em sua hiperpoliglotia de línguas humanas. Cria que o talento que se desvanecia tinha mais a ver com o dom de ouvir e de ser ouvido pelos outros seres do que propriamente com a compreensão, que é a essência da comunicação. Custou a entender a mecânica de transmissão dessas habilidades comunicativas.

Aos 15 anos, Pedro acompanhou Angel numa viagem a Paris, onde se interessou por uma jovem quatro anos mais velha que atendia pelo nome Edsilia.

Edsilia era uma boneca, de corpo, roupa e cabelo. Perfeita!

Por três semanas tentou fazer com que a garota o enxergasse.

A jovem era de Amsterdã, dos Países Baixos. Estudava em Paris e esporadicamente trabalhava cuidando de um bebê de 2 anos durante algumas horas da tarde e início da noite, na residência de Isabelle Deneuve, amiga de Angel Blandini.

Uma vez no mês, Edsilia costumava pegar o trem para visitar sua família na Holanda. Foi numa noite de Lua cheia que João Pedro teve certeza de que ela o podia ver, ouvir e, mais ainda, sentir seu toque e paladar. Se é que me entendem... Enfim, vou explicar: na Cidade Luz a Lua cheia não protagoniza o cenário, como mostram os filmes de lobisomem. Contudo a energia que ela emana chega com uma potência de atração superior ao que pode ser percebido em muitos outros lugares do planeta. Seu poder descomunal alcançou João Pedro, deixando-o demasiadamente agitado.

Naquele anoitecer, decidido, João esperou Edsilia na saída da casa de Isabelle Deneuve, onde sabia que encontraria a jovem por quem vinha perdendo o sono. Ao avistá-la aproximou-se, acompanhando-a no seu deslumbrante caminhar, e puxou assunto, como já havia feito em outras tentativas, fazendo uma abordagem em, pelo menos, três idiomas, sendo rechaçado, desprezado e ignorado a cada uma das vezes. Mas nenhum desprezo fazia frente à natureza pertinaz de João Pedro, que há anos fazia estágio tentando derreter o gelo que encobria o coração da própria mãe.

Com o refletir da luz lunar nos olhos do rapaz, a jovem ficou mais de um minuto encarando-o, como se estivesse sobre o efeito de um encanto, e depois deu-lhe um beijo na boca. Era a segunda vez que isso acontecia com ele. E contrariando dizeres populares, a segunda vez pode ser mais significativa do que a primeira.

A primeira vez que ele ganhou um beijo na boca tinha apenas 9 anos. Numa brincadeira de esconde-esconde, na casa dos tios paternos, uma prima de 12 anos inventou de se esconder junto a ele embaixo da mesa da área da churrasqueira e, sob a proteção parcial da toalha de mesa, ela lhe roubou um beijo e prometeu que seria sua esposa. Depois disso, ele nunca mais quis voltar à casa daqueles parentes.

Já o beijo dos 15 anos foi diferente. Diferente porque ele também queria. Diferente porque aos 15 anos não ganhou apenas um beijo de verdade. A tal moça, segurando-o pela mão, pediu que ele a acompanhasse em uma viagem de trem:

— *Kom met me mee we moeten praten!*

Pedro entendeu, mas ficou sem saber o que dizer. Estava preparado para ser ignorado e ter que pensar em uma nova estratégia para abordá-la no próximo dia.

Ela insistiu em outro idioma:

— *Viens avec moi nous devons parler!*

— *Oui, comme vous le souhaitez* — respondeu o rapaz com entusiasmo, mas incapaz de avaliar com clareza a situação.

De qualquer maneira, não desejava soltar sua mão da mão dela. Acompanhou-a. Às 19h25 saíram de Paris.

Viajaram juntos, conversaram só em francês porque, por algum motivo, ela pensou que aquele era o idioma dele e Pedro não se deu ao trabalho de desmentir. Edsilia era aficionada pelo mundo da moda e João Pedro já estava bem familiarizado com o assunto de tanto prestar atenção nos comentários da mãe e às conversas dela com Madam Deneuve.

Durante o trajeto, quando não estava expondo seus planos futuros, Edsilia estava com os lábios grudados nos lábios do rapaz, enquanto a língua fazia um trabalho completo de exploração.

Às 23h40, chegaram a Amsterdã. Ela segurou a mão dele e o fez caminhar carregando a mochila dela até um belo parque chamado Vondelpark, onde, nas proximidades de árvores e arbustos, Edsilia tirou uma coberta de sua mochila, estendeu sobre a grama e ali mesmo, naquele espaço público onde poucas horas mais cedo famílias faziam piqueniques e passeavam com crianças, Pedro foi submetido a um monólogo sexual. Na verdade, ele também participou, mas sem direito à fala ou à ação, seu papel poderia ter sido interpretado por um objeto cenográfico.

Enfim... Foi a primeira vez que lhe falaram tal idioma. Ele assimilou bem a língua.

A íntima conversa lhe trouxe a luz da visão interna e ele passou a enxergar a emoção e os sentimentos das pessoas. Não de todas, mas daquelas que lhe despertavam as mais intensas sensações psíquicas: amor, prazer, raiva, preocupação, compaixão, nojo, saudade etc.

Com o despertar dessa visão suprassensível, perdeu a fixação que tinha pela Barbie holandesa, que por quatro horas de conversa no trem não demonstrou qualquer interesse por algo que não fosse ela mesma. Não lhe perguntou sequer o nome.

Quando ficou claro para ele que estava perdendo a comunicação com os animais, tentou abdicar de seus encantos com as mulheres, mas foi inútil. Não conseguiu lutar contra aquela coisa fascinante que atraía para ele toda e qualquer mulher que ele desejasse. Seu prazer não era a pura luxúria. Gostava mesmo de se sentir amado, desejado e, principalmente, de conceder às suas eleitas o sentimento de pleno amor, prazer e satisfação.

A condição de dialogar com o sentimento dos outros ia além da empatia. Conhecia por si a explosão orgástica masculina, contudo o internalizar do êxtase de uma mulher é que o complementava, encontrava-se com sua porção de divindade.

Sua inteligência emocional e a racional desenvolviam-se em ritmo atípico.

Num curto espaço de tempo, o rapaz passou por uma gama de experiências e emoções não habitual aos demais jovens de sua idade. Com ele nada nunca fora habitual ou normal. A despeito disso, não abandonava os estudos escolares e acadêmicos. Não porque achasse importante, mas sobretudo para não desgostar o pai. Mas nunca aceitou estudar no exterior, tinha obstinadas ideias de não se desligar destas terras, águas, ares e gentes. Sabendo pouco sobre a própria história e raízes, tinha uma forte intuição de que seu passado e seu destino estavam em *territoire brésilien*.

DESVIO MANAUARA

Seu Rômulo, pai de Júlio, trabalhava como caminhoneiro. Na vida estava a caminho de logo completar seu quinto decênio. Para muitas profissões, poderia ser considerado ainda jovem, mas a rotina das longas estradas na boleia cobrava um preço alto.

As horas consecutivas de concentração ao volante e a alimentação desregrada facilitaram o surgimento de moléstias circulatórias e coronárias.

A esposa, dona Sônia, estava preocupada com a saúde do marido que, em idade precoce, dependia de medicamentos para controle da hipertensão arterial. Além do sobrepeso, do sedentarismo e do descuido alimentar, havia ainda a inalação indireta da fumaça dos cigarros alheios, principalmente dos da própria esposa. Era um forte candidato a um infarto.

Para piorar o desassossego da mulher, o jornal da TV, na edição especial de retrospectiva de fim de ano, apresentou uma reportagem divulgando os dados do Ministério de Previdência Social, alertando que o caminhoneiro constituía a classe trabalhadora que mais morre de acidentes no Brasil. Isso sem contar as violências a que se sujeitam diariamente nas estradas.

Uma decisão importante foi tomada para aquele início de ano: as viagens de longa distância seriam trocadas por trajetos mais próximos. Apesar do decreto da esposa, seu Rômulo tinha um último compromisso de longa quilometragem a cumprir. Se a obrigação era realmente intransferível ou apenas uma dificuldade de desapego à rotina de anos de trabalho, só ele próprio poderia saber.

Acertaram que aquela seria a última viagem distante e dona Sônia ainda conseguiu condicionar que Júlio acompanhasse o pai para ajudá-lo na sequência dos medicamentos e se, "Deus o livre", acontecesse alguma coisa, Rômulo contaria com o socorro do filho.

Viajar fazendo companhia para o pai não era situação inédita para Júlio, que em outros períodos de férias escolares, desde seus 14 anos, viajava revezando com o pai na boleia do caminhão.

No Amazonas encontraram dificuldades. Diversos transtornos na estrada, até falta de estrada e de ponto de parada. Foram os apuros que acabaram aproximando-os de uma família numerosa em filhos, principalmente mulheres. Chegaram a pousar uma semana na casa da tal família enquanto resolviam os problemas mecânicos do caminhão. A peça solicitada demorou a chegar.

O casal acolhedor tinha cinco filhas vivas e contaram ter perdido dois meninos ainda na infância: um de 2 anos, de moléstia infantil, sem atendimento médico; o outro aos 6 anos de idade, quando corria com a peixeira na mão, que estava levando para tentar ajudar a mãe a inventar um varal. Ele tropeçou, enterrando a lâmina na própria garganta, e sem poder emitir palavra, morreu no quintal de casa, esvaindo-se em sangue.

As meninas eram prendadas e respeitosas, seguindo a rígida educação dada pelos pais. Apenas Diná, a segunda mais velha, é que diferia das irmãs. Trazia um histórico de comportamento inapropriado: sonhadora, desrespeitosa, ousada, achava-se dona do próprio destino. Dizia que não ficaria naquele lugar sua vida toda. Uma confirmada dor de cabeça para os pais. Morena no estilo cabocla, aos 19 anos encontrava-se no auge de sua beleza. Por baixo de seus cabelos negros, lisos e compridos, traçava em sua mente um plano que se tornou uma obsessão, e para o sucesso dele precisava conquistar Júlio. Via na figura do rapaz uma passagem para fora de Manaus.

Numa tarde, Júlio adormeceu depois do almoço ao pé das árvores, onde já tinha se isolado no dia anterior para pensar na sua virada de ano sem ser interrompido. No estágio de transição entre o sonho e a realidade, sentiu que foi beijado e acariciado em todo seu corpo. Sabia que não era Helen, mas fingiu acreditar que era. Não apenas aceitou as carícias, mas também retribuiu a cada uma delas. Chegou a falar o nome de Helen mesmo com os olhos abertos. Diná não se importou com a simples inversão de um substantivo próprio. Após o fato consumado, Diná arrumou a saia, levantou-se e saiu.

Júlio queria voltar a dormir e mentir a si mesmo que apenas tinha tido um sonho confuso. Não pegou mais no sono. Tinha feito uma bagunça na própria vida e como lhe doía admitir!

Partiram no dia seguinte, ele e o pai. De Manaus para São Paulo, de São Paulo a Santa Catarina. Duas semanas de viagem.

Júlio fez todo o trajeto com uma seriedade incomum. Não achava graça de nada. Não se interessou por qualquer assunto ou história contada pelo pai ou por outros narradores que encontraram no caminho. Não tinha fome. O pai obrigava-o a comer, estava preocupado com a saúde do filho.

Quando chegaram em São Francisco do Sul, seu Rômulo, como de costume, tomou-se de imensa alegria ao ler a mensagem de boas-vindas no pórtico de entrada da cidade.

O filho não conseguiu compartilhar do entusiasmo. Mais de uma vez desejou nem retornar a São Francisco. Ponderava que ali morava sua felicidade e não se sentia digno de ser acolhido por tal sentimento. Se a felicidade fosse uma pessoa não levantaria os olhos para encará-la.

Escolhas e consequências.

Ações e reações.

Um turbilhão de certezas e incertezas lhe assombravam e arrastavam seus pensamentos, envolvendo suas ideias de forma desordenada. Chegaram em casa. O abraço caloroso da mãe não foi suficiente para lhe aquecer o ânimo. Era visivelmente outra pessoa.

— Ué! O que aconteceu com esse menino?

— Não sei dizer. Está assim desde que saímos de Manaus.

— Hum... Tá parecendo doença de amor. Conheceu alguma moça por lá?

— Bom... Tinha uma moça lá em Manaus que parecia interessada nele, mas Júlio estava nem aí para a garota e o interesse dela.

— Que foi, meu filho?

— Nada, mãe. Só estou com um pouco de dor de cabeça.

"Não mesmo", pensou dona Sônia. "Conheço esse olhar...".

Ainda que não acreditasse, a mãe deu-lhe um remédio.

Júlio aceitou a medicação e foi para o quarto para deitar-se.

Por toda a semana carregou uma expressão pesada no semblante. Não conseguia disfarçar. A mudança de tonalidade no azul dos olhos denunciava que o espírito estava perturbado. Durante uma semana conseguiu ficar fechado em casa. Ia no máximo até os fundos do quintal, no fumódromo da mãe. Voltava impregnado daquele cheiro que lhe era detestável e com a toalha de banho na mão seguia direto para debaixo do chuveiro.

A mãe o sondava com insistência e ele já estava ficando sem desculpas para tentar tranquilizá-la.

Foi aí que Tainha veio à porta de casa para chamá-lo para conversar. Ficou sabendo que Júlio já estava de volta havia uma semana e achou estranho que não o tivesse procurado para contar as aventuras da estrada.

Dona Sônia ficou entusiasmada com a presença de Paulo César, o bom menino dos Schneiders, como ela costumava dizer, para diferenciá-lo do irmão mais velho que, no entendimento dela, nunca foi flor que se pudesse cheirar.

— Entra! Estava quase indo falar contigo. O seu amigo está com algum problema que não quer compartilhar conosco para que possamos ajudar. Tira ele um pouco de casa para espairecer as ideias. Quem sabe se com você ele se abre.

Tainha pediu licença e foi até o quarto do amigo. Júlio estava deitado. Levantou-se para cumprimentá-lo.

— Que é isso, cara? Tá entocado?

— Tô péssimo! Está tudo acabado pra mim.

— Veste uma roupa, lava essa cara, escova os dentes e vamos sair um pouco pra trocar umas ideias.

Se recusasse o convite do amigo, não só aumentariam as preocupações da mãe, mas teria que acrescentar o Tainha na lista dos desconfiados.

Caminharam até a praia e subiram ao camarote de vista privilegiada, no alto das rochas. Paulo sabia que a brisa marinha deixava o outro mais relaxado.

— E daí? Como foi a viagem pro outro lado do Brasil?

Júlio tirou um cigarro do maço que carregava no bolso, levou-o a boca e acendeu-o, dando uma longa tragada.

Intrigado, Paulo acompanhou o movimento.

— Tá fumando? Desde quando?

Júlio fez um gesto, erguendo levemente apenas um dos ombros, e quando ia abrir a boca para explicar foi interrompido:

— Tudo bem. Isso não importa.

— Fiz merda, cara. Tô ferrado! Não consigo pensar em outra coisa — Júlio foi direto ao assunto. Já tinha segurado por muito tempo tudo aquilo sozinho.

Contou de forma sucinta o que tinha acontecido entre ele e Diná. Paulo passava as mãos pela cabeça inconformado.

— Mas afinal, você estava acordado ou dormindo?

— Que diferença faz isso? Eu sei o que fiz.

— Pode ter sido só um sonho.

— Um pesadelo, cara.

Soltou uma baforada no ar.

— E por que você acha que engravidou a mina? Talvez não tenha acontecido nada demais. Você não sabe. Não tem experiência. Foi a sua primeira vez, né?

Júlio acenou a cabeça em resposta afirmativa.

— Aonde você quer chegar? Não tem jeito, cara. Eu sei que tô ferrado.

Tainha abriu a mão direita, acertando a própria testa:

— Putz! E a mina do *Réveillon* que você estava apaixonado?

— Foi o que eu disse. Tô ferrado!

— Olha, mano, ficar se preocupando não vai te ajudar e deixa a sua mãe malzona. Faz o seguinte: se você não tiver coragem de contar pros seus velhos, então passa por cima, como se nada tivesse acontecido. A preocupação não vai mudar o que já está feito. Segue a vida na normalidade. Se aconteceu o que você teme que tenha acontecido, a verdade virá à tona, com o seu sofrimento prévio ou não. Ao menos você dá pra sua família algum tempo de tranquilidade se acharem que você está bem.

— Tá certo. Mas e a Helen? Não posso procurá-la.

— Se não for pra contar tudo pra ela antes que joguem a merda no ventilador, melhor deixar quieto. Espera aí uns meses... Se não tiver mais notícias do outro lado do país... segue o barco, mano. Vai atrás da Helen.

O desabafo valeu a pena. Nos dias que se seguiram, Júlio era quase o mesmo jovem de antes da viagem a Manaus, excetuando a virada de ano e os primeiros dias do Ano Novo. Nesse período, ele irradiou uma luz acima de sua própria média.

Dois meses se passaram. Júlio tinha cursado os dois primeiros anos do ensino médio no colégio particular, mas como reprovou no segundo, perdeu o direito à bolsa de estudos, por isso a mãe transferiu sua matrícula para um colégio estadual. O retorno às aulas tinha atrasado devido às reformas que estavam sendo executadas no Colégio Santa Catarina.

No sábado que antecedeu o retorno, de fato, das aulas, Júlio estava bastante ansioso. Era grande a possibilidade que Helen estivesse estudando lá e que se encontrassem pelos corredores caso cursassem o mesmo período ou, quem sabe, com sorte, estudariam na mesma sala. Se ela estivesse no período vespertino o encontro seria inevitável. Se Helen estivesse estudando à noite, ele pediria mudança de turno.

Preso nessas confabulações mentais, nem percebeu quando o telefone tocou. Seu Rômulo atendeu, saudou com entusiasmo a pessoa do outro lado da linha e passou o resto da conversa quieto e pensativo. Respondeu alguma coisa ao final da ligação. Despediu-se. Chamou a esposa para conversarem a sós no quarto. Após a conversa, chamaram o filho para ser interrogado.

Júlio entrou no quarto dos pais e logo foi recebido com uma pergunta:

— Júlio, meu filho, você se lembra daquela família que nos socorreu e nos deu pousada em Manaus?

O moço gelou, ficou pálido e procurou um lugar para se apoiar. A mãe empurrou uma cadeira para perto dele. Pela reação, nem precisava dizer mais nada, mas confirmou com a cabeça.

— Seu Sebastião, o pai das moças, acabou de me ligar. Disse que Diná está grávida e que ela afirma que o bebê que ela espera é seu.

— Isso pode ser verdade, meu filho? - Questionou a mãe, ansiosa por uma negativa que ela já sabia que não viria.

— É verdade. Esse filho é meu.

Júlio não vacilou na resposta. Não deixou nenhuma margem para dúvida ou para que a mãe alimentasse falsas esperanças.

— Mas seu pai falou que ela é uma moça mais velha e mais experiente que você. Como você pode ter tanta certeza?

Entendia o desespero da mãe. Era como se ele tivesse desistido de todos os seus planos de juventude. Contudo, naquela altura em que as coisas encontravam-se, apenas a verdade poderia trazer a ele a paz de espírito que tinha perdido há mais de dois meses.

— Mãe, eu não tenho nada pra falar da Diná, nem de bom, nem de ruim. Só posso dizer que desde que peguei a estrada de volta pra Santa Catarina, essa certeza só tem aumentado cada vez mais dentro de mim.

— Acho que não há mais o que se discutir, então, a esse respeito. Diná quer vir morar pra cá e os pais não se opõem. O que você acha disso? — perguntou a mãe, visivelmente abatida.

— Eu acho que é o certo a fazer. Não gostaria de daqui a algum tempo saber que meu filho morreu por falta de assistência médica ou em algum acidente que poderia ter sido facilmente evitado. Mas eu vivo aqui com vocês, a decisão não é só minha.

— Então está decidido — confirmou seu Rômulo. — Vamos fazer o que é certo.

FARÓIS

A intenção dos pais de Júlio era celebrar um casamento assim que os jovens começaram a morar juntos. Diná era a favor de celebrar, mas não tinha interesse no casamento. Júlio até suportaria um casamento, mas não via motivo para celebração. Nessa equação, descartavam a união civil ou falsas promessas diante de Deus ou a qualquer eclesiástico.

Casado é quem bem vive, diziam os conhecidos para tentar confortar. Confortar quem? Só se os próprios palpiteiros. A expressão "bem viver" traz uma carga semântica bem mais ampla do que a condição de sobrevivência e tolerância. Mas a quem poderiam interessar as desilusões e realizações interiores de cada pessoa se não à própria?

Nem Júlio, nem Diná demonstravam interesse naquela convivência, mas conforme a barriga da companheira ia crescendo, mais Júlio tentava se aproximar dela, pois a moça, além da dificuldade de se locomover devido ao peso que lhe era adicionado ao corpo de jovem, já expressava seu desagrado com a rotina de dona de casa.

Quando nasceu a pequena grande Alice, com 4,100 kg, e Júlio viu pela primeira vez seus olhos azuis, imensos e radiantes, um farol acendeu desfazendo a nebulosidade que transitava em sua alma. Amou aquele pequeno anjo careca que sorria toda vez que olhava para ele. Ficou desesperado. Tinha apenas 17 anos, precisava concluir o ensino médio e ainda não tinha um emprego.

Conseguiu um serviço de auxiliar de motorista no comércio local. Auxiliar de motorista, na prática, era o entregador de compras. Só depois de quatro meses começaram a nascer os primeiros fios de cabelo da pequena Alice. Fios ruivos como os dele.

Perdidamente envolvido num amor impossível de diminuir ou estagnar, Júlio demonstrava seus sentimentos à filha, sacrificando-se para agradar à mãe da bebê. Vira e mexe Diná expelia em voz alta, suas desilusões e ameaçava ir embora da cidade. Cada vez que ela surgia com essas ideias, Júlio se arrepiava até a medula.

Diná nunca incluiu a filha em seu plano de fuga. Na mente do companheiro nem era preciso dizer tal coisa. Estava implícito que mãe e bebê não se separam.

Quando comentou com Tainha esse pavor que lhe tirava a fome e o sono, foi o amigo quem lhe fez cogitar a ideia:

— Nesses momentos que ela diz que vai embora, a Diná fala que vai levar a criança?

— Não, nem precisa. Isso é óbvio. É assunto sagrado, mãe e filho não se separam.

— Não é comum, mas acontece, e cada vez com mais frequência. Pergunta pra ela.

— De jeito nenhum. Aí, sim, ela vai se sentir dispensável. E se ela responde que sim? Eu morro na mesma hora. Não posso viver sem minha anjinha ruiva.

Só de imaginar a situação, Júlio sentiu dificuldade para respirar, ficou vermelho como um pacote de colorífico e deixou escapar uma lágrima.

— Então o negócio é partir pro suborno.

— Como assim?

— Descobre o que ela quer. O que falta pra ela? De repente, dá-se um jeito.

— E se ela quiser apenas ser amada?

— Aí você vai ler um manual e aprender a amá-la.

Se Diná sentia falta de coisas, Júlio fazia hora extra no trabalho para lhe atender às vontades; se reclamava carícias, ele as dava. Mas nesse assunto, ninguém se iluda, homem e mulher têm o mesmo potencial de amar, ser amado e reconhecer um sentimento sincero. Contudo nem todos estão receptíveis ao amor e, ainda que Júlio fosse capaz de amá-la de verdade, isso não seria suficiente para sossegar o espírito inquieto de Diná.

Quando Alice estava com pouco mais de 2 anos, Diná descobriu que estava grávida outra vez.

Júlio se inscreveu para prestar o concurso do OGMO.[4] Meteu a cara nas apostilas, frequentou um curso preparatório e, por fim, obteve a aprovação. Com essa conquista, ganhou um novo fôlego no relacionamento. Diná parecia mais animada, ou menos negativa.

Começavam a fazer planos juntos: comprariam um terreno e assumiriam o financiamento de uma casa mais para o centro da cidade, como parecia ser a vontade dela.

Por toda gestação do segundo filho, Diná não cogitou mais a ideia de ir embora. Na verdade, ela estava cansada de ver os inúteis esforços de Júlio em querer agradá-la para dissuadi-la dessa ideia.

Andriel nasceu com os olhos negros como duas jabuticabas, bem moreno, cabeludo. Cabelo pretinho.

O amor, que era imensurável, não se dividiu como Júlio temia que podia acontecer. Entre tantas dúvidas e receios que o jovem Júlio César sentiu quando soube que seria pai pela segunda vez, essa foi uma delas, acredite. Ele tinha medo que seu amor por Alice diminuísse ou que não tivesse mais no seu coração para dar ao segundo filho.

Por isso o amor é divino. Porque é impossível ao homem compreendê-lo ou descrevê-lo. Júlio teve certeza disso ao constatar que o infinito poderia ser multiplicado por outro infinito.

Andriel tinha a saúde frágil. Chorava mais do que a irmã, dependia mais da mãe. Alice tinha desmamado cedo, aos 4 meses, e por opção própria. Nesse curto tempo de vida, a menina já demonstrava sua personalidade forte e passou a recusar o leite materno. Em compensação, Andriel parecia que mamava pelos dois.

Aos 7 meses, Andriel começou a frequentar o Centro de Educação Infantil e sete dias depois disso o menino foi internado no Hospital e Maternidade Nossa Senhora da Graça, com broncopneumonia. A febre era tanta que as enfermeiras não podiam nem administrar o antipirético. Deixaram o neném só de fraldas, colocaram um pedaço de algodão embebido no álcool embaixo de cada axila da criança e pediram para a mãe que segurasse seus bracinhos.

---

[4] OGMO – Órgão de Gestão de Mão de Obra do Trabalho Portuário Avulso do Porto Organizado de São Francisco do Sul.

Depois de meia hora, quando o pai do bebê finalmente pôde vê-lo, recebeu de Diná um olhar tão rancoroso que Júlio soube, no mesmo instante, que ela culpava-o por alguma coisa. Pensou que fosse pela situação do filho, afinal, Andriel herdara dele a fragilidade de saúde que ele teve principalmente na infância. Talvez o motivo fosse outro; algo que ele poderia ter feito ou deixado de fazer.

— Vem aqui! — falou Diná demonstrando impaciência. — Agora você segura os bracinhos dele.

Diná saiu um pouco da sala de internação pediátrica. Foi tomar um ar.

A enfermeira voltou à sala. A temperatura do bebê estava começando a baixar. O remédio foi administrado e uma incisão foi feita sobre o dorso da mão do bebê e coberta com esparadrapo para fixar.

— É o pai?

— Sim — respondeu Júlio aliviado ao ver que o bebê caía no sono.

— Sua esposa estava bem revoltada. Disse que a culpa era sua, que ela já poderia estar longe e que não deveriam ter tido essa segunda criança.

— Meu Deus! — Júlio passou a mão no rosto, inconformado.

Queria tanto acreditar que estavam tendo uma convivência amorosa que ficou desguarnecido ao ouvir aquilo.

— O que se faz numa situação dessas?

— Você, eu não sei. Eu a mandei calar a boca, parar de reclamar e segurar a criança. Pelo amor de Deus! Você me desculpe, mas com saúde não se brinca nem se atrapalha.

Andriel teve alta após sete dias de internação. A princípio, Júlio tinha concordado em colocar o menino na creche porque achou que isso daria mais tempo disponível para Diná se ocupar de alguma coisa que fosse do agrado dela. Como teve a certeza de que todo o seu sacrifício não estava fazendo nem cócegas no seu relacionamento, nem no humor de Diná, decidiu que Andriel não frequentaria mais a creche.

O desabafo da mulher para enfermeira não foi o único motivo que o levou a mudar de posicionamento, mas também a postura da profissional em defesa do bem-estar da criança.

— A convivência com outras crianças é importante pra ele — insistiu Diná.

— É importante para uma criança que tem a imunidade mais baixa que o normal conviver com mais uma dezena de crianças na mesma sala? Eu acho que não.

— Mas não é em você que ele fica agarrado o dia todo!

— Não, porque preciso trabalhar!

— Eu também trabalho nesta casa. Sou escrava destas crianças!

Dona Sônia, que criou três filhos sem ajuda de mãe nem de sogra e sempre cuidou de todos os afazeres da casa, ouvia a discussão do casal inconformada, porque a nora não erguia o dedo para tirar um talher sequer da mesa. Só precisava cuidar dos filhos e, ainda assim, a Alice, que já estava com 3 anos e meio, passava o dia na creche desde os seus 6 meses.

— Então faça seu trabalho! — bradou Júlio, com um misto de amargura e perplexidade, incrédulo com suas próprias palavras.

— Eu quero sair de casa. Passear, arrumar um emprego... Cuidar mais de mim, viver a vida!

— Você sempre sai de casa quando eu estou. Quando o Andriel fizer 2 anos ele poderá ir para creche e, então, você pode arrumar um emprego.

Antes do Andriel completar 2 anos, ela já estava reservando vaga na creche e alguns dias antes do tão aguardado aniversário, o menino cumpria o período de adaptação.

Com o dinheiro que haviam juntado após dois anos de economia, o resgate de um título de capitalização e o dinheiro decorrente da venda de uma moto oriunda de um sorteio num consórcio, Júlio já tinha o recurso necessário para a compra de um terreno no Rocio Grande, e o financiamento da casa já estava praticamente certo.

No dia seguinte ao aniversário do Andriel, Diná levou as crianças na creche. Como sabia todas as senhas do marido, movimentou o montante das economias para uma conta pessoal por transferência eletrônica e nunca mais apareceu.

ANGEL

Na constante tentativa de mitigar mazelas familiares, João Pedro dissimulou por anos sua lacuna existencial. Aos 20 anos terminou um noivado que nem se oficializou e voltou sozinho com a caixinha de alianças na mão para o apartamento onde morava no tempo da faculdade. Tomou essa difícil decisão após reconhecer que a jovem a quem pensava amar, era apenas mais uma que respondia positivamente ao seu encanto místico e que por esse mesmo motivo nunca poderia amá-lo do jeito que ele ansiava ser amado.

Esse brusco despertar dos seus sonhos mais ingênuos e descomplicados fez com que acordasse no pesadelo daquele mistério que envolvia sua identidade. Não tinha mais o que procrastinar.

O vazio deixado pela desilusão de constituir uma família a partir de um amor intenso, verdadeiro e desmedido resolveu preencher com a obstinação de ir a fundo na busca por respostas sobre si mesmo. Por mais letais que os achados dessa escavação se revelassem, estava determinado a encontrar e abrir aquela Caixa de Pandora.

No fim de semana foi conversar com os pais.

— Mãe!

— Que é isso, criatura? O que aconteceu? Há anos que você não me chama desse jeito. Se você está tentando estragar a minha noite vai ter que se esforçar mais. Amanhã embarco para o Éden.

— Do que se trata?

— Ora, que desinteresse nos assuntos de família! Deixa de ser ogro. Semana que vem começa a Semana da Moda de Nova York e eu estarei lá, na primeira fila, no Lincoln Center, rica, loira e deslumbrante.

Tinha deixado de julgar a mãe com a severidade com que fazia na adolescência. Aprendeu a encará-la como uma personagem cômica, e quando ela deixava algum prejuízo pelo caminho magoando pessoas, seguia o exemplo do pai, pedindo desculpas por ela e oferecendo compensações para contornar seus estragos.

Sobre o vocativo escolhido para se referir à indiferente progenitora, a estranheza dela tinha seus fundamentos. Desde menino João Pedro só se referia a ela pelo primeiro nome, e embora o pai tivesse, no início, tentado dissuadi-lo dessa atitude para que não se tornasse um hábito desrespeitoso, foi desestimulado de persistir na correção do menino. A mãe, que deveria ter, supostamente, sofrido agravo, foi quem incentivou João a chamar-lhe daquela maneira.

— Isso está errado! — Chegou a advertir o pai. — Ela é sua mãe e será respeitada como tal. — Foi a imposição feita sob o olhar arregalado do pequeno, que ainda que entendesse que não desrespeitava a mãe, tinha o forte impulso de não decepcionar o pai. Em sua pequena cabeça de criança, criava e nutria as próprias ideias. Chegara à conclusão de que quando chamava a sua genitora de "mãe", os sentimentos nela despertados pela palavra, ao sair de sua boca, não eram os mais louváveis.

Ângela. Era assim que ela gostava de ser chamada. Pelo nome próprio. De preferência pelo apelido, seguido do sobrenome de solteira, Angel de Miranda Coutinho, um sobrenome de família tradicional e falida, ou como alguns colunistas passaram a chamá-la desde o precoce casamento, Angel Blandini.

Respeitar, para ele, era isto: tratar as pessoas de maneira a fazê-las sentirem-se bem. Se não pudesse despertar sentimentos bons e agradáveis, que ao menos não lhes servisse como fonte inspiradora de repúdio. Aí, sim, seria desrespeitoso. Mas para o pai, o respeito era como uma lei moral determinada por motivações à parte de arbítrios particulares e subjetividades. Um dever. Uma submissão normativa na qual cabem certos e errados, independentemente de inclinações de preferências individuais. O respeito é demonstrado quando seguidas as regras socialmente convencionadas. Era assim que Guido entendia e foi dessa forma que fora educado.

João Pedro tinha que arrazoar um meio-termo que não soasse ofensivo a nenhum dos dois:

— Desculpa, pai.

— Peça perdão a sua mãe.

— Não. Não a mim, porque essa criatura em nada me ofende ao me chamar pelo nome.

— Mas não pode ser assim.

— Pode, deve e será. O garoto está certo. Não é esse meu nome?

Guido não respondeu. Respeitava a vontade da esposa, ainda que continuasse discordando.

— Chame-me assim. Gosto do meu nome e caiu muito bem na sua boca, João Pedro.

João Pedro também era um belo nome, que lhe fora dado pelo pai e quando pronunciado pelos lábios maternos soava-lhe mais agradável do que a palavra criatura. Estabeleciam, então, progenitora e criatura, uma relação não mais afetiva, mas de considerável trégua nas animosidades. Foi como um acordo tácito que pretendia facilitar a convivência entre ambos. E assim foi por todos aqueles anos até então.

Adentrou ao *closet*, de onde vinha a voz da mãe e falou:

— Preciso ter uma conversa com você, Ângela.

— Pode falar. Sou toda ouvidos — respondeu ela, sem se abalar um milímetro de sua postura altiva enquanto se perdia do olhar do filho no labirinto de vestidos, calças, sobretudos, camisas e uma variedade de calçados e acessórios tratados por nome, como se fossem gente.

— Será que você poderia, por gentileza, aparecer para conversarmos com um mínimo de civilidade, dona Angel Blandini?

Ângela foi se distanciando dos tecidos em cortes a seu molde e medidas e aproximando o "tique toque" dos saltos de seu *scarpin* na direção do rapaz, que a aguardava sentado no amplo sofá de dois lugares, revestido em couro artificial e que ela carinhosamente chamava de Wanllander.

— Por favor! — insistiu João Pedro, batendo com sutileza a palma da mão direita no revestimento.

— Mandei colocar esse sofá aí para o seu pai. Eu queria de couro natural, mas ele disse que nem se aproximaria do sofá se assim fosse, então fui obrigada a mudar o pedido. Uma besteira, no meu entender, afinal de contas os animais já estão mortos...

João moveu com leveza os lábios, num sorriso que dizia reconhecer a figura paterna na atitude descrita. O silêncio dele abriu espaço para ela:

— Ele fica aí sentado e, com paciência, espera eu me vestir quantas vezes eu achar necessário. Sempre faz uma observação, me dá uma dica, uma opinião, até que eu chegue ao visual perfeito para cada ocasião e para o astral que eu estiver no dia.

— Papai é maravilhoso, Angel. Ele ama cuidar de você e de toda a sua loucura.

— Verdade. Mas você vem sempre em primeiro lugar no coração dele.

João Pedro não respondeu. Qualquer resposta por parte dele seria o estopim para uma discussão inútil. Ângela sentiu-se confiante para chegar mais perto. Por mais alienada que fosse, foi capaz de ler a seriedade da circunstância pela quebra protocolar da abordagem escolhida pelo filho.

— Ângela, por mais que isso não lhe agrade, você é minha mãe.

— Por mais que isso não nos agrade, você quer dizer — corrigiu ela, para não assumir sozinha o papel de vilã naquela fala.

— Sim, tudo bem. Você está certa. — João Pedro tinha muitas ressalvas à fala, mas preferiu não arriscar que uma conversa delicada terminasse em um duelo de narrativas antes mesmo de começar.

— Então, tá — respondeu a *socialite* com o ânimo de um lutador que acertara em cheio o primeiro golpe no adversário.

— Mãe — mais um ato falho. Era evidente que seu emocional estava abalado —, quero dizer, Angel, eu jamais entraria nesse assunto com você se não fosse estritamente necessário. Algumas coisas incomuns vêm acontecendo comigo.

— Isso desde sempre, né, João Pedro?

— Sim. Você está certa mais uma vez. É que agora é diferente. Eu sei que você não está interessada nas minhas esquisitices nem eu pretendo te importunar com isso, mas... Angel, eu preciso saber alguma coisa sobre a minha paternidade biológica.

A expressão facial de Ângela permaneceu praticamente inalterada, não fosse por um leve movimento dos lábios para o lado direito, formando um bico quase imperceptível, mas que não deixou de ser notado pelo filho, que na habitual ausência de diálogo com a mãe e a necessária decisão de não visualizar os seus destrutivos sentimentos se tornou um especialista na interpretação de sua fisionomia.

Com aquele gesto sutil, ele sabia que ela estava contrariada, mas resolvida a não fugir do que já definira para si mesma como um embate.

— Está bem. Para mim está tranquilo. O problema é que, talvez, o que eu tenho para contar não lhe seja muito útil. O que eu posso acrescentar sobre aquele homem que seu pai já não lhe tenha dito?

— Vocês namoraram por muito tempo?

— Não. Não namoramos. Eu o conheci num luau na praia de Ubatuba. Eu nunca o tinha visto antes, mas ele falava comigo como se já me conhecesse há muito tempo. Era um *gentleman*! Apaixonamo-nos desesperadamente por uma única noite. Não me leve a mal, mas você já é adulto e foi você quem perguntou.

— Tudo bem. Tudo bem. Pode falar. Era noite de Lua cheia?

— Como você sabe? Seu pai não poderia ter lhe contado esse particular porque é algo que ele desconhece até hoje.

João Pedro passou a mão no queixo, como fazia sempre que se deparava com algo que lhe causasse espanto e provocasse reflexão. Era como se a luz refletida pela Lua em sua fase de maior brilho fosse uma fonte de energia que recarregava todo mês aquele seu estranho poder de encantar as mulheres e sentir emoções alheias. Podia fazer as mesmas coisas em qualquer dia do mês, em qualquer ciclo lunar, mas naquele, em específico, sentia um revigor e um sentimento de invencibilidade. E foi tomado daquele sentimento que se encontrou com a namorada, na lanchonete da faculdade, decidido a oficializar o noivado longe dos olhares julgadores da mãe.

Foi pelo brilho extraordinário dos próprios olhos que viu refletido no pingente de prata da namorada que teve a certeza daquilo que já vinha desconfiando há algum tempo, mas não confirmava porque não queria ouvir a verdade que a intuição lhe sussurrava. Porém, teve que enxergar aquilo e ouvir o comentário jocoso dela de que ele costumava surpreendê-la nas noites de Lua cheia.

Num sorriso, ele encobriu a dor da incerteza daquele amor e antes mesmo de retirar a joia da algibeira da jaqueta, procurou a caixinha num tatear de dedos e a empurrou, ocultando-a na mais obscura cova que pudesse alcançar, entre os recortes do tecido.

Voltou a visualizar a mãe, que ainda estava sem resposta.

— Ok, entendi — falou Angel, levantando as mãos. — Você faz as perguntas e eu apenas respondo.

— Então ele nunca mais voltou. Isso não lhe deixou magoada?

— Não. Nem um pouco. Estranho, né? No outro dia meu astral estava maravilhoso, não senti falta dele.

— Mas você estava grávida.

— Sim, infelizmente. Opa! Desculpa. Não lhe quis ofender. Já prometi ao seu pai não lhe dirigir esses comentários.

As desculpas não eram tão sinceras. Pedro já desconfiava que o último comentário seria rebatido, mas teve que fazê-lo.

— Eu entendo a sua frustração, afinal, você estava grávida e sozinha.

— Verdade, mas foi por pouco tempo. Quando comecei a desconfiar da gravidez e até mesmo pensar na possibilidade de um aborto, por uma maravilhosa coincidência o seu pai apareceu na minha vida.

— Nas nossas vidas — retificou João Pedro, que teve dificuldade de assimilar a confissão de que a mãe tinha cogitado matá-lo ainda no ventre, e se admirou com a habilidade com que ela conseguiu encaixar na mesma frase as palavras "aborto" e "maravilhosa".

— Que seja. De minha parte era isso. Nunca mais o vi nem tive notícias.

Parecia que tinham uma coisa assim, ele e a mãe. Estavam condicionados a trocar farpas mesmo no campo diplomático.

— Angel, por favor! O nome dele. Sabe me dizer?

— Não me julgue com esse seu olhar nem se atreva a usar suas esquisitices comigo. Não me orgulho de dizer que embora ele soubesse muito de mim, eu nem lhe perguntei o nome.

Sem se intrometer nos temidos sentimentos da mãe, não deixou de julgá-la ao pensar que o não conhecimento de um nome era mais constrangedor para ela que confessar ao próprio filho que desde o útero nunca o amou.

Apesar das pisoteadas que levou, João conseguiu expressar um sorriso sincero de gratidão. Surpreendeu-a com um beijo no rosto e um comentário:

— Essa calça ficou perfeita em você!

DEUSES E DEMÔNIOS

As informações extraídas da mãe não eram suficientes. Ainda assim, deram-lhe uma dose de entusiasmo.

O interrogatório deu-se em condições inversas àquelas histórica e politicamente estabelecidas, pelo menos no que diz respeito aos papéis desempenhados pelos participantes: ele, o inquisidor, sujeitou-se a suportar as torturas que lhe foram aplicadas pela interrogada. E valeu, afirmou repetidamente em pensamento.

Seu intento era receber esclarecimentos sobre sua natureza singular e obtivera um pequeno progresso. Pequeno e significativo progresso na direção da verdade que sempre lhe foi furtada. A raiz dos seus males estava naquele mistério. O "que", que fazia dele um desigual, relegado pela própria mãe à condição de criatura, era com certeza a sombra que pairava sobre sua herança genética.

Tinham, de fato, naquela pequena família, um índice altíssimo de problemáticos comportamentais, que poderiam oferecer uma inesgotável fonte de estudo para elaboração de artigos e teses a renomados psicanalistas.

Ele, um desprezado desde o ventre, pelos genitores. João Pedro não descartava a possibilidade de que a ausência do progenitor masculino tivesse lhe sido um favor e não o contrário.

Por certo, aquele que se evaporou tinha um grau de anormalidade ainda maior que ele. Seria um demônio? Uma pessoa desprovida de amor? Quiçá um feiticeiro, um ser mutante, como já tinha ouvido da boca de fidedignas testemunhas sobre a presença de um lobisomem, em noite de Lua cheia, nas localidades do Morro da Mina, da Reta e no Forte.

Se bem que abandonar uma mulher como a mãe dele não fazia de ninguém um demônio. Além disso, carregava consigo há anos a única conversa que já tinha tido sobre o assunto, quando em sua infância seu pai afirmou que soube da sua existência sete anos antes do seu nascimento. Mas quem teria sido esse ser incógnito? Aquele tal Agenor, de quem, supostamente, herdara suas capacidades sobrenaturais?

A outra parcela de desequilibrados da família resumia-se à pessoa da sua mãe. Ângela era uma mistura de maldade e desorientação psíquica. Para poder ter aquela conversa com a mãe, teve que usar todo seu charme, sem auxílios sobrenaturais, delegando a si o encargo de tentar agradá-la e submeter-se aos caprichos de alguém que nunca teve afeição por ele.

Precisava de um tempo a sós com o pai. Conhecia bem os obstáculos do caminho a percorrer. A única vez que seu pai tratou desse assunto com ele sentiu que a curiosidade natural da criança, que era na época, conseguiu extrair da pessoa que mais amava gotas de informações, como uma prensa que esmaga o fruto por mililitros de uma valiosa bebida. Talvez agora, em uma versão adulta de si mesmo, o resgate do assunto não causasse constrangimentos.

Adentrou, sem prévio aviso, a biblioteca onde já tinha se certificado que encontraria o pai. Pediu licença. Guido, que estava debruçado sobre as propostas de projetos sociais da rede de hotéis, levantou-se de imediato, dando um abraço apertado e um beijo em cada lado do rosto do filho.

— Que saudade! Quer matar *tuo padre*?

— Pai, não tem nem duas semanas que a gente se viu.

— Não, não, não. Isso foi no hotel. O hotel não é nosso lar. Ainda mais, você disse que tinha uma moça para me apresentar e eu fiquei na expectativa. Estou muito empolgado. O que aconteceu? Por que não traz ela aqui?

— Nós terminamos. Não deu certo. — O rapaz tentou fazer com que as palavras lhe saíssem com naturalidade, mas ainda estava muito recente e o pai não deixou passar despercebido seu olhar de tristeza.

— Quem sabe se vocês ainda reatam? — falou com entusiasmo, na tentativa de recobrar o brilho nos olhos do seu menino crescido.

— Esquece, pai. Não era pra ser — Falou João Pedro, escolhendo uma poltrona para aconchegar-se, dando a entender ao pai que precisavam ter uma conversa.

Guido repetiu o gesto do filho, certificando-se de aproximar o assento para que pudessem trocar olhares confidentes.

— Então o assunto que lhe traz aqui não tem qualquer relação com a Sinara nem com o término do relacionamento de vocês? — O olhar amoroso do pai penetrava-lhe os pensamentos, mas não tinha o que esconder.

— O senhor ainda recorda o nome dela! Isso é muito atencioso da sua parte. Infelizmente, vamos ter que esquecê-la.

— Tudo bem. Já esqueci. Não conheci, mas já esqueci — concordou Guido, com uma entonação de chantagem emocional.

— Ah, deixa disso! Está chorando mais do que eu! Tenha um pouco de paciência. Enquanto não encontro a futura mãe dos seus netos, estou catando pedaços para montar um mosaico.

— Um mosaico? — perguntou o pai desconfiado da metáfora escolhida. — Com que material?

— Informações.

— E que figura pretende ilustrar ao final dessa construção artística, meu jovem Burle Marx?

— A mim mesmo. Sem esse autoconhecimento não posso envolver segundos nem terceiros na minha vida.

— Entendo. Pelo visto é chegada a hora de darmos sequência àquela conversa que tivemos quando você era criança.

— Exatamente. Pai, o intervalo compreendido entre os capítulos dessa história me impede de fazer uma abordagem mais moderada. Da mesma forma, peço ao senhor que responda minhas perguntas sem rodeios.

— *Sono d'accordo*.

— A pessoa que o senhor acredita ter engravidado a minha mãe... Me fale mais sobre ele.

— Sobre a aparência física e o nome eu já lhe falei o que eu sabia. Nada mudou sobre isso.

— Sua percepção das pessoas é ampla. O que sua intuição homossexual e seu sexto sentido aguçado puderam perceber?

— Tá certo. Entendi. Tem algo a ver com seu relacionamento com as mulheres. Serei franco e direto, mas é bom se lembrar que, diferentemente de você, eu não leio a alma das pessoas. Minha intuição gay, modéstia à parte, que é mais acentuada que de muita mulher...

— Tenho certeza disso — interrompeu João Pedro, considerando a impressão que tinha da mãe e de um bocado de mulheres que já tinha conhecido mesmo com tão pouca idade.

— Não poderia falar sobre isso com você naquela nossa primeira conversa por razões óbvias. É que havia algo de extraordinário nele: a beleza excedia a qualquer descrição. O poder de atração que ele exercia era quase irresistível, superava a de qualquer pessoa que eu já vira, não só naquela época, mas até hoje. Por outro lado, o que meu sexto sentido me alertava e que pude inferir e deduzir da fala dele é que ele não era... — Pensou um pouco para selecionar um eufemismo que se encaixasse.

João quebrou o silêncio:

— Não era humano?

Guido balançou a cabeça confirmando, mas disse:

— Eu não diria isso.

— Não, papai. Você não diria. Foi o que lhe veio à mente? Facilitou o caminho para resposta.

— Sim. — Encarou o filho, adentrando-lhe a alma através dos olhos para certificar-se que não estava magoado com a confissão. Aliviado, não encontrou nele feridas que já não trouxesse consigo quando chegara.

— Esse ser... Digamos que fosse um anjo. Não sei se é possível.

— Nos textos sagrados, sim. Há precedentes. E não falo só de cristianismo.

— Verdade. Nesse caso, o senhor o classificaria como demoníaco ou celestial?

— Bom ou mau. Por mais simplórios que esses tipos de juízo de valores possam parecer, pesou-me também essa insegurança. Busquei conselhos com uma mulher que vivia por lá e que tinha conhecimentos esotéricos.

— E o que conseguiu saber?

— Ela me disse que o tal Agenor tratava-se de uma criatura inofensiva.

— Mas algum detalhe que possa me ajudar?

Em silêncio, o pai meneou a cabeça em gesto negativo e ergueu sutilmente os ombros enquanto pressionava os lábios superiores contra os inferiores, como se dissesse no vácuo dialógico que compartilhava com o filho que, infelizmente, não podia contribuir com mais nenhuma informação, nenhuma peça a mais para a construção do seu mosaico.

O gesto do filho foi um sorriso discreto de reconhecimento ao esforço empregado pelo pai para se abrir sobre um assunto que já tinham por convenção determinado como tema inconversável naquela casa.

Os termos inaudíveis e invisíveis acertados na dita convenção familiar permaneceram em voga, mesmo depois dessa conversa. Levantaram-se simultaneamente. Compartilharam um segundo abraço, quase tão apertado e ainda mais duradouro do que o primeiro, e enquanto estavam reunidos no gesto fraternal trocaram algumas palavras:

— Eu amo você, meu filho.

— Também amo você, pai.

E com os beijos que se seguiram ao abraço, tornaram a lacrar o sepulcro daquele segredo familiar.

ESQUENTANDO OS TAMBORINS

São Francisco do Sul tem entrelaçadas em suas raízes as facetas obscuras e glamourosas do Carnaval: uso abusivo de drogas e bebidas alcoólicas, brigas, samba, folia, confetes, escolas de samba, carros alegóricos, ensaios da bateria, blocos carnavalescos, escolha de samba-enredo, efervescência de turismo, movimentação econômica, poluição das praias, purpurina e fantasias com lantejoulas materiais ou imaginárias e a eleição do Rei Momo e da Rainha do Carnaval.

Cinco anos depois daquela inesquecível virada de ano, ao refrão da Banda Cidade Negra, Helen topa pela primeira vez acompanhar a irmã a um ensaio de escola de samba, faltando duas semanas para o início do Carnaval. Foi a primeira vez que ela marcou presença no barracão da Sociedade Recreativa Imperadores do Samba, na Rua Leônidas Branco, Bairro Água Branca.

Para Raquel, era uma oportunidade para se distrair dos desencantos conjugais, do cotidiano de uma jovem sobrecarregada com afazeres domésticos, dos desgastes físicos e psicológicos da segunda maternidade e da cada vez mais recorrente ausência do companheiro.

Quando Raquel engravidou pela segunda vez, os pais se mudaram definitivamente para Paranaguá e ela, julgando-se um estorvo na casa da avó, foi viver com o pai das crianças, de aluguel, num cubículo, no Bairro Rocio Pequeno. Foi mais ou menos nessa ordem. Não me recordo bem.

De qualquer forma, a empreitada, que estava malfadada ao fracasso, não teve outro desfecho além daquele que você, leitor, deve ter previsto: em pouco mais de um ano, não suportando as privações nas quais vivia com os filhos, Raquel acabou voltando a morar com a avó.

Se ela tivesse um desconfiômetro desprovido de orgulho, paixão e do destrutivo instinto feminino de, *a priori*, sentir-se a santa redentora do sexo oposto, teria percebido mais cedo que viver com um dependente químico é barra. É lenha. É sofrimento. Definha-se até a alma. Sobretudo, viver com um dependente químico próximo a uma rua que leva o apelido carinhoso de Cracolândia... Daí é paulada mesmo.

Voltemos à irmã mais nova de Raquel. Helen não tinha o hábito de sair aos fins de semana, mas quando saía tinha consigo uma ideia fixa: dançar ao máximo.

No ambiente, viu muitos rostos conhecidos. Apesar de conhecidos, eram de pessoas a quem ela ainda não fora apresentada, nunca tinha conversado. Para desfazer a tensão da estreia, Helen comprou uma cerveja e preferiu esperar em pé o início do evento. A irmã ficou sentada, mas Helen achava que para quem quer balançar o esqueleto, é melhor ficar em pé para não ter o trabalho do senta-levanta.

No exato horário anunciado, um homem negro muito atraente, de olhar marcante, calça branca com brilho acetinado, camisa vermelha e amarela com o emblema da escola, pegou o microfone, saudou a todos os presentes, chamou o mestre de bateria e deu início ao ensaio da escola, aproveitando para convidar o público para o evento que aconteceria ali, no mesmo local, na sexta-feira próxima, para "A escolha da Rainha da Bateria da Imperadores do Samba".

Dito isso, ao apito do mestre, a bateria começou com a chamada do tamborim, que por sua vez convocou os demais instrumentos para juntos sacudirem as estruturas do barracão, como se diz, no figurativo.

Helen se atirou na quadra para sambar. Seu corpo parecia ligado na mais alta voltagem. Pulsava ao eclodir da percussão.

Quadril, pernas e braços bailavam no compasso ritmado pelo toque das baquetas nos tamborins. O cabelo cacheado jogava-se para cima, para baixo e lados, como se tivesse vontade própria. Pernas e o rebolado se encaixavam em uma coreografia que parecia ensaiada, movimentando-se nas diferentes velocidades impostas pelo mestre de bateria e fechando cada conjunto de passos com delicadas combinações de movimentos coordenados entre saltos e suaves gestos das mãos.

Enquanto se ouvia a bateria, nenhuma parte do seu corpo demonstrava sinal de cansaço. No primeiro intervalo, quando se permitiu parar de sacolejar o corpo, Helen pingava suor da cabeça aos pés. Dirigiu-se ao balcão do bar para pedir mais uma cerveja.

O cicerone da festa estava parado em pé, bem de frente ao balcão, e ao vê-la cumprimentou-a, chamando-a pelo nome, mostrando que estava bem informado.

— Boa noite, Helen! Já vi que meus informantes não exageraram quando me falaram sobre o seu talento.

— Boa noite, seu Argemiro!

— Só Miro, por favor. Que bom que você apareceu na nossa quadra. O pessoal da diretoria está apostando em você este ano.

— Como assim?

— Ninguém falou contigo ainda?

A expressão de cachorro que caiu da mudança foi mais do que uma resposta para o carnavalesco.

— Sua desenvoltura no samba já é comentário entre os amantes do Carnaval. Sabe aquele barzinho, lá na Enseada, onde A Cor do Samba leva um pagode nas tardes de domingo? Então, neguinho tá de olho. E queremos te convidar a representar a nossa escola no concurso para Rainha do Carnaval de São Francisco do Sul.

— Como funciona?

— Sexta-feira que vem, às 20h, faremos aqui um concurso para eleger a nossa rainha da bateria. E somando o que eu entendo de Carnaval ao que eu vi aqui hoje vou te dizer: este ano não tem pra ninguém, você leva tudo neste Carnaval. E digo mais: a escola que você representar vai levar o primeiro lugar.

— Mas digamos que eu tope. Pra rainha da bateria preciso de roupa especial, algo assim?

— Nada. Pode vir de shorts, de vestido, sei lá. Como você achar melhor. As candidatas sobem no tablado, a bateria arrepia, o coro come, e na hora do vamos ver, pra contagem dos pontos, quem pode mais chora menos.

Miro reparou que ali próximo alguém não tirava os olhos de cima dela.

— Disfarça, quarenta e cinco graus à direita, cabelo castanho, liso e jogadinho pro lado, camisa branca, tecido fino... Se não quiser encará-lo nem olha, porque ele não vai parar de te olhar.

— Quem é, Miro?

— Chama-se João Pedro Blandini. É filho do dono dos hotéis Toninhas Mar. Já ouviu falar?

— Claro que sim. Tem um na praia do Paulas e outro na Enseada.

O carnavalesco balançou a cabeça em negativa, ao mesmo tempo em que expressava um sorriso que mostrava charmosas covinhas nas bochechas.

— Sabe nada, inocente! A rede de Hotéis Toninhas se estende por todo litoral de Santa Catarina e Rio Grande do Sul.

— Caraca! O que essa gente faz aqui?

— Que é isso, neguinha?! Tem preconceito?

— Não que eu saiba, mas é...

Miro soltou uma gargalhada gostosa:

— Eu te entendi. Tô brincando. A rede de hotéis é uma colaboradora da escola.

— E o dono do hotel também costuma vir ao barracão do samba?

— Guido Blandini? Nunca. Só nos reunimos nos restaurantes do hotel. Agora... O príncipe regente ali, ama uma quadra de escola de samba. Sambar não samba nada. Eu, pelo menos, nunca vi. Só fica apreciando as passistas. Os olhos até brilham. Não olha agora que ele não aguentou te apreciar à distância e tá chegando junto. Vou sair e deixar vocês se conhecerem.

João Pedro foi se aproximando e puxou assunto:

— Boa noite, Miro! A bateria está demais este ano. Parabéns!

— Obrigado! Esse é o trabalho do Mestre Xodó. Não deixe de cumprimentá-lo depois.

Miro não quis enrolar, já sabia qual era o interesse do rapaz:

— João Pedro, essa aqui é a Helen, que eu estou tentando convencer a ser a nossa rainha da bateria este ano. Helen, este é o João Pedro. Gente, eu preciso ir até entrada para receber um pessoal da velha guarda que está chegando. Com licença, fiquem à vontade e divirtam-se!

CONFIANÇA

De frente para Helen, Pedro inclinou discretamente o corpo, estendeu a mão e, segurando-lhe os dedos, sem desviar seus olhos dos dela, beijou-lhe a mão com delicadeza:

— Vossa Alteza! João Pedro, seu vassalo.

O jeito dele soou muito engraçado nos dois sentidos; provocou humor e curiosidade. Helen não estava acostumada com figuras assim na vida real. A comunicação corporal, expressões faciais, colocação, entonação vocal e o texto não a permitiam levá-lo a sério. Era impecável em tudo: postura, roupa, perfume, voz, elegância, um jeito diferente de falar, parecia que escrevia com a língua. Ainda assim, não tinha nada de atraente. Um diferencial lhe chamou muito a atenção e por mais que Helen tenha tentado, não conseguiu disfarçar. Ficou até desconfortável.

João Pedro percebeu a situação dela e quis quebrar o clima:

— Eu tenho heterocromia e coloboma de íris, a síndrome do olho de gato. Não precisa ficar constrangida. — Abriu os dois olhos e ficou parado na frente dela. — Olha bem. Fique à vontade para olhar sempre que quiser, quantas vezes achar necessário.

Ela atendeu de imediato. Os olhos dele eram diferentes de qualquer par de olhos que já vira antes. Conseguiam se diferenciar mesmo entre si. Os dois olhos tinham uma coloração dourada na íris, só que o direito era dourado com verde e o esquerdo, dourado com castanho amendoado, ambos com um leve contorno castanho. A parte central da íris era atravessada por um rasgo preto na posição vertical.

Helen ficou por uns dois minutos numa minuciosa atenção. Ele ficou na expectativa, precisava saber qual seria o efeito que aquela troca teria sobre ambos os instintos e qual seria a reação dela.

— E daí? - Perguntou ele — O que...

Soou o apito, a bateria voltou para a apresentação. De um salto repentino, Helen lançou-se novamente sobre o tablado, com a mesma energia e desenvoltura que demonstrara anteriormente.

Seu mais recente e declarado admirador não conseguia desviar o olhar. Pôs-se como se estivesse sob um efeito hipnótico. Um conhecido se aproximou:

— Oi, João! Anda por aí? Está só de passagem ou hospedado num dos hotéis?

João Pedro percebeu que alguém lhe falava, mas não atinou o que lhe diziam. Pegou a garrafa com a cerveja gelada que comprara para oferecer à Helen e, num gesto instintivo, entregou a bebida àquele que lhe abordava. O outro, que foi tão visualizado quanto ouvido, pegou a cerveja que lhe foi ofertada e desapareceu.

Entre diferentes movimentos e passos de samba, ela tinha um que oscilava entre o gracioso e o provocador — um giro completo do corpo e do cabelo —, que, num relance de olhar, forçava João Pedro a se questionar se era só um charme ou se tinha a premeditada intenção de provocá-lo.

No intervalo seguinte, Helen foi chamada à mesa da irmã.

— Helen, eu tô indo pra casa. Vamos?

— Ah, não! Tá divertido. Eu vou ficar mais.

— Você que sabe. Meu táxi já deve estar chegando. Não anda sozinha. Tem bastante gente conhecida aí. Se ninguém puder te acompanhar até o início da Barão, daí você chama um táxi.

Ela concordou para que a irmã não ficasse preocupada, mas seu plano era voltar sozinha e a pé para casa.

Mal Raquel deixou o assento, João Pedro ocupou o espaço vazio ao lado de Helen.

— Com licença. Posso?

— Agora já está sentado.

— Preciso falar com você.

— Pois fale. Antes que a bateria volte.

O garçom trouxe à mesa uma cerveja gelada e dois copos; um para cerveja e outro com uísque e gelo. Pedro agradeceu e dispensou o garçom. Ofereceu a cerveja e fez questão de servi-la pessoalmente. João tomou um gole do uísque.

— Nós precisamos de mais privacidade para conversar.

— Não estou interessada. Hoje eu vim pra remexer. Sem privacidade.

— Nossa! Sua seleção de vocabulário é tão sexy. "Remexer sem privacidade". E se eu lhe disser que estou apaixonado por você? — ele falou isso levando as duas mãos ao peito, como se fosse acometido de uma dor no coração.

Ela soltou uma gargalhada.

— Cara, você não existe! Que comédia! Pega alguém com essa sua conversa?

O sorriso dela o deixou mais desnorteado. Pensou ter, enfim, encontrado rumo quando seu olhar começou a tocar-lhe cada pedaço descoberto daquela pele negra, umedecida, que lhe traziam à memória a suavidade e a delicadeza da pétala de uma tulipa da noite.

Helen encostou os arredondados lábios de Iara[5] na boca do copo, marcando-o com seu batom cor de rosa e bebendo de uma só vez quase toda cerveja gelada do seu interior, na insaciável tentativa de refrescar seu corpo quente e suado.

Na parte externa do recipiente de vidro recém-esvaziado ainda se viam as gotículas decorrentes da troca de calor ocorrida entre o líquido gelado e a superfície do copo.

Quando devolveu o copo praticamente vazio à mesa, João Pedro voltou a servi-la.

A cena anterior se repetiu, só que dessa vez desacelerada, ao menos na imaginação de Pedro que insistiu:

— Vamos?

Helen fingiu não ter escutado o apelo.

— Vem comigo, por favor! Você não vai se arrepender. Eu prometo.

— Cansou de me servir?

— De jeito nenhum. Ser o copeiro da rainha é um cargo de confiança.

— Não sou rainha de coisa alguma.

— Para mim, você é a rainha de tudo. Vem comigo! Por favor! Eu faço qualquer coisa. O que Vossa Alteza deseja deste humilde servo?

— Eu quero dançar mais.

---

[5] Iara ou Mãe-d'Água – aquela que mora nas águas, sereia do Rio Amazonas, de acordo com o folclore.

A bateria voltou com o sinal do mestre e repique dos tamborins.

Ela estava se erguendo da cadeira quando foi refreada por um segurar de mão:

— No próximo intervalo. Tudo bem?

A resposta foi um gesto positivo com o polegar direito.

Quando a bateria tornou a silenciar, João Pedro a esperava ansioso.

Ela tomou um copo de cerveja e permitiu que ele lhe segurasse a mão e a guiasse para fora do barracão.

A luz do luar estava tão intensa que podia se chamar aquela noite de um quase dia.

Helen ensaiou impor os limites daquele primeiro encontro:

— A gente fica só por aqui. Tudo bem?

— Por que você não confia em mim? Me dê uma chance. — Tirou do bolso a chave do carro e entregou na mão dela. — Você dirige. Fica com a chave. Leve-nos para qualquer lugar da sua escolha e confiança, e se eu tentar alguma gracinha você vai embora com o meu carro e me abandona. Vamos! Pode confiar.

— Confiar em você? Primeiro, eu não te conheço. E depois, você quer deixar a chave do carro com uma desconhecida que você sabe que bebeu a noite toda. Aliás, você também bebeu.

— Como vamos nos conhecer se você não me der uma chance? Olha, eu sei que é difícil acreditar, mas ainda que eu bebesse a garrafa toda de uísque não ficaria embriagado. Tenho algumas alterações metabólicas um tanto anormais.

— É o que me dizem seus olhos. - Helen respondeu de imediato.

Ele pareceu entristecido com esse último comentário. A expressão extraiu dela sentimento de culpa e compaixão. Era exatamente com isso que ele contava quando se fez de magoado. Na busca pela redenção, Helen revogou todos os decretos anteriores:

— Tudo bem. Podemos conversar à beira do mar, no trapiche da Babitonga. Ah! E mais uma coisa — disse, devolvendo-lhe a chave —, eu ainda não tenho carteira de motorista.

Foram ao trapiche aspirar uma brisa fresca de regeneração física e mental.

Pedro fez constantes elogios à beleza dela, perguntou sobre sua vida, gostos, preferências e desgostos. Queria saber sobre a família, antigos namorados e planos para o futuro. Em tudo, ele apoiou-a e incentivou-a. Mostrou-se compreensivo e submisso. Viu-se desesperado e foi obrigado a pedir permissão para beijá-la. Helen consentiu.

Beijaram-se sob a luz do luar e o testemunho da brisa, agitados cardumes de peixes e tranquilas tartarugas marinhas que se disfarçavam em esporádicos mergulhos.

— Não confia em mim ainda?- Quis saber Pedro.

— Mais do que antes e espero que menos que logo mais.

— Que bom. Fico feliz de ouvir isso. Quer comer um lanche? Nada mudou, minha rainha. Você escolhe.

Helen ficou pensativa. João Pedro a percebeu sugestionável e falou:

— Há uma lanchonete no Iperoba, pode ser?

— Tudo bem.

Do trapiche, então, foram para a lanchonete. Repartiram uma porção de camarão à milanesa. Helen bebeu mais cerveja e Pedro uísque com gelo. A figura dele despertava algumas curiosidades e ela queria respostas.

— Olha, eu gosto de me refrescar no verão com a cerveja bem geladinha e também me sinto mais à vontade conforme o álcool vai me entorpecendo e exercendo influência sobre os meus sentidos.

— Sei disso. Pode ter certeza.

Helen riu. Não entendeu bem o que ele quis dizer, mas não deixou de perceber a malícia no olhar.

— Mas e você? Por que bebe se sabe que não vai ficar embriagado?

— Bebo porque aprecio o sabor do uísque e pela lucidez mental que a bebida me dá.

— Isso, sim, é um motivo interessante para se beber.

Pedro sabia que ela estava já bastante alterada pela bebida. Desejou tocar a pele dela, ainda mais do que antes. Imaginava-se sentindo seu corpo e trocando energias sobre uma cama do hotel. Talvez pudessem se amar, e mesmo se isso não fosse possível, dariam prazer um ao outro. Não. Não tentaria nada disso, pelo menos não nessa noite, no estado em que ela se encontrava.

— Sabe o que mais é interessante? Já são mais de 3h e eu vou te levar para casa.

— Legal! Obrigada! — respondeu ela, já enrolando a língua.

Pedro a ajudou a subir no carro. Quando o rapaz se aproximou, abaixando para prender o cinto de segurança dela, Helen o puxou para si com força e lhe deu um inesperado e intenso beijo na boca. Isso o deixou confuso sobre a decisão que já tinha tomado de levá-la para casa.

— Caramba, Helen! Sua diaba! — Conseguiu ainda desabafar, com a voz ofegante e o coração disparado, tendo que recorrer a um hercúleo esforço de raciocínio. — Não faça mais isso! — pediu ele a contragosto. — Não hoje. Ou eu não respondo por mim.

O encontro saiu totalmente diferente dos outros desde o início. Interessava a Pedro que continuasse assim. Não queria que a primeira fosse também a última vez.

— Sou diaba agora? Não sou mais rainha?

— As duas. Você é uma Lilith.

— E uma Lilith seria...

— Uma rainha-demônio, com poderes sobre os ventos e tempestades e um irresistível poder de sedução.

— Sedução sobre quem eu não sei — resmungou Helen fazendo biquinho com os lábios e fingindo estar chateada.

— Sobre este humilde servo que vos fala.

Helen conservava um pouco de lucidez e deixou transparecer no sorriso que ele a tinha agradado.

Em poucos minutos estavam na Barão. Temendo a possível inconveniência de ser vista pelos familiares e vizinhos chegando em casa tarde e na companhia de um desconhecido, Helen pediu que ele a deixasse em qualquer lugar da Barão.

— Por motivos de segurança não poderei atender esse seu pedido. Diga-me, por gentileza, onde você mora.

Já tendo conhecido sua natureza pertinaz, Helen não ousou contrariá-lo. O carro só parou quando Pedro teve a certeza de que estavam na frente da casa dela. Beijou-a ainda no interior do automóvel. Desceu primeiro para abrir a porta do carro e ajudá-la a sair. Retornou para o carro e falou para ela antes de fechar o vidro:

— Juízo!

Viu-a entrar e uma luz se acender dentro da residência. Só então ligou o rádio, virou a chave do carro e saiu.

REINADO DE MOMO

"A bateria nota dez da Imperadores do Samba escolhe, esta noite, a sua rainha para este Carnaval.

As candidatas podem se inscrever ainda hoje, no barracão da escola.

As inscrições serão recebidas até meia hora antes do início do evento".

Assim anunciava o carro de som pelas ruas da cidade. Helen ainda não tinha se decidido. Talvez não fosse uma boa ideia. Lembrava das outras garotas que viu sambando no barracão, no ensaio da bateria, todas lindas e com samba no pé. Mas e se ganhasse? Primeiro, rainha da bateria e, depois, rainha do Carnaval. Seria bom atrair para ela esse tipo de atenção? Mas como saber se iria se sair bem no concurso maior?

Gostava da adrenalina esfuziante de sambar por prazer particular, do poder indescritível que exercia sobre seu espírito o tocar dos tamborins. Apesar de sentir aquela paixão como se fosse o sangue a lhe correr nas veias, não se acreditava preparada para se apresentar no palco do barracão central.

Conhecia algumas jovens que já haviam se apresentado de forma deslumbrante, em carnavais anteriores, sob os olhares de todo um público repleto de críticos, apoiadores e indiferentes, conhecidos e desconhecidos, imprensas local e regional, além, é claro, de uma comissão avaliadora.

A pedido da avó, Helen foi ao Água Branca comprar uma broinha de manteiga que não vendia no Supermercado Barão, perto de casa. No caixa do mercado foi abordada por duas moças que se lembrava de ter visto sambando no barracão da Imperadores.

— Oi! Nós somos Tamara e Lidiane.

— Oi! Eu me chamo Helen.

Elas riram juntas porque já tinham aquela informação.

— Vimos que você ainda não fez a inscrição para o concurso da rainha da bateria. Vamos lá! A gente já fez a inscrição.

— Mas é interessante pra vocês mais uma concorrente?

— Pra nós não existe isso. Somos Imperadores, o que nos importa é o brilho da Escola na avenida. Vem com a gente!

Foram no carro de uma delas. Helen preencheu a inscrição com seu nome completo, idade, pesou-se, tirou as medidas de busto, cintura e quadril, e respondeu perguntas triviais: hobby, um sonho e profissão.

— Pronto! Está feito.

Então as moças a levaram até a Rua Barão de carona, pois precisavam ir à loja de aviamentos comprar alguns itens para os últimos detalhes de adereços.

— Tchau! A gente se vê à noite!

Helen se sentiu acolhida pela comunidade da Escola e ficou mais tranquila por sair de cima de si uma possível tensão que poderia sentir numa atmosfera de competitividade.

"Somos Imperadores". Duas palavras que lhe tocaram fundo no coração, e apesar de nunca ter participado de nenhum Carnaval, sentiu como se fizesse parte daquela escola de samba desde que nasceu.

Naquela noite, como Miro já havia previsto, Helen foi eleita a rainha da bateria da escola. Foi aplaudida por todos os presentes. O presidente da escola mandou chamá-la para conversar.

— Senta aí, neguinha! O que foi que eu te falei, hein?! Pega esse copo, toma uma cerveja com a gente. Sexta-feira que vem é o grito de Carnaval no Pavilhão Central e no Clube Náutico Cruzeiro do Sul, e a atração principal é a escolha da rainha. Eu passo na sua casa à tarde e levo você para os preparativos. Quando você subir na passarela e começar a sambar, escreve o que eu tô dizendo, você vai conquistar todos os jurados com seu sorriso e samba no pé. Anotou aí?

Helen deu um sorriso, que já serviu de resposta.

— Ah, é claro, não trouxe caneta nem papel. Quando chegar em casa anota, pra depois não dizer que não falei. Vai ganhar todos os votos e nossa escola vai ser a campeã.

A bateria estava pronta para voltar à apresentação.

— Agora sobe no tablado e dá o teu show que está todo mundo esperando. Ainda bem que o príncipe regente não veio hoje pra tirar você mais cedo da festa. Fica com a gente até o final. Você é nosso amuleto de sorte este ano. Faz até aumentar os lucros do nosso serviço de bar. A partir de hoje você é Imperadores. No final da festa, se eu mesmo não puder levar você em casa, peço pra alguém da minha confiança fazer isso. — Deu uma piscada, que Helen retribuiu com um sorriso.

Na tarde da eleição da rainha, conforme combinado, Miro foi buscá-la. Ele tinha ainda muitas coisas para resolver naquele dia, mas com o apoio da diretoria e de toda a equipe da escola, reservou a tarde para dar atenção especial ao que, para ele, era prioridade. Seu instinto carnavalesco lhe dizia que a escola campeã seria a mesma escola que conseguisse eleger a rainha do Carnaval da cidade. Estava convicto disso.

— Sempre trata dessas coisas pessoalmente?

— Não mesmo. Temos a Alvira, que é ótima para essas coisas.

— E então?

— É por causa de um sonho que tive com meu avô no começo do ano. Meu avô foi o fundador da escola. Nesse sonho, eu ainda era um menino e jogávamos baralho em nossa casa. Não era bem um jogo, era uma brincadeira, na verdade, e do nada, a bateria da escola começou o ensaio. Meu avô embaralhou as cartas, colocou-as com a face pra baixo, mandou eu escolher uma e disse: "Miro, neste jogo ganha quem tiver a rainha".

— E daí? — perguntou Helen.

— Daí eu acordei. Voltei a dormir e tive o mesmíssimo sonho.

— Poxa! Fiquei impressionada.

— E sabe uma frase que meu avô sempre dizia?

Helen fez uma expressão de curiosidade, mas ficou quieta.

— Ele dizia: "Quem quer faz, quem não quer manda fazer".

Foram primeiro nas lojas escolher o calçado e um maiô de lantejoulas. Depois Miro a levou à manicure e ao cabeleireiro.

No final da tarde, ele a deixou em casa com um aviso:

— Às 19h30 venho te buscar de novo. Você vai fazer a maquiagem e as meninas vão te deixar purpurinada. Depois, um pessoal da comissão de Carnaval vai pesar, medir e entrevistar todas as candidatas. Não se preocupe, vai ter gente nossa lá também. Pode ficar tranquila.

Nessa mesma noite, Helen foi eleita a rainha do Carnaval por unanimidade. Foram cinco noites e três tardes de apresentação. Desfile de abertura em cima do carro oficial, apresentação abrindo as noites de Carnaval no Clube Náutico Cruzeiro do Sul, sambando no chão em frente à bateria da escola e no palco do pavilhão central, Carnaval nos balneários, entrevistas à imprensa local e da região. O carro da Secretaria de Turismo ia buscá-la e levá-la aos eventos e Helen ainda recebeu uma premiação em dinheiro.

A Imperadores do Samba foi eleita campeã com nota 10 em todos os quesitos. Apesar de todos os títulos que a escola já tinha conquistado, esse foi um feito até então inédito.

Helen viveu nesse período um verdadeiro e inesquecível conto de fadas.

13

CONTO DE AREIA

Numa noite da Festilha[6] daquele mesmo ano, após o expediente, Helen foi para casa para se arrumar e voltou sozinha para o Centro Histórico para curtir a festa. No Pavilhão Central, assistiu às apresentações dos grupos folclóricos. Chegou ao espaço denominado Pavilhão das Escolas de Samba e cumprimentou os conhecidos.

Como extrapolou o horário de trabalho, até chegar em casa, arrumar-se e voltar, teve um prejuízo de mais de uma hora de samba. Para recuperar, já "chegou chegando".

O casaco foi para o encosto da cadeira desocupada, demarcando seu espaço. "No sapatinho", foi gingando sobre o tablado. Duas garrafas de cerveja gelada chegaram à mesa. Houve uma troca de olhares entre as três que compartilhavam o espaço: Lidiane, Tamara e ela. Ninguém havia feito o pedido. Foi o que se entendeu.

— Mandaram entregar — falou o garçom.

Beberam sem cerimônia, levantaram para dançar, dançaram bebendo, cantaram pagode, partido alto e samba-enredo. Procuraram a gelada para esquentar o clima e molhar a goela. Quando o fornecimento parecia prestes a acabar, outra garrafa chegou à mesa.

As meninas deram risada e retomaram o ritual de cantar, dançar, beber e conversar, incluindo, a partir da segunda rodada de cerveja, as paradas para urinar e algumas paqueras no trajeto da mesa ao banheiro. Numa dessas paradas obrigatórias, Helen foi à barraca da Imperadores e chamou Miro num canto:

— Miro, chega mais, por favor!

---

[6] FESTILHA – Festa das Tradições da Ilha de São Francisco do Sul.

Miro já chegou rindo, e antes mesmo que ela perguntasse alguma coisa, ele preparou uma dose de uísque com gelo, que causou nela certa surpresa:

— Ué! Servem uísque importado aqui?

— Tem um cliente especial que traz a própria bebida.

— Ah! Desenrola essa pra mim. É o príncipe regente?

— Nada a declarar, rainha. Vê o que essa bebida te diz, depois fica esperta, neguinha, e é só acompanhar o itinerário e o ponto de entrega do garçom.

— Obrigada pela dica!

— De nada! Eu não falei nada. — Trocaram um sorriso cúmplice.

Dando a entender que voltava do banheiro, Helen disfarçou, sentou, e seu olhar acompanhou o garçom que saiu para entregar o uísque. Quando a bebida chegou ao seu destino, os olhos da jovem encontraram-se com o olhar heterocromático de João Pedro.

Helen acenou para ele com as duas mãos e um sorriso do tamanho do mundo. Pedro, sério, mandou um beijo para ela de longe e gesticulou com o dedo indicador, chamando-a para junto dele. Desconfiando que a intenção dele era tirá-la dali e desejosa que estava de sambar ainda mais, ela fingiu não perceber seu pedido gestual, levantou-se para dançar e caprichou na sequência do rebolado, com passos gingados e aquele giro de corpo e jogada de cabelo. Ciente do estrago que estava causando, ela aproveitou para atirar na direção de João Pedro um olhar cheio de maldade e provocação.

Enquanto ela se perdia na empolgação do samba, João Pedro solicitou ao garçom um papel e uma caneta. Escreveu dois bilhetes no mesmo papel e cortou-o ao meio. Pediu que fossem entregues, um na mesa dela, junto à próxima cerveja, e outro nas mãos do vocalista do grupo de samba, também acompanhado de uma cerveja. Quando as meninas tomaram seus assentos, perceberam um bilhete:

> *Minha Rainha, foge comigo?*
> *Seu JP*

Helen ficou pensativa. João Pedro tinha acertado em cheio o espírito aventureiro dela com cinco palavras e duas letras maiúsculas num pedaço de papel. O que ela realmente queria? Queria ficar, dançar, amanhecer na folia e voltar para casa fisicamente exausta.

O que ela fez? Não resistiu àquele gesto até então inusitado para ela. Pegou o casaco, despediu-se das meninas e saiu com seu caminhar balanceado, no ritmo do samba, desfilando na direção dele.

Pedro não cabia em si de felicidade. Quando estavam bem próximos, o grupo no palco anunciou que a música a seguir era um pedido de João Pedro e que oferecia à Rainha do Carnaval. A música era *Deusa ou menina*, do Grupo Katinguelê.

Ao ouvir isso, Helen o puxou pela mão para o centro do tablado vazio e eles dançaram juntos. Os braços dela agarrados ao pescoço dele e os braços dele presos à cintura dela.

No início, trocaram olhares; depois, Helen encostou a cabeça no peito dele. Podiam sentir o calor, o cheiro e os batimentos cardíacos um do outro. João Pedro nunca tinha dançado diante de uma plateia. Em público e ao mesmo tempo tão íntimo.

Ao fim da música, os dois trocaram um olhar e, em seguida, João Pedro inclinou-se, fazendo reverência à banda, com a mão direita do lado esquerdo do peito, em agradecimento ao ínfimo e eterno momento que eles lhe haviam proporcionado.

Pedro segurou as delicadas mãos de sua *partner* e as beijou, uma após outra, com o olhar fixo nos olhos dela, fazendo um movimento com a cabeça, convidando-a a acompanhá-lo para fora dali. Sem soltar as mãos, ela o seguiu até onde estava o carro.

— Confia em mim?

A resposta foi afirmativa. Beijaram-se. Pedro abriu a porta do carro para ela. Dirigiu até a praia da Enseada, deixou o carro no estacionamento do hotel e, juntos, caminharam no calçadão da Avenida Atlântica à beira da praia.

— Fiquei sabendo da sua eleição e de seu reinado no Carnaval. Vi suas fotos. Você estava linda, deslumbrante! Desculpe-me por eu não ter vindo. Era o que eu mais queria.

— Tudo bem.

— Não está tudo bem, eu sei.

Sentaram num dos bancos à beira-mar. João Pedro perguntou detalhes da rotina vivenciada por ela no Carnaval. Helen relembrou e descreveu não só seu cotidiano, mas suas emoções e euforias, a bagunça, as apresentações e a purpurina que ficou por mais de um mês grudada no corpo dela.

— E você, o que andou fazendo?

— Viagens, negócios, compromissos que já estavam marcados desde o começo do ano.

As palavras dele eram muito vagas e genéricas. Por mais que falasse, parecia não dizer nada. Helen percebeu que ele estava dando voltas com as palavras para não a permitir participar da vida dele, ainda que ele estivesse já, claramente, bem inteirado sobre ela. Questionava-se como poderia ser possível, mas tinha a sensação de que Pedro sabia o que lhe ia no pensamento. Quando ela começava a ficar intimamente insatisfeita ou chateada, ele dava um jeito de mudar o assunto.

— Quer jantar?

Helen não respondeu. Pedro reformulou a proposta e mudou a entonação:

— Vem jantar comigo no restaurante do hotel.

— Uma comida leve.

— Se Vossa Alteza me permite a ousadia, eu previ seu cardápio. Comida leve e tempero forte. Aliás, estou chegando à conclusão de que você só gosta de peixe e frutos do mar.

— Não. Peixe e frutos do mar eu amo! Agora, carne, frango e ovo eu até gosto, mas como em casa.

— Então hoje você tem que comer algo diferente, né? — João Pedro sorriu com malícia, mas em troca recebeu um olhar meigo.

O jeito simples e sincero dela fazia parte do pacote de charme que o encantava. Helen serviu-se de salada e frutos do mar e pediu uma cerveja gelada. Pedro só tomou um uísque com gelo, que nem precisou pedir.

— Não vai comer?

— Já estou comendo — respondeu, enquanto a assistia colocar a comida na boca e ficava apreensivo com o toque dos lábios dela na superfície do copo, encerrando cada gole com uma rápida aparição da ponta da língua a lubrificar o batom rosado.

— Você deve estar achando que depois do jantar eu vou levá-la pra casa.

— E não?

— Só se você não quiser ir pro quarto, comigo. Mas vai ter que dizer com todas as letras: "João Pedro, eu não quero fazer amor contigo".

As últimas palavras deram nela um acelerar do batimento cardíaco. O marisco temperado estacionou na garganta, indeciso, sem saber se subia ou se descia. Helen perdeu a fome por completo e nem tencionava encontrá-la. Terminou de engolir o marisco.

— Você é bem direto.

— Eu sei que você quer tanto quanto eu, mas preciso de uma decisão que saia da sua boca.

— Eu vou...

Com as sobrancelhas erguidas, os olhos dele aguardaram o final da frase.

— ...pro quarto, contigo.

Abandonaram a mesa como fugitivos, compartilhando olhares insaciáveis, e no elevador um pouco mais do que isso. Helen pediu para tomar banho e saiu do chuveiro enrolada na toalha. João desejou ter olhos de raio-X:

— Nunca detestei tanto uma toalha de banho! Tira isso e sobe na cama.

Ela atendeu ao pedido dele.

Afagando a pele dela suavemente, ora com as mãos, ora com os lábios, João Pedro fez uma confissão:

— Desde a primeira vez em que eu a vi que sonho em tocar o teu corpo assim, totalmente nu, sentir o gosto e o cheiro da sua pele, que me lembra a suavidade e a delicadeza das pétalas de uma tulipa da noite.

— Não conheço.

— Depois. Depois eu lhe conto.

Entre carícias e beijos, deram vez e voz ao prazer e a todo o amor que naquele espaço de tempo poderiam demonstrar um pelo outro. Desejaram que a noite não tivesse fim. Certo de que tinha satisfeito os desejos dela, ele, enfim, explicou:

— Nesta época do ano é primavera na Europa. Nos Países Baixos, que aqui chamamos Holanda, existe o mais belo jardim de flores do mundo. Um campo de tulipas, lindo, num colorido a se perder de vista. É chamado de Keukenhof Garden. Fica a meia hora de Amsterdã. Foi lá, nesse paradisíaco campo de tulipas, que eu vi, pela primeira vez, essa flor de pétalas negras. De todas, foi a que mais me chamou atenção. Apaixonei pela flor.

— Parece que se apaixonar é coisa banal pra você.

— Não mesmo. Para você ter uma ideia, a floração de uma tulipa negra ou rainha da noite só acontece no início da primavera e dura de seis a dez dias. Seja qual for o oposto de banal, acho que isso se enquadra.

João Pedro olhou pra ela, parecia ter tido uma ideia:

— Um dia quero voltar lá, de mãos dadas com você. Todas as flores sentirão inveja da sua beleza.

Por essas palavras, ele ganhou um beijo. Tornaram a entregar seus corpos para satisfação dos recíprocos desejos. Faltou noite. João Pedro percebeu que estavam surgindo os primeiros sinais do novo dia.

— Vamos! Vista-se. Vamos namorar um pouco mais, caminhar descalços na areia da praia, ver o sol nascer, e depois eu a levo para casa.

— E assim acaba o conto? — perguntou ela, desviando dele o olhar.

Com um leve toque das pontas dos dedos no queixo dela, João Pedro atraiu para ele a direção daqueles castanhos olhos lânguidos, e respondeu:

— Espero que não.

14

A BENZEDEIRA

Depois que as crianças ficaram sem a mãe, as coisas tornaram-se mais difíceis. Os pequenos sofriam com a falta dela. Júlio sofria com a falta que ela fazia para os filhos. A avó das crianças, dona Sônia, além de se sobrecarregar nos afazeres, especialmente por causa de Andriel, vivenciava a rotina do filho, que sentia o sofrimento que a falta de Diná trazia para seus netos.

Seu Rômulo aconselhava o filho:

— Você tem que ser forte.

A frase não caía bem no espírito atulhado de mágoas nem na mente atarefada de responsabilidades, ainda que revestido de um jovem corpo de apenas 21 anos.

Nenhum dos envolvidos recebeu isenção emocional. O mais atingido, porém, foi o menino. Depois de duas semanas sem a mãe, Andriel passou a cumprir todas as noites um desgastante ritual. Às exatas 21h, o bebê começava a chorar. Chorar seria um eufemismo; Andriel, do nada, gritava a todo poder pulmonar. Os berros do pequeno podiam ser ouvidos ao longe. Quando o relógio marcava o horário, parecia que o bebê era, de forma repentina, atingido por algo que lhe causava uma dor pungente, que nada nem ninguém podia dar fim ou ao menos aplacar. Como num passe de mágica, na vigésima segunda hora, o bebê parava de chorar, restando apenas os suspiros e os soluços magoados.

Levaram-no no Pronto Socorro, no posto de saúde e pagaram duas consultas na clínica pediátrica, e o diagnóstico era sempre o mesmo: cólica.

Os remédios, então, já sabiam todos de cor, de trás para frente e de frente para trás, até o nome dos laboratórios, nas versões original e genérica.

Júlio chegou a pressionar o médico a requerer exames de sangue e raio-X da cabeça do menino, pois sua mãe o tinha assustado com a hipótese de o neto ter algum tumor no cérebro ou coisa do tipo. Todos os exames foram feitos para descargo de consciência e nenhuma alteração foi constatada.

— Vocês têm feito a massagem na barriguinha com óleo?

Esse tipo de sugestão já começava a irritar. Na fatídica hora, um revezamento era obrigatório. O bebê passava de colo em colo, um pouco com cada um, pois quem segurava o pequeno inevitavelmente sofria junto. A situação se estendia por mais de dois meses.

Uma tarde, dona Rosalba, que morava um pouco mais adiante, na mesma rua, viu dona Sônia passar com o bebê no colo e a chamou para conversar. Já tinha ouvido os gritos desesperados da criança e apresentou mais uma provável solução:

— São coisas inexplicáveis para a medicina humana. Já procurou uma benzedeira?

— Verdade. Sabe que até cheguei a pensar nisso? A senhora me recomendaria alguma?

— Com certeza. Conheço a melhor, dona Felicidade. Essa senhora mora numa entrada da Barão do Rio Branco, uma rua que o povo chama de Buraco Quente.

— Sei onde é. A hora que o Júlio chegar vamos lá. Ela cobra o atendimento?

— Não. De jeito nenhum. Se você ficar grata pela benzedura, pode levar um presente pra ela. Mas tem que ser de coração.

No final da tarde, naquele mesmo dia, dona Sônia foi com o filho levar Andriel para benzer. Foi fácil achar o local. A casa rosa, número 1.050, já era referência na rua. Não era incomum alguém aparecer pedindo essa informação. Atrás de um muro baixo revestido de folhagem natural, avistaram uma casa com varanda e quintal com diversas plantas nas laterais e no fundo.

Júlio bateu palmas e a mãe, com o bebê no colo, chamou:

— Dona Felicidade!

Dona Sônia viu que uma jovem vinha lá do fundo do quintal.

Júlio avistou um lindo cabelo cacheado, preso com uma fita vermelha no alto da cabeça. Viu um rosto encantador de olhar cintilante e ao mesmo tempo perturbador. Um sorriso que lhe causou uma arritmia cardíaca e lhe roubou segundos intermináveis do fôlego necessário, ficando, portanto, incapacitado de falar.

Sem perceber a apoplexia momentânea do filho, dona Sônia interpelou a moça:

— Boa tarde! Dona Felicidade está em casa?

Os olhos da moça deram uma rápida passada de reconhecimento nos olhos azuis do jovem rapaz que acompanhava a senhora com o bebê no colo. Ouviu a saudação e a pergunta que lhe foi dirigida, e por mais que tentasse se eximir de ser indelicada, deixou a interação da fala para depois da expressão impulsionada pelo instinto:

— Júlio César! Caramba! Quanto tempo! Que bom te ver!

Os olhos dela ganharam um brilho adicional. O sorriso contido pareceu suficientemente discreto para disfarçar o extremo regozijo que se expandiu em seu íntimo com a visita inesperada.

— Boa tarde! Ela está sim. Minha avó está lá atrás dando uma atenção às plantas. Vocês aguardem um pouco, eu vou chamá-la.

— Vocês já se conheciam? — perguntou dona Sônia ao filho quando Helen sumiu das suas vistas.

Júlio retomou o fôlego e aos poucos foi recobrando a normalidade da atividade cerebral. Respondeu à mãe com a boca fechada e um balançar afirmativo da cabeça.

Dona Felicidade veio à frente da casa para atendê-los. Helen não tinha foi junto e Júlio ficou apreensivo. Será que voltaria a vê-la?

Dona Sônia apresentou a si e aos seus acompanhantes, mesmo não tendo a participação ativa do filho nessa apresentação, pois ele tinha o olhar perdido na direção do fundo do quintal. A benzedeira não deixou passar despercebida a reação do rapaz. Convidou-os a entrar. Dona Sônia aceitou. Entrou e sentou com o bebê no colo.

Enquanto a mãe compartilhava com a benzedeira as apreensões que lhes haviam levado em busca dos seus talentos, Júlio, com as mãos no bolso, preferiu ficar do lado de fora da casa. Alimentava a esperança de poder ter ao menos mais um segundo da esfuziante e arrebatadora visão que por ali tinha passado, causando nele uma apreensão que o devastava mais do que uma previsão de vendaval.

— Júlio! — chamou em vão dona Sônia.

— Helen, venha cá, querida! — Dona Felicidade conseguiu, com o nome da neta, atrair a requerida atenção do pai da criança.

— Já tô indo, vó!

Percebendo que a voz vinha de dentro da casa, o rapaz aceitou, com efeito retroativo, o convite para entrar.

Helen surgiu para atender a avó na varanda:

— Senhora.

— Colhe uma erva-cidreira e faz um pouco de chá. Pouca coisa, menos de um copo. Traz umas folhinhas a mais que depois a dona Sônia vai levar.

Dona Sônia também entregou uma missão ao filho:

— Júlio, traz o copinho do bebê que ficou dentro da bolsa, no carro.

Júlio saiu mais do que imediatamente. Apressado, pegou a bolsa da criança com tudo e voltou para o quintal da casa, onde avistou Helen ainda colhendo as plantas. O medo de não ter outra oportunidade de conquistar a atenção dela foi maior que o receio de fazer papel de bobo.

Aproximou-se com a bolsa a tiracolo.

— Oi, tudo bem?

A moça achou meiga a iniciativa dele, mas não perderia um segundo daquela bela companhia com funções fáticas da linguagem.

— Conhece alguma dessas plantas?

— Acho que sim. Não. Na verdade, não.

Olhou um pouco ao redor:

— Aquele ali! É um tempero, certo?

Júlio apontou para um pequeno arbusto de meio metro de altura, com folhas verde-claras em formato ovalado.

— Ah, sim. Esse é o manjericão. Você está certo. É um ótimo tempero. Mas sabe como ele é mais útil pra mim?

Antes que seu interlocutor pensasse em responder, ela mesma explicou:

— Banho. Tenho uma banheira só pra isso. Pelo menos uma vez no mês, um banho de ervas para descarregar as energias negativas.

Terminando de colher as plantas que a avó solicitou, virou-se para ir à cozinha para preparar o chá. Seu movimento, sem aviso prévio, fez com que eles quase se esbarrassem. A aproximação lhes permitiu sentir o calor corporal e o cheiro um do outro. Helen ficou tão atraída que por pouco não o beijou.

— Júlio, cadê as coisas do seu filho? — perguntou dona Sônia, de dentro da casa.

Os dois foram apanhados de sobressalto. Helen teve um sentimento de culpa, como se tivesse, ainda que em pensamento, transgredido a moralidade. Nem tinha feito uma relação de Júlio com a criança. Teria se permitido se sentir atraída por um homem casado?

— O bebê lá dentro é seu filho?

— Sim — respondeu, com medo da reação dela.

— Então você já se casou?

— Sim. Desculpa, não. — Júlio ficou tão nervoso que não conseguia fazer com que as ideias acompanhassem as palavras que lhe saíam da boca.

Antes de ele poder se explicar, Helen, tentando fugir da situação pouco confortável, foi para a cozinha para fazer o chá.

Júlio levou para sua mãe a bolsa com os pertences do filho. Observou em silêncio enquanto dona Felicidade realizava a reza da cerimônia de benzimento, gesticulando com folhinhas verdes sobre a cabeça do menino, sentado no colo da avó:

> *"Nossa Senhora dos Montes,*
> *com seu bento filho nos braços*
> *pensando que ele morria de quebrante e olhado.*
> *Com dois te botaram, com três eu tiro,*
> *com o poder de Deus e da virgem Maria,*
> *Quebrante e olhado, sai-te daqui,*
> *que a cruz de Cristo anda sobre ti.*
> *Quebrante e olhado, sai-te daqui,*
> *que a cruz de Cristo anda sobre ti.*
> *Quebrante e olhado, sai-te daqui,*
> *que a cruz de Cristo anda sobre ti.*
> *Se botaram quebrante na cabecinha,*
> *nos bracinhos ou nas perninhas,*

*que Nossa Senhora dos Montes
leve para as ondas do mar Sagrado".*

A reza foi seguida de alguns Pais Nossos e Aves Marias. Helen trouxe o chá, que já tinha amornado. Dona Sônia colocou no recipiente e ofereceu para o pequeno.

— Vou colocar as folhas num plástico pra levarem — explicou, sem olhar na direção do pai da criança.

Júlio não deixou de notar que ela o castigava, desviando do olhar dele. Pediu licença para a dona da casa:

— Posso usar seu banheiro?

Entrou na cozinha.

— Helen, eu não expliquei. — Ele se aproximou dela visivelmente abalado com o desprezo recebido.

— Não. Não precisa. Eu não tenho nada com isso — disse ela, ainda sem o encarar e colocando as folhas no pacote.

A moça estava saindo da cozinha quando ele praticamente se jogou na frente dela, impedindo-a de passar.

— Tenho dois filhos — disse ele. — Uma menina de 5 anos e o Andriel, ali. A mãe das crianças foi embora. Nós nunca fomos casados.

— Lamento... pelas crianças. Posso passar?

— Sim. Desculpa.

Saiu da frente dela.

Enquanto passava, ela o fitou com um sorriso recatado. Júlio animou-se, entendendo ter alcançado a remissão do pecado que não cometera, mas que confessaria, caso isso fosse a condição para dar fim à tortura com que ela o infligia.

Dona Felicidade entregou o saquinho com as ervas para que o chá fosse feito em casa e deu algumas orientações:

— É comum esses casos de bruxaria e mau-olhado, principalmente sendo um bebê tão pequeno e já tendo perdido a companhia da mãe. O abalo emocional não afeta só a imunidade do organismo. Espiritualmente também se perde a defesa.

— Quem poderia querer mal a uma criança?

— Às vezes, não há intenção, mas o mal é o vampiro de tudo que é bom. Fiquem atentos. Sempre que alguém fizer um elogio ao bebê, vocês devem finalizar a frase dos outros com a expressão: "Que Deus o guarde!".

Quando saíram dali, Júlio questionou a mãe:

— A senhora acredita nessas coisas de bruxaria e olho grande?

— Volte a me perguntar às 21h que eu te respondo.

Naquela noite, às 21h, o bebê já estava dormindo tranquilamente o sono dos justos. Dona Sônia, Júlio e Seu Rômulo ficaram apreensivos na sala de estar, prontos para os gritos e o revezamento de colo. Enquanto não deu 22h, ficaram alertas, na expectativa.

Eliza, que costumava se trancar no quarto naquele horário, não resistiu à curiosidade pelo silêncio na casa e foi olhar a criança. Por fim, voltou à sala e comentou com o irmão, sentado ao lado dos pais:

— Mano, que maravilha! Ele dorme feito um anjinho!

— Que Deus o guarde! — responderam os três a uma só voz.

GRATIDÃO

Sentiram no coração que ainda naquela semana deveriam levar um presente à senhora benzedeira. Não há justos critérios para se avaliar uma gratidão sincera, mas nesse caso específico, poder-se-ia dizer que o pai da criança estava mais ansioso que os demais para demonstrar pessoalmente seu reconhecimento à graça alcançada. Mas não poderia ser a qualquer hora ou dia. Supôs que o horário deveria ser o mesmo do outro dia em que tinha ido acompanhado da mãe.

— Mãe, pode deixar que eu passo lá, agradeço a dona Felicidade e entrego a lembrança.

— Tudo bem. Mas não se esqueça de agradecer também por mim e pelo seu pai.

— O que eu compro pra presenteá-la?

— Coisas que todo mundo sempre precisa: roupa de cama, toalha de banho... Mas compra coisa boa.

Segunda-feira, Júlio saiu do porto, foi de moto à Barão do Rio Branco para comprar o presente. O local para entrega estava ali perto, mas seria muito fácil, tinha que complicar. Foi em casa tomar banho, fazer a barba, perfumar-se e trocar de roupa. Sua felicidade misturada com um pouco de ansiedade e o perfume amadeirado ficaram exalados em cada canto da casa.

— Mãe, não encontro meu boné.

— Seu cabelo está bonito. Não precisa de boné.

— Meu relógio, meu cinto...

Não sabia mais o que inventar de motivo para andar em todas as repartições da casa. Abraçou os filhos, dançou com a irmã ao som da música de abertura da novela e beijou a mãe. Cismou de revirar o cesto de roupa suja.

— O que foi agora, meu filho?

— Minha pulseira.

— Ah, Júlio César! Tenha dó! Deixa pra lá. Uma hora aparece.

— Achei!

— Essa senhora benzedeira deve ser linda, hein?! - Observou Elisa — Eu digo que o mano tá apaixonado.

— De boné ou sem o boné? — perguntou para irmã, porque a mãe, como fã número um, era suspeita para emitir esse tipo de opinião.

— Se a pessoa que você quer impressionar tiver bom gosto vai sem boné. Já prestou atenção em quantos rapazes há na cidade com essa cor de cabelo? Isso é beleza rara, maninho.

Foi aí que dona Sônia ligou os pontos, chegou perto do marido e comentou:

— Acho que esqueci de mencionar. A neta da dona Felicidade é muito bonita. E pelo jeito, os dois já se conhecem.

Seu Rômulo aumentou um pouco o volume da voz numa impostação quase teatral.

— Oh, Sônia, você comentou que a benzedeira mora com uma neta. Como é mesmo o nome?

— Na verdade, ela me contou que são duas netas que moram com ela, mas a que a gente conheceu naquele dia se chama Helen. A gente não... Eu conheci, porque o seu filho já conhecia. Ela até o chamou pelos dois nomes e nem havíamos nos apresentado.

— De onde, Júlio?

Júlio já tinha notado que o diálogo encenado era um pretexto para a última pergunta. Parou o que estava fazendo para responder ao pai.

— Tem pra mais de cinco anos. No *Réveillon*, na praia de Enseada.

Seu Rômulo e a esposa trocaram um olhar. Lembravam bem o estado de espírito com que Júlio ficou depois daquela virada de ano, antes de Manaus. Aí as coisas começaram a fazer sentido. Júlio despediu-se de todos e saiu.

Na travessia do trilho, o trem parou bem na hora que ele ia passar. O normal era perder a paciência com isso, mas respirou fundo e aproveitou para, em pensamento, agradecer a Deus pela oportunidade.

Um conhecido parou com a moto do lado da dele:

— Agora ferrou! Que merda, hein! "A gente nunca para"[7] é o caramba!

Júlio concordou com um sorriso. Não ficou irritado. Lembrou-se de que um dia estava tomando café com a mãe, na cozinha de casa, quando o pai chegou reclamando que se atrasara porque o trem tinha parado, que quando isso acontecia a cidade ficava dividida em São Francisco do Sul e São Francisco do Norte. Na ocasião, Júlio deu uma risada tão espontânea, que acabou soltando, sobre os alimentos e louças da mesa, um jato do café que tinha acabado de colocar na boca.

Pegou-se rindo sozinho. O trem passou. Júlio virou a esquina em frente à Corporação dos Bombeiros e entrou na rua do Fórum, saindo na Barão do Rio Branco. Quando chegou à entrada da Travessa Prático Pedro Pereira Lima, vulgo Buraco Quente, reconheceu pelo cabelo e o rebolado ao caminhar que era Helen que ia adiante.

Parou a moto do lado dela.

— Tá indo pra casa? Sobe aí. Deixa eu te levar.

— Capaz, daqui ali... são dois trabalhos, o de subir e o de descer.

Júlio riu, desceu e seguiu a pé, empurrando a moto.

— Sua avó está em casa?

— Está sim. Precisa de uma bênção também?

— Não, não se deve ser egoísta. Já tenho sido muito abençoado. Vim agradecer e trazer um presente.

— Aham! Já estava ficando curiosa sobre essa sacola. Então o bebê está melhor? A benção foi útil?

— Com certeza.

— Que bom! A vó vai apreciar o presente, seja qual for, mas o que vai deixá-la mais feliz será a notícia sobre o seu filho.

Chegaram ao destino.

— Deixa que eu vou lá chamar a vó.

— Depois que eu agradecer a sua avó, você poderia ficar um pouco aqui na frente pra gente conversar? Por favor!

— Tô chegando agora do trabalho. Eu tive que fazer hora extra. Tô exausta! Preciso de um banho.

---

[7] Slogan da ALL- América Latina Logística, empresa concessionária das ferrovias da América do Sul, de 1999-2015.

— Tudo bem, eu espero.

Não era o cansaço que oferecia obstáculo para que pudessem conversar, mas um apelo da vaidade. Helen queria estar mais apresentável. Depois de fazer os devidos agradecimentos a dona Felicidade e dar a notícia da melhora do filho, Júlio a informou que ia ficar um pouco mais ali e que estava esperando para conversar com Helen.

— Mas não precisa ficar aí fora! Espere ali na varanda, pelo menos.

Júlio agradeceu e aceitou o convite.

TEMPO CONCOMITANTE

Uma fragrância sensual de flores, trazida pela brisa, começou a circular pela casa, como se fosse a imponente comitiva da rainha de Sabá, a impressionar todo império salomônico. Por mais forte impressão que tal aroma suave e sedutor tenha causado nele, não superou em nada a tão aguardada chegada de Helen à varanda.

Era a própria Makeda,[8] num vestido de alça, tirando proveito da toalha de banho para lhe servir de turbante e deixando escapar propositadamente alguns cachos do cabelo castanho, que cintilava um brilho de mel.

— Desculpe a demora.

Para ele o pedido de desculpas não era sincero nem necessário, apenas um charminho extra. Pensou que essa fala deveria ser dele, pelos mais de cinco anos que deixou de estar com ela.

Júlio nem respondeu. Nesse dia era ele quem não estava disposto a desperdiçar palavras.

— Que bom que você está aqui e que eu estou aqui agora com você. Não sei se estou sendo inconveniente. Você deve ter namorado...

— Não. Não oficialmente. Tem um carinha aí com quem eu me encontro de vez em quando pra sair, curtir a noite. Mas não é nada sério.

— Como não é nada sério? Desculpa perguntar.

Um desespero começou a bater cada vez mais forte e em seu íntimo, Júlio já se perguntava se tinha condições de levar aquela conversa até o fim ou se pediria desculpas e iria embora.

Fugir não pareceu uma opção menos dolorosa.

---

[8] Makeda – Malkat Shva, soberana do reino de Sabá, conhecida entre os etíopes como Makeda.

— Sem problema, pode perguntar à vontade. É assim: a gente gosta de ficar junto, mas eu não sei praticamente nada da vida dele, ele não se abre muito.

— Já pensou que ele pode ser casado?

— Sim, pensei nisso. Nunca perguntei por medo da resposta, mas pelo que eu fiquei sabendo, não. Não é esse o problema.

— Se dependesse de você, vocês estariam comprometidos?

— Se ele me deixasse fazer parte da vida dele, sim. Mas desse jeito, não. Não tenho interesse.

— E tem alguma pessoa que você está interessada de verdade?

Helen sorriu, estava ficando apreensiva com tantas perguntas. No entanto, a apreensão para Júlio só o deixava com os nervos e musculatura tensos, sem a menor probabilidade de sorrir. Por mais torturante que fosse para ele ouvir aquelas respostas, não estava disposto a se acovardar diante da oportunidade com que a divina providência lhe tinha presenteado.

— Até tem, sim. Não vou mentir pra você.

Júlio meneou a cabeça, visivelmente decepcionado.

— É alguém que eu conheço?

— Ah, sim. Conhece. Com certeza, bem mais do que eu.

— Nossa! Agora fiquei curioso. Quem é o sortudo desgraçado?

Helen riu ainda mais. Júlio só foi entender o motivo quando ouviu a resposta:

— Tô olhando pra ele agora.

Ele já estava tão tomado pelo nervosismo que demorou um pouco para assimilar.

Baixou a cabeça, apoiando-a com uma das mãos.

Helen ainda não tinha concluído.

— Ah! Preciso te contar — continuou ela. — Ele tem os olhos, a boca, os cabelos e as sardas mais lindas que eu já vi.

Quando ergueu o rosto, Júlio estava mais vermelho do que o seu normal.

Não satisfeita, ela aplicou um golpe de misericórdia:

— Agora, eu não sei te dizer se ele tem interesse em mim.

Júlio levantou-se da cadeira. Ainda não estava muito bem. Olhou as crianças que aproveitavam o anoitecer para brincar de esconde-esconde na rua. Respirou fundo, num gradativo aspirar e expirar dos pulmões, como o amigo Tainha o havia ensinado a fazer sempre que ficasse nervoso. Era emocionalmente vulnerável. Uma bomba-relógio.

Virou-se na direção dela, pensando que com um sorriso conteria o lacrimejar dos olhos.

— Sabia que isso que você faz machuca as pessoas?

— Não fiz nada além de responder as perguntas.

— Eu ainda tenho duas coisas pra te pedir.

— Aproveita.

— Posso te beijar?

Helen levantou-se, foi na direção dele e parou quando já estavam quase se encostando. Júlio segurou o rosto dela com as duas mãos. Desenrolou a toalha e colocou sobre o encosto da cadeira. Acariciou os cabelos cacheados ainda úmidos. Aproximou seu rosto do pescoço dela para impregnar-se daquele aroma extasiante. Tinha dessas coisas. Olfato aguçado. Sentia cheiros. Beijou-lhe os lábios suavemente, afastando-se um pouco, e com os olhos fechados roçou a língua nos próprios lábios, degustando o sabor que tinha extraído dela. Assegurou-se de que seus lábios tornassem a se tocar, beijando-a agora com sofreguidão e buscando com a língua cada vez mais daquele gosto que tinha provado. Afastaram-se ainda eufóricos e numa quase asfixia.

Helen queria mais um beijo daquele, mas se lembrou:

— Você ia me pedir mais alguma coisa?

— Quer ser minha namorada?

— Júlio César, eu quero muito ser sua namorada.

— Caramba! Amo quando você me chama assim, pelos dois nomes. Meu coração vem até a boca. Só faltou o Garcia — ele disse, mostrando que estava mais descontraído, embora ainda estivesse preocupado com aquela dinamite que ela tinha na mão. — Como fica a sua outra situação?

— Acabou no instante em que você me beijou.

Júlio balançou a cabeça num movimento negativo.

— Eu não tenho esse poder sobre a sua vida. Hoje a felicidade sorriu pra mim. Vou reviver este dia, milhares de vezes na minha mente. Um intervalo de tempo que nunca vai passar. Mas eu não me iludo. Infelizmente, aprendi a ter medo do dia seguinte. Esse cara. Esse tal...

— João Pedro.

— Puta merda! Não acredito que fiz você dizer esse nome!

— Já conhece?

— Não. E espero nunca ter o desprazer de conhecer. Se eu chegar a esse ponto, se eu tiver que me ver frente a frente com esse sujeito, isso significará que joguei meu orgulho na privada e dei a descarga por sua causa.

— Minha culpa?

— Não foi o que eu disse. A culpa é minha porque não consigo deixar de te amar e já tentei até demais. Mas vai significar que, diferentemente do que você está dizendo agora, a situação entre vocês não acabou.

— Você ia dizer algo sobre ele.

— Tenho certeza de que ele volta a te procurar.

— Por que diz isso?

— Nenhum homem que prova o teu beijo pode em vida te esquecer.

Helen ficou muda. O mesmo espírito apaixonado que provocava nele diversas emoções, tornando-o suscetível à raiva de forma intensa e expondo-o ao extremo da paixão, parecia colocar em sua boca as frases mais belas que alguém poderia pronunciar de forma tão impensada e natural. Com palavras singelas, Júlio conseguia levá-la a um arrebatamento da alma, como se tirasse dela com delicadeza até a última peça de roupa e pudesse fazer amor com ela sem a necessidade do contato físico. Não era apenas ele, mas ele e o sentimento que estava entranhado nele, como o exalar alcoólico de um corpo embriagado.

— Quando você voltar a vê-lo ou a conversar com ele, embora eu tenha esperança de que não se encontrem pessoalmente, mas se for inevitável, você terá que dar um basta nessa história de vez. Ele não vai fazer isso. A situação é muito cômoda e favorável para ele. — Deixando-se capturar pelo castanho redemoinho dos olhos dela, teve medo de perdê-la de novo. — Sou muito homem para estar na sua frente e dizer tudo que vai dentro de mim. Só não sei se sou homem pra viver sem você depois de hoje. Eu te amo desde a primeira vez em que te vi. Nunca duvidei disso. Não se esqueça do meu amor no momento da decisão.

— Fala de novo.

— Eu te amo. Te amo desde sempre e para sempre!

Helen não pôde mais resistir e, sem cerimônia, puxou-o pela camisa e equilibrando seu corpo pequeno na ponta dos pés, entregou a ele seus lábios e todo o sabor do seu beijo. As crianças na rua deram um tempo na brincadeira para apreciarem a cena, cochicharem e darem risadas. Interromperam o eternizar daquele momento que se passava numa contagem de tempo paralela e independente às estabelecidas pelos movimentos terrestres.

    Os namorados entreolharam-se, constrangidos pela reação dos infantes, e riram.

DEPOIS DO HOJE

O hoje foi eternizado, de fato, em uma pintura mental, com a vivacidade superior à da mera imaginação. Na primeira semana depois do hoje ia vê-la em dias alternados para que a mãe não o acusasse de negligenciar atenção aos filhos. Mas quando dedicava o tempo aos filhos, não era mais exclusivo, frequentemente o apanhavam com o pensamento distante, revivendo com a mente e no calor do peito cada segundo que passava com Helen.

Ela tinha um sorriso especial que harmonizava seus olhos e boca. Tinha um jeito inocente de se pôr na ponta dos pés para alcançar o rosto dele. Júlio sentia na pele o carinho de suas mãos graciosas. Era apaixonado por suas maluquices, uma notória e incorrigível conexão com a natureza que ela dizia ser uma divindade com quem ela trocava energia. Mas o detalhe que causava apreensão e pavor no espírito dele, era que Helen se deixava vencer facilmente pela decisão alheia. A fúria que tinha para devastar um litoral quando em euforia se equiparava à facilidade com que se deixava levar em momentos de indecisão.

Era um grande risco a se correr, mas ela lhe insuflava a autoestima como se fosse um balão de hidrogênio e lhe proporcionava um sublime bem-estar.

E se tudo se evaporasse de forma repentina, ainda assim, pensava ele, teria valido a pena. Pior seria nunca ter compartilhado com ela o mesmo ar, nem ter se permitido a oportunidade de carregar consigo o gosto do tentador fruto edênico que provou de sua boca.

Nos fins de tarde em que estava com ela trazia a presença dos filhos para quase todos os assuntos: "A Alice gosta disso, é alegre, madura e inteligente. O Andriel ia gostar desse lugar, desse brinquedo ... dessa ou daquela guloseima".

— Eles vão gostar de você. Não se preocupe. Podemos, durante um tempo, apresentar você como minha amiga, e vamos aos poucos acostumando-os com a sua alegria e com o seu espírito apaixonante. Mais tarde revelaremos nosso namoro, se você achar melhor assim — ponderou Júlio.

Helen e os filhos não podiam estar em lugares distintos na vida dele. Decidiu reuni-los. No segundo mês de namoro, venceu a batalha, convenceu-a de que era hora de apresentá-la à família. Tinha a ideia de que quanto mais emaranhada ela estivesse com as pessoas da vida dele, maior seria o apelo a lhe favorecer no momento em que Helen tivesse que dispensar o relacionamento não oficial. Ele ainda não tinha tido a oportunidade de conhecer os pais dela, que estavam morando em Paranaguá, mas conquistou a simpatia da avó dela, a benzedeira, da irmã e até dos dois sobrinhos dela. Esses três últimos, ele já conhecia, pois as crianças eram filhos do Joaquim, irmão mais velho do Tainha.

Já com Sérgio, Júlio tinha conversado em duas oportunidades depois que começou a namorar Helen. Sérgio não fazia o tipo irmão superprotetor que se intromete na vida das irmãs. Era focado nos próprios projetos de vida.

Na casa do namorado, Helen colheu os corações num terreno já arado e semeado. Os elogios e as qualidades que Júlio tinha atribuído a ela serviram como um suplemento, pois o principal encanto de Helen sobre sua família não consistia em nenhuma descrição que ele pudesse ter feito, mas na positiva transformação que ela vinha promovendo no ânimo dele.

Helen o havia restituído mais de cinco anos de vida.

— Essa é a Helen, amiga do pai.

Alice percebeu o carinho do pai para com a "amiga" e viu quando ele colocou uma correntinha no pescoço de Helen. Por si mesma, a menina entendeu que havia ali mais do que uma amizade e gostou da felicidade que a presença da bela moça despertava no semblante do pai.

— Vai pedir pra ela ser sua namorada, pai?

— O que você acharia disso, minha princesinha? Você teria ciúmes do papai?

— Não. Mas primeiro, ela e eu vamos ter uma conversa séria.

Júlio se emocionava com a inteligência e a postura tão sóbria num corpinho de criança.

— Sim, meu amorzinho. É justo. Você é a dona do meu coração. É seu esse direito.

— E o Andriel? Não é dono do teu coração?

— Sim, querida, ele também. Mas tenho comigo que ele vai preferir ficar de fora dessa conversa de mulheres.

A pequena olhou séria para o irmãozinho, que ainda não sabia falar. Andriel apresentava sinais do Transtorno do Espectro Autista, o que evidenciava ainda mais o instinto protetor da irmãzinha.

— Tá certo. Eu falo por mim e por ele. E se ele não gostar dela, eu vou saber.

Alice era atenta a todos os pormenores comportamentais do irmão e percebia que quando Andriel ficava feliz com a chegada de alguém — ele ria e andava em círculos.

Atendendo à justa condição da filha, Júlio informou a Helen que no próximo fim de semana ela deveria conversar com a princesinha para receber autorização para namorar o pai dela.

Contudo, como o menino adoeceu, Júlio não apareceu aquela semana. Apenas conversaram seus amores e saudades pelo telefone.

Na quarta-feira, o telefone tocou um pouco antes do horário habitual na casa de Helen.

— Alô, minha rainha! Tudo bem com você?

— Alô? - Helen estremeceu por dentro. Vivia o melhor relacionamento de sua vida, não estava preparada. Tinha medo de estragar tudo. Queria controlar a passagem do tempo. Era chegado, enfim, o dia depois do hoje.

Fez-se de desentendida:

— Depende. Quem fala?

— Eu sei que mereço. Escuta, por favor!

— Senhor, eu já estou lhe escutando, mas se não se identificar eu vou ter que "estar desligando" — falou, imitando a fala de uma atendente de *call center*.

Do outro lado da linha, João Pedro podia sentir o nervosismo e o ressentimento dela.

— Helen, por favor! Você sabe quem eu sou.

— Com licença, eu vou ter que desligar. Tem outra ligação na espera. Pode ser que seja importante. — E desligou.

Ela tinha mentido e ele sabia disso.

Dez minutos depois, o telefone voltou a tocar.

— Alô!

— Oi, Helen! Aqui é o João Pedro. Escute-me. Não desliga.

— Ah, sim, eu conheci alguém com esse nome, mas acho que morreu. Você está ligando do outro lado? Do mundo dos espíritos?

— Deixa eu falar. Escute-me ou em meia hora estarei aí, na porta da sua casa, fazendo seresta com Mariates vestidos a caráter.

— Não. Você não ousaria.

— Por que você acha que eu escolhi logo uma banda de Mariates? Não estou blefando. O grupo está terminando a apresentação num evento, aqui no hotel da Enseada, e me disseram que estão à disposição depois disso.

— Seu chantagista, filho da puta! Eu preciso atender a outra ligação. Aguarde na linha ou ligue de novo daqui há vinte minutos.

— Tudo bem. Só uma dica: quando quiser me ofender, chame minha mãe de santa. Vou esperar. Obrigado!

Era Júlio na outra ligação.

— Oi, meu amor! Estava ocupada?

— Estava em outra ligação.

— Está tudo bem contigo? Parece nervosa.

Helen queria falar a verdade, mas achou que não precisava afligir seu amado, que estava preocupado o bastante com o filho, que não andava bem de saúde. Ela resolveria tudo por telefone e no dia seguinte diria a ele que tinha encerrado aquele assunto de vez.

Desconversou. Disse que estava com saudade, perguntou sobre o Andriel, desejou melhoras e despediram-se.

Atendeu a outra linha.

— Helen!

— Tô te ouvindo, Pedro.

— Preciso falar com você cara a cara.

— Ah! Não foi esse o combinado. Você disse que eu só precisava te ouvir.

— Helen, diga que você não sente mais nada por mim. Você diz isso, eu desligo e não a procuro mais. Agora, sim, estou empenhando minha palavra.

Ela não conseguiu falar.

Não sabia como, mas Pedro parecia ter um sensor que lhe captava as emoções. E embora lhe doesse admitir, a última frase dele calou fundo em alguma parte dela que não estava preparada para a desconexão.

— Minha rainha, minha tulipa da noite! Não vamos terminar tudo assim, por telefone, com tamanha frieza. É conveniente que tenhamos uma despedida. Nós conversaremos e você me dispensa frente a frente, de um jeito respeitoso, como foi o nosso relacionamento.

— Sem cama? Só uma conversa entre dois adultos?

— Vai ser da maneira que você escolher. Isso eu prometo. Diga que sim.

— Tá bom.

— Então eu passo aí no sábado, às 20h.

João Pedro desligou o telefone. Helen ficou apreensiva. Foi para o quarto. Colocou a mão por dentro da gola da camisa, pegou o pingente de ouro da corrente que Júlio lhe havia dado no dia em que foi à casa dele.

O pingente tratava-se, na verdade, de uma aliança, com a inscrição do nome "Júlio César" gravada em seu interior. Júlio havia ficado com uma corrente igual, mas com a inscrição do nome dela. Na ocasião, Júlio disse que o objeto simbolizava o amor que existia entre eles, que não tinha começo nem teria fim, e que pela inscrição marcada no metal ficariam juntos por toda a eternidade.

Na solidão do quarto, sem poder fugir de si mesma, desviou os olhos do espelho, deu um beijo na aliança e desatou a chorar. Chegou a pegar o telefone para ligar para o namorado. Mudou de ideia. Tinha que ser uma conversa pessoal. Foi ao banheiro, lavou o rosto e passou batom. Pegou o ônibus para o Paulas e tocou a campainha na porta da casa dele. O próprio Júlio atendeu a porta.

Os olhos dela indicavam que tinha chorado e muito. Sem nada perguntar, Júlio a abraçou.

No calor do forte e duradouro abraço, o medo foi se desvanecendo e Helen ganhou confiança em si, nele e no amor que compartilhavam.

Júlio inclinou a cabeça, ergueu com carinho o queixo dela e a beijou.

— Entra! Vamos conversar lá dentro.

Helen cumprimentou a todos que estavam na sala. Sentaram nos banquinhos de madeira na pequena antessala, que era a adaptação de uma antiga lavanderia. Ali teriam privacidade para conversar.

— Fala. Pelo amor de Deus, o que aconteceu? Já tinha percebido pelo telefone que sua voz estava diferente. E você encurtou a nossa conversa.

— Ele me ligou hoje.

Júlio juntou as duas mãos, como num gesto de evocação cósmica, e foi as encostando no rosto, apoiando o queixo com os polegares e pressionando a boca e o nariz com os indicadores unidos. Fechou e abriu os olhos. Respirou profundamente. Por fim, entrelaçou os dedos, formando uma concha com as mãos e ia dando pequenas batidas entre o queixo e a boca. Olhou nos olhos dela. Na superfície, pois teve medo de ser atraído e dominado pelo redemoinho castanho que residia no centro deles.

— Foi antes ou depois da minha ligação?

— Antes e depois.

— Diabo! — esbravejou Júlio, e num súbito movimento das mãos atirou a cesta de frutas que estava sobre a mesa, com força, contra a parede, espalhando pelo chão bananas e laranjas e deixando na parede branca a marca de uma das bananas, que ficou seriamente magoada, chegando a mudar de coloração.

Helen se assustou.

— Depois arruma tudo! — ordenou a mãe, que mesmo da sala reconheceu no barulho repentino, o arroubo do filho.

— Sim, senhora!

Júlio esmagou a tola mão direita com a canhota, que era bem mais forte e inteligente. Então apoiou o cotovelo na mesa e o queixo com uma só mão. Arqueou as sobrancelhas instintivamente, indignado com a ousadia do rival e, ao mesmo tempo, cobrando algo dela.

— Sujeitinho... Vamos ver se eu entendi. Vocês pararam um pouco a conversa porque eu interrompi, mas depois continuaram o papo numa boa.

— Ele ia lá com músico e tudo fazer escândalo.

— Meu coração... — A entonação empregada no vocativo denunciava que tinha rompido em si algum limite entre a devoção e a aflição. Tem um batalhão da PM do lado da tua rua. Os policiais ali... — Parou para recompor palavras e emoções. — Não tem um que já não tenha procurado a tua avó pra se benzer ou a um filho. Era só ligar, dizer que tinha um grupo de arruaceiros em frente à casa da benzedeira. Eu duvido que em cinco minutos não teria uma viatura passando na rua de vocês pra acabar com a palhaçada.

— Desculpe...

Júlio estava tão enodoado quanto as frutas que ele jogara longe, e mesmo se sentindo no chão, não resistiu ao instinto de consolá-la, ainda que para isso ele tivesse que pressionar as costas contra a tropológica faca na mão dela.

Condenou-se pelo tom rude e acusador.

— Não peça desculpa e nem chore. Isso confunde os meus pensamentos. — Ele segurou as mãos dela e voltou a encará-la. — Diga, você terminou tudo? Ele não vai mais te procurar, tá tudo acabado, certo?

Com a boca fechada, ela meneou a cabeça em resposta negativa.

— Não? Não terminou com ele? Então veio aqui terminar comigo?

— Marcamos um encontro para sábado, às 20h. Tenho que dizer isso pra ele pessoalmente. Você entende?

— Sim, claro.

Júlio apenas acatou. Por mais que lhe doesse, era o que lhe tinha restado de esperança à qual se apegar. E disse:

— Entendo isso. Você não terminaria comigo por telefone, não é mesmo? A questão não é entender, é aceitar a minha namorada se encontrando com outro. E não é qualquer outro cara. Nessa semana ainda falei sobre esse assunto com o Tainha. Sabe o que ele me disse?

— Não.

— Ele disse que viu vocês dançando na Festilha.

— Mas isso foi antes da gente namorar.

— Sei disso. O que foi visto pouco importa, mas o que ele sentiu. Tainha disse que vocês dois pareciam apaixonados, que há uma química entre vocês.

Ela não foi capaz de desmentir, dizer algo para desfazer aquela impressão ou lhe recobrar as esperanças. O que fez foi um silêncio sepulcral, que só denunciava a falta de crédito que depositava em si mesma.

Júlio se aproximou e beijou-a como se fosse a última vez. Encostando o dedo no pescoço dela foi erguendo a corrente até segurar a aliança. Beijou o objeto e tornou a guardá-lo, suspendendo-o dentro da gola da camisa, levemente afastada do corpo, e deixando que o símbolo do seu amor por ela voltasse a se aninhar entre seus seios.

— Deixa aí a aliança, bem pertinho do seu coração, pra você não se esquecer o quanto eu te amo. Não adianta eu tentar te impedir, muito menos fazer qualquer coisa que possa te fazer sofrer. É uma decisão sua. Nós já tínhamos conversado sobre isso quando começamos a namorar. Olha pra mim!

Helen atendeu ao pedido e Júlio falou:

— Eu te amo e nunca vou deixar de te amar. Não sofra. Não chora. Deixa que eu faça isso por nós dois. Obrigado por vir falar comigo.

Dito isso, Júlio levantou-se segurando a mão dela e ofereceu-se para levá-la para casa.

CONFLITOS

João Pedro chegou na hora marcada. Entre outras qualidades, era pontual.

Buzinou apenas uma vez. Aguardou menos de três minutos e Helen saiu, voraz, tempestuosa. Num vendaval tal que os fios do cabelo impecável dele quase se moveram.

Pareciam Bonnie e Clyde, mas sem a excitação da cumplicidade na prática do crime e da fuga. Abriram mão da excitação de flertar com os limites entre o certo e o errado, o prazer e a dor, no instante em que se deixaram seduzir pelo cárcere da culpa. Ele se culpava por ter escolhido não corresponder às expectativas dela quando teve a oportunidade, e ela se culpava por ceder aos caprichos de alguém que sempre encontrava um jeito de decepcioná-la.

Helen desejava estar com ele, Pedro podia ver isso. Ainda que ela duvidasse, ele enxergava com nitidez. O que ele fez, no próprio entendimento, foi apenas ajudá-la a criar coragem para dar aquele passo.

— Boa noite, rainha!

— Boa noite!

— Um beijo?

Helen não respondeu.

— Não quer me dar um beijo, tudo bem. Mas deixa eu te dar um?

— Vamos sair logo daqui, por favor!

— Tudo bem. Não tínhamos beijo no acordo.

Ligou o carro e seguiu em direção à Rodovia 280, para a saída da cidade.

— Pra onde vamos? Você não disse que iríamos pra outro lugar.

Pedro tirou as duas mãos do volante:

— Não estou descumprindo nenhuma cláusula. Também não havia lhe informado para onde iríamos.

— Segura esse volante, porra! Seu maluco!

João Pedro sinalizou e parou o carro no acostamento.

— Helen, será bem melhor pra nós dois se você baixar essa guarda. Deixe-me levá-la. Você está magoada comigo, eu entendo, mas não é só isso. Você sente por mim o mesmo que eu sinto por você. Isso parece corrosivo, eu sei, mas é muito intenso e me deixa fascinado. Você quer fugir desse sentimento. Eu te aconselho a não tentar, porque eu sou emocionalmente mais forte do que você e não consegui. Você pode tentar negar para si mesma, mas não vai nunca me enganar quanto a isso. Então relaxa e aproveita, porque eu sei do que você gosta e garanto que se você se permitir esta noite será inesquecível.

Helen suspirou com força. A raiva e o ressentimento falavam por ela. Deixou cair uma lágrima. Pedro estava certo em cada palavra. Odiava aquilo.

João Pedro sabia lidar com a raiva alheia:

— Agora, um aviso paroquial: seu instinto diz pra você me xingar, gritar comigo e me bater. O meu está ensandecido, gritando para eu beijá-la, mas na nossa condição de seres evoluídos, não cederemos a tais apelos. Portanto, reservei um segundo momento neste encontro, no qual conversaremos, e você poderá me xingar e despejar sobre mim tudo que está represado em seu coração. Até lá, permita-se, por favor. Permita-se!

Ela recebeu cada palavra como uma beata, só faltou dizer amém.

João Pedro não resistiu encerrar a fala com sua pincelada irônica:

— Amigos? Desculpa. Foi só força de expressão.

Ela deu um sorriso tímido. Recado aceito, seguiram viagem em silêncio. Conseguiram chegar vivos e inteiros ao destino. Joinville Square Garden e o show da Banda Araketu.

Helen abriu a boca e usou as mãos na frente para tapar, como se não conseguisse mais fechar. Virou o pescoço lentamente na direção dele, com os olhos irradiando uma luz impossível de apagar ou ao menos ofuscar. Não conteve o entusiasmo e o abraçou numa euforia descontrolada. Pedro quase não conseguiu falar.

— Comprei os ingressos com uma semana de antecedência pensando em você.

— Mas se eu não viesse traria outra.

— Venderia os ingressos. Talvez faria uma outra coisa com alguma outra pessoa. O que eu gosto com você, gosto com você.

Helen estava agitada demais. Ficou impaciente e sacudia as mãos como se estivessem quentes e precisasse resfriá-las.

— Tá bom, tá bom! Vamos logo! Aquilo deve estar cheio e eu vou ficar bem no fundo, toda apertada.

— Não, minha rainha, um camarote VIP. Só quinze pulseiras por camarote.

O show começou pontualmente às 22h. Desde a apresentação com a percussão, a entrada do vocalista, músicas românticas e animadas, Helen não parou. Dançou todas as músicas, sendo que as mais conhecidas dançou e cantou.

Nas músicas agitadas, ela dançou sozinha, ele ficou sentado, acompanhando com o olhar cada movimento que o ritmo da percussão exercia sobre o corpo dela. Nas canções românticas dançaram juntos. Com o a roupa encharcada e o corpo pingando de suor, Helen grudava seu corpo no de João Pedro, o mais que podia, deixando também úmida aquela que seria, a partir de então, a camisa branca favorita dele,

João Pedro não deixou faltar cerveja na mesa para ela. Como não tinha uísque, ele só bebeu água e refrigerante.

Helen estava com uma blusinha amarela justa, calça florida e sandálias de salto que ela tirou dos pés assim que começou a dançar. Disse que se soubesse que iriam ali teria saído de tênis ou sapatilha pra poder dançar mais à vontade.

Duas horas de show e Helen comentou que por ela dançaria até o amanhecer.

Júlio aproveitou cada brecha, pois ainda tinha planos para aquela noite.

— Eu não duvido. Você tem pique pra isso. Se você derreter inteira, eu não vou lamentar, bebo você com gelo.

Apesar de não responder com palavras, algo nela ia despertando a cada comentário descarado que Pedro fingia deixar escapar. E ele bem sabia, porque captava aquelas emoções no mesmo instante.

Pedro a avisou que parariam em algum lugar para conversar. Helen não ofereceu resistência nem perguntou onde seria o local.

No carro, ao som da Banda Araketu e levemente embriagada, não prestou atenção no trajeto nem no tempo de viagem. Estava acostumada a confiar nele. Quando deu por si estavam no Toninhas Mar, na Praia da Enseada.

— Você não disse que viríamos aqui.

— Podemos ir pra outro lugar, mas preciso falar com você. E também vim em busca de um uísque das Highlands que tenho guardado.

Helen alcançou a aliança na corrente e deu um beijo.

— Tudo bem. Sem problemas.

O gesto não passou despercebido a João Pedro. Foi como uma doída alfinetada no peito. Mas não fez caso, julgava-se merecedor dos castigos que ela achasse por bem lhe aplicar.

Não havia ninguém no restaurante naquele horário. Tanto melhor, Pedro gostava de servir.

— Quer beber alguma coisa?

— Só água. Obrigada.

Serviu-se, como de costume, e trouxe a água. Depois do primeiro gole começaram a conversar.

— Eu poderia começar me explicando e pedindo desculpas, mas creio que você deve estar com bastante vontade de me xingar e brigar comigo. Então sou todo ouvidos. Prometo só responder o que me for perguntado e não a interromper.

— Há mais de três meses que a gente não se vê. Bom, eu pensei que poderia existir algo entre a gente, mas os encontros de fim de semana viraram quinzenais e de repente... nada. Pensando bem, foi melhor assim, porque eu já estava ficando confusa mesmo. Eu ficava naquela dúvida: será que somos namorados? O que será que somos? Ele sabe tanto sobre mim, mas nunca me conta nada sobre a vida dele. Cheguei à conclusão de que eu estava numa canoa furada. Estava desiludida. E aí fechou, porque você não apareceu mais, eu conheci um cara bacana e estamos namorando. Na verdade, a gente já se conhecia, o destino nos reencontrou.

João Pedro passou a mão na testa e no queixo, chateado consigo mesmo. Tomou mais um gole e quando ela terminou de falar, manifestou-se:

— Perdão! Eu fui um completo idiota. Diga-me uma coisa. Esse cara com quem você está namorando é o garoto ruivo que você tinha me falado do *Réveillon*, quando você era adolescente?

Helen inclinou um pouco a cabeça para o lado e franziu a testa.

— Sim. Como você sabe?

Joao Pedro deu tapas sobre a própria testa.

— Merda! Desculpa! — Ele não dizia palavras grosseiras na frente de mulheres. Coisas da educação paterna.

— Você já o conhece, Pedro?

— Não pessoalmente. Só de ouvir você falar, lembra? Nas prévias do Carnaval, quando a gente se conheceu, você me contou sobre ele. De todos os namorados que você teve, seus olhos só brilharam quando você falou desse rapaz. Eu podia sentir a sua alteração e acelerar do batimento cardíaco. Quase me apaixonei por ele só de ouvir a sua forma de descrevê-lo.

Helen ensaiou um sorriso, que não saiu. Pedro continuou:

— E vocês só tinham se conhecido. Só beijinho no rosto, não namoraram, praticamente nem conversaram.

— Não é? Pois então... E agora estamos namorando.

— E essa correntinha aí, com aliança? Foi ele quem te deu?

— Foi.

— E vocês estão apaixonados, certo?

Helen tirou o pingente e olhou mais uma vez para o objeto antes de responder.

— É verdade. E ele sempre assumiu o que sente por mim. No segundo dia em que nos vimos, ele se declarou e me pediu em namoro.

— Há quanto tempo estão namorando?

— Dois meses, praticamente.

— E ainda não tiveram uma relação íntima.

A frase nem ao menos saiu com entonação de pergunta. Helen olhou com estranheza e Pedro esmiuçou a observação anterior.

— Estou falando de sexo.

— Eu entendi. Quero saber o que você tem com isso.

— Não é algo simples para eu explicar, mas por ora é suficiente saber que eu respeito essa atitude.

— Nossa! A sua opinião é muito importante! Obrigada! — ironizou Helen. — Achei que você tivesse algo sério pra me dizer.

Ele se ajoelhou na frente dela, segurou e beijou suas mãos:

— Eu te amo! Perdoa-me por não ter dito isso antes.

Os olhos dela começaram a marejar:

— Não. Você não disse. Você não fez. Podia ligar pra mim de vez em quando e dizer: "Ô, sua maluca sem importância, eu estou vivo e sinto a sua falta!".

— Não diga isso. Não fala assim.

— Não fala assim digo eu a você. Vem me falar de amor? Você tem dicionário em casa? Sabe o que significa? Eu só queria te conhecer de verdade, compartilhar contigo a minha vida, ter você comigo de corpo e pensamento, mas com você é uma coisa ou outra.

— É isso que eu quero também. É o que eu vim te oferecer.

Você é ótimo em servir, mas na próxima vez ofereça algo que a pessoa esteja precisando. Como poderia confiar em você agora? Por que eu faria isso? O que foi que mudou e... Eu nem sei direito quem você é.

João Pedro ajeitou a cadeira de frente para ela e se sentou, dispensando a mesa:

— Meu nome é João Pedro Blandini e tenho 25 anos. O que eu quero, de coração, é a oportunidade de viver um amor verdadeiro. Algo que mexa comigo, um sentimento passional. Por experiência, havia aceitado como sentença do destino que isso seria um sonho impossível para mim. Um privilégio que não me caberia nesta vida.

Helen estava enxergando um outro João Pedro. Autêntico, sem máscaras, sem disfarce, sem frases de efeito, embora não abrisse mão da acuidade na seleção das palavras. Não era aquele canastrão das outras vezes. Estava apenas despejando a si mesmo, de um jeito bagunçado, como ele tinha escondido no peito.

Ele continuou:

— Quando eu a conheci, logo soube que era diferente, mas não quis acreditar. Tive medo de que fosse verdade, tive medo de estragar tudo, tive medo de conquistá-la, de ter o que eu queria. Na primeira vez que fizemos amor, uma certeza me encontrou: eu não estava mais sozinho. Disso surgiram outros conflitos.

Como ele ficou calado por uns instantes, ela se impacientou:

— Que tipo de conflitos?

— Minha mãe.

— Ah, não! Essa não! Esse é o seu argumento? Vai colocar a sua mãe nessa?

— Não estou culpando meus possíveis complexos relacionados à figura materna. Minha preocupação é ver Angel destratá-la, tentar humilhá-la, despejar em você a energia negativa dela.

— Qual é o problema, Pedro?

— Com você, nenhum. Mas Angel é cheia de preconceitos. Eles estão tão entranhados na mente dela que ela não vê nada de errado nas coisas que faz ou diz.

— Seu pai também é assim?

João Pedro sorriu, uma luz retornou aos seus olhos.

— Absolutamente. Na compreensão brasileira da palavra.

Viu pela fisionomia dela que ela estava confusa e explicou:

— É o oposto. Guido Manfredo é o inverso a toda e qualquer forma de preconceito. Queria que vocês se conhecessem. Meu pai é fora de série. Ele é extremamente amoroso, gentil e atencioso com as pessoas.

— Não entendi então. Por que se casaram? Como convivem há tanto tempo?

— Angel era muito jovem, estava grávida e não tinha notícias do pai da criança. Nem o nome sabia. Os pais dela, meus avós, que Deus os tenha, dois membros da alta sociedade, presos ao *status* de um sobrenome, mas economicamente falidos, queriam para a filha o que ela mesma já maquinava, um casamento arranjado com um figurão. Só que as coisas não saíram como planejadas. Já tinham até combinado a interrupção da gravidez. Contudo as vidas interrompidas foram as deles. Morreram num acidente de carro, na BR280. Foi aí que meu pai entrou na história. De origem humilde, mas já um empresário bem-sucedido. Não me conhecia, eu não o conhecia, ainda assim, ofereceu tudo pela minha vida, inclusive a vida dele, e foi esse para mim um verdadeiro sacrifício de amor: casar-se com o pior exemplar de pessoa e, para agravar, do sexo oposto.

— Pera aí. O que tem a ver isso? Seu pai é homossexual?

— Sim.

— Caraca!

— Nunca falei para ninguém. Não vejo nada demais, mas é um segredo dele, espero que você entenda. Para lhe contar isso agora eu pedi permissão a ele antes.

— O assunto morreu aqui.

— Obrigado.

— Mas sua mãe, preconceituosa, casou-se com um homossexual.

— Na cabeça dela funciona assim: um gay amigo é um amigo, não um gay.

— E isso não está certo?

— Não. Porque aquele que não está no círculo de amizades dela ou não a serve como um cãozinho, ela vê como se pertencesse a uma subclasse de ser humano, um anormal. Outrossim, se o amigo deixa de a adular, passa a ser uma aberração da natureza. Também tem a questão do interesse. Isso serve ainda para aceitação de diferentes grupos étnico-raciais. Por exemplo: Angel tem uma amiga negra que, segundo ela, é como se não fosse negra. Ora, não deveria ser de conotação pejorativa ou condição desumanizante a etnia, a raça, o gênero, com qualquer característica relacionada à natureza do ser humano e não às suas atitudes, falas e falhas de caráter. As divindades e as belezas deveriam ser valorizadas tal qual elas manifestam-se. Ou seja: um amigo negro, um ou uma amiga homossexual, ou trans, devem ser motivo de júbilo, por serem quem são e ainda mais como são, com suas diversidades, com toda riqueza humana, que nada mais é do que a revelação das multifacetas de um ser divino, ou divina, de quem naturalmente herdamos tudo que somos.

Helen teve certeza de que conhecia pouco de João Pedro, pois nunca o tinha ouvido falar dessa forma, profunda e séria, anteriormente. Enquanto ela se impressionava com a versão não teatral do homem a sua frente, Pedro identificava cada sentimento dela e deu sequência à sua colocação:

— Você já se deparou com alguém assim como Angel, certo?

— Já sim. Isso, infelizmente, não é exclusividade de sua mãe. Aliás, por que você só a chama de Angel?

— É assim que ela gosta, que eu a chame pelo nome, Ângela, ou por esse apelido.

— E o que aconteceu que você resolveu me assumir e ao seu sentimento por mim?

— Medo — ele respondeu sem vacilar. — Um medo quase irracional de perder você e nunca mais encontrar alguém que mexa comigo, que eu ame e me queira antes, durante e depois, que confie em mim e que eu possa confiar. Rica de toda simplicidade, bruxa, coexistente com a vida, o verde, a terra, a água e o ar.

Os olhos dela estavam vermelhos e com um brilho molhado. Pedro tinha mais a dizer:

— Não me considero melhor do que ninguém, mas no momento, nenhum outro homem além de mim tem a capacidade de permiti-la viver toda felicidade que a aguarda.

— Permitir ser feliz?

— Sim. É isso que as pessoas que amam fazem umas com as outras. Limitam a felicidade do outro às suas próprias fronteiras de alcance.

Ele deslizou levemente os dedos no rosto dela e continuou:

— Pra mim, você é única. Só há duas reações para o medo: a fuga ou o confronto. A primeira eu já estava tentando e não estava dando certo, então concentrei as energias extraídas das lembranças que você deixou em mim, juntei à minha cara de pau e vim atrás de você.

— De onde veio esse medo se você não sabia que eu estava namorando?

João Pedro levou mão ao peito e respondeu:

— Daqui. Acredite. Eu senti.

— Já pensou que o seu medo poderia ser o da minha felicidade? Se você tinha isso premeditado, eu chamaria esse seu enfrentamento de covardia. Você usou de covardia para lidar com o medo da felicidade alheia. Acho que isso é o que chamam de recalque.

— Não. Não é isso. De coração, acredite. Eu desejo, sinceramente, que você seja feliz. Se existisse no mundo apenas uma felicidade e ela estivesse ao meu alcance, eu a daria a você.

Pedro, que normalmente era calmo e frio, estava visivelmente com os nervos à flor da pele, colocando à prova sua resiliência. Ele tremia, os olhos estavam enrubescidos como ela nunca vira antes. Lacrimejavam em um ou outro momento de maior alteração emocional sem o menor constrangimento nem preocupação com a própria aparência, ou possível ridículo que pudesse estar passando. Olhou o relógio na parede. Já passavam das 3h. Tomou mais um pouco de uísque.

Helen praticamente nem sentia mais as interferências alcoólicas no cérebro. João Pedro tinha esperanças de uma inesquecível despedida.

— Sei que você pretende me dispensar – disse ele —, como se eu tivesse lhe servido e já não prestasse para nada. Meu desejo é ter você junto de mim, despida de tudo. É nosso último encontro, certo?

Ela concordou, balançando a cabeça.

Ele ainda não tinha desistido do último desejo.

— Quer ir embora? — Pedro sentia o impulso que os atraía mutuamente, mas fazia questão que ela falasse. Não sabia explicar o porquê, mas compreendia que a palavra verbalizada compunha o encanto.

— Não. Não quero — disse ela —. Mas preciso.

Isso ele também sabia, estava sugestionando as decisões dela com palavras e expressões entre as falas. Ela era imune aos seus encantos, mas cedia a essa técnica porque ele a induzia a fazer o que ela, no fundo, desejava.

Uma vez, Helen leu algo sobre abulomania e pensou que talvez fosse esse o seu problema. Mas a avó a fez dissipar essa ideia. Foi esclarecido que essa era uma característica comum às pessoas que são regidas pelo ar. Porém a vó lhe explicou também que a magia ancestral estava presente nos elementos da natureza e que ela é que deveria ter o domínio sobre essa influência, para moldar e aperfeiçoar a sua própria natureza, que ela não deveria se deixar dominar e que Helen não aceitava a conjunção com sua ancestralidade porque não tinha coragem para lidar com as consequências das decisões que tomava.

— Quer me beijar? — Pedro abordou de outra forma. — Não fica balançando a cabeça. Responda com a boca.

Helen respondeu com a boca, grudando seus lábios nos dele. Dentro do peito apertou-lhe uma dor, porque se lembrou do namorado, mas estava ávida pelo prazer que sentia quando seus corpos se uniam.

— Vem comigo pro quarto! – Pedro sussurrou com ofegantes palavras.

Ela o seguiu. Quis tomar um banho.

— Minha pele está pegajosa e salgada.

João Pedro tocou com a língua a derme macia do ombro dela, deslizou até o cotovelo, e como um degustador apresentou seu parecer:

—Perfeita!

Depois que ele a despiu, Helen segurou a correntinha para tirá-la do pescoço, mas foi desencorajada pela ordem dele:

— Deixa! Pode deixar.

— Você falou "despida de tudo".

Ele segurou e beijou a aliança sob o olhar aflito dela, repetindo o gesto com que anteriormente ela o tinha vulnerado. Com esse ato, Pedro teve a certeza de que havia uma terceira energia vital ali e se concentrou no pingente preso à correntinha. A aflição de Helen se manifestou em uma respiração profunda, que causou um movimento de expandir e esvaziar dos pulmões, realçando a saliência dos seios. Pedro posicionou-se atrás do pescoço dela, ajustou a medida da corrente, prendendo o fecho em outro elo para a encurtar e reforçou o pedido fixando nela o olhar.

— Deixa aí! Não tira.

DESPEDIDA

Despedir-se é manifestar nossa dificuldade ou incapacidade de desapego. Um signo numa relação antitética com seu pragmático significado. Os que despedem-se emanam algo de si. Beijos, abraços, trocas... Eram quase 17h. Helen não o procurou. A apreensão estava consumindo Júlio a ponto de transpassar-lhe a sanidade e acolher na mente funestos pensamentos.

Ligou. Não foi atendido. Saiu pra trabalhar. Não foi. Como conseguiria movimentar-se entre as toneladas de braços metálicos dos guindastes no porão do navio se o seu pensamento não estaria junto ao corpo? Acidentes portuários acontecem. O trabalho requer extrema atenção e mútua confiança entre os trabalhadores. Não poderia arriscar a própria vida nem a dos demais.

O relógio não bateu, mas desferiu 17h no horário de Brasília, avisando-o de que o desespero e a insônia o atormentavam há mais de 20 horas.

Foi com a moto para não despertar a curiosidade dos filhos e da mãe, pois se saía de moto, naquele horário, já era sabido que tinha sido escalado para o trabalho.

Até a empresa que controlava a ferrovia respeitou sua agonia e o trem não o atrapalhou. Pensou que se o trem parasse no seu caminho, abandonaria a moto ali, à beira dos trilhos, e atravessaria a pé por entre os vagões.

Em questão de minutos encontrou-se lá, no mesmo local onde há dois meses havia alcançado as graças divinas que o autorizaram a experimentar o néctar de um amor correspondido.

Dona Felicidade foi chamá-la. Desde que chegara, ao amanhecer, Helen tinha apenas tomado um banho demorado e se enfiado no quarto. Não pôs os pés para fora nem para se alimentar.

Já iam se completar dez excruciantes minutos de espera quando ela veio ter com ele na varanda, com um olhar abatido.

Júlio sorriu ao vê-la. Era inevitável. Uma espécie de compulsão. Por mais que a traição estivesse anunciada e desenhada, todo seu corpo parecia sorrir na presença dela. Aproximou-se, desejoso que estava de abraçá-la e beijá-la. Abraçou um corpo frio. Frio cadavérico que só confirmavam nele os pressentimentos. Se não estivesse vendo com os próprios olhos, poderia duvidar que aquela fosse a sua namorada. Talvez não fosse.

Encostou seus lábios nos dela e foi como se tocasse a fria superfície da lâmina de uma faca. Os lábios dela, passivos e inertes, reforçaram-lhe a presciência de que estariam afiados para encerrar-lhe num golpe o pulsar do coração.

Helen deu um quase imperceptível desvio de rosto. Era como se pudesse macular, não seus corpos, mas a pureza e a natureza divina do sentimento que ele lhe ofereceu. Estava estagnada num lugar até então desconhecido por ela, perdida numa estação de embarque, em uma plataforma compreendida entre o remorso e o arrependimento, mas sem conseguir alcançar nenhum dos dois.

Sentaram-se a uma distância considerável, quase um metro um do outro. O que valia por quilômetros, considerando que passaram dois meses mais grudados que o trilho e as rodas do trem. Chegavam a soltar faíscas.

— Sinto saudade. Estou no aguardo, não suporto mais. Por favor, diga que colocou um fim em todo esse assunto e que agora não há mais nenhuma sombra pairando sobre o nosso relacionamento.

— Não foi bem assim...

O martírio que ela impunha a Júlio ia embaçando o brilho natural dos olhos e da alma dele.

— Eu terminei tudo. Sim, isso é verdade. Está tudo acabado entre ele e eu.

— Então, minha vida, o que você tem? O que você acha que está fazendo comigo? Fala alguma coisa logo. Se você me matar, pelo menos eu não sofro tanto como estou sofrendo desde que você chegou na minha casa, naquela noite, e me contou que tinha marcado esse maldito encontro.

Helen destravou e confessou-lhe de uma vez o seu crime. Júlio baixava e erguia o rosto queimando em brasa, esfogueado, sem ter como conter as lágrimas. A dor não se extinguiu depois que o véu da morte o atravessou. Não se descansa em paz no conforto de um túmulo. Se Helen mentisse para ele seria mais aceitável, chegou a cogitar internamente. Suportaria melhor, alimentaria em si a desconfiança, deixaria envenenar-se aos poucos, mas não abriria mão dela.

Não. Não era questão de aceitação. O problema não era a estética nem a dignidade das palavras, mas a corrupção do sentimento, o descaso dela com a seriedade do relacionamento, com os planos que fizeram juntos, a quebra de confiança e o que talvez mais lhe doía: a destruição do amor-próprio se ele fingisse que nada aconteceu.

Os olhos dele não pareciam mais os mesmos. Estavam cinza escuro, perdidos num fundo encarnado. Tentava encará-la, mas Helen não se atrevia a permitir o encontro e as merecidas despedidas dos olhares.

— Então eu acho que é isso.- Disse Júlio, de forma seca —Terminamos aqui. Não retiro nada do que eu te falei nesse tempo que passamos juntos: eu te amo e jamais vou deixar de te amar.

Ela desatou a chorar. Rebentou as lágrimas que tinha represado. O rompante estendeu-se e misturou-se com soluços.

Júlio entendia que seu amor não tinha reduzido, mas o orgulho ferido o mantinha imóvel e ele se sentia impossibilitado de confortá-la em seu abraço.

— Peço a Deus que você encontre o caminho da sua felicidade. Que encontre a si mesma.

Enquanto ele levantava, ainda sentada, ela tirou a corrente do pescoço e devolveu-lhe. Ele segurou o objeto, mas recusou.

— Você me ama, Helen? Apesar de tudo, em algum lugar do seu coração, você ainda tem amor por mim?

— Sim — ela respondeu entre soluços. — Eu amo você!

— Então me faça um favor...

— É só pedir.

— Enquanto eu amar você vou carregar comigo este símbolo do nosso amor, que ainda é real. Peço que você faça o mesmo. Quando você souber o que quer, pode me procurar.

Júlio segurou o objeto com as duas mãos, abriu o fecho e passou a corrente com delicadeza pelo pescoço dela, ajeitando-lhe o cabelo para o lado.

— Guarda com você, se possível aí, onde eu coloquei, ao alcance do calor do seu coração. Quando eu me deitar à noite quero sentir a aliança queimando no meu peito. Deixa aí. Não tira.

Há poucas horas, Helen tinha atendido a esse mesmo pedido, em pleno ato de traição. Parecia que as vozes de um e outro faziam eco na mente dela e concordavam em tal pedido.

— Não vou tirar. Isso eu posso prometer.

Júlio assentiu com a cabeça. Não falou mais nada. Levantou-se, pegou a moto e foi embora sem dizer adeus.

VIVER A MORTE

Mataram um relacionamento e recusaram-se a enterrá-lo, ou enfiaram em sepulcro algo que ainda respirava e tinha pulso. Qualquer dessas opções justificaria a impossibilidade de ambos em galgar o caminho de realização da perda. O túmulo aberto ou o cadáver ao léu era simbolizado pela aliança na corrente e a representação pactual que o objeto lhes trazia. Era como se pudessem manter vivo o vínculo moribundo, sustendo-o com o desgaste de suas energias vitais ou psíquicas.

Helen sentia culpa por não conseguir retribuir o amor que recebeu. Por isso carregava a corrente com o pingente junto ao peito, como um autoflagelo com o qual pensava que em algum momento alcançaria a remissão do pecado. Sentia-se incapaz de encarar a face da solidão e começou a buscar conforto na pseudofelicidade: as euforias dos pagodes e festas todos os fins de semana. Quando não tinha opção na cidade ia para Joinville.

Júlio sofria porque a impossibilidade de sentir raiva dela acabava convertendo-se também em um sentimento de culpa e autodesamparo. Embora a consciência não lhe cobrasse às claras, recebia, nos porões da alma, a conta das perdas simultâneas ao romper dois laços de sustentação emocional num espaço de tempo tão curto.

Ainda que nunca tivesse conseguido amar Diná devidamente, tinha despendido energia em prol de planos futuros. Além disso, havia trabalhado e guardado economias, para resgatar para si e para os filhos nada além de uma conta bancária negativada num simples toque de tela.

Teve que acumular funções familiares, oferecendo aos filhos um suporte emocional que ele mesmo não dispunha. Mal se recuperou de um golpe e já se lançou de cabeça, de um penhasco, sem paraquedas.

Espatifar-se era uma consequência inevitável, mas tinha os filhos. Não queria que sua amargura se estendesse e os alcançasse. Impossível. Os dois eram pequenos, mas se identificavam na figura paterna.

Alice ficou desconfiada. Enxergava a nuvem que cobria o olhar do pai. Notou uma presença mais constante, porém vazia. Não o ouvia mais pronunciar o nome da amiga que, a propósito, estava lhe devendo uma conversa cara a cara.

Andriel sentia e absorvia a melancolia do pai, e o corpo do pequenino, que tinha dificuldade para se expressar em linguagem convencional, tornava-se fragilizado, doente, chorava sem razão aparente e não tinha vontade de se alimentar.

Como Tainha tinha o hábito de sair para se distrair à noite aos fins de semana, acabou recebendo a missão de observar Helen e repassar ao amigo os registros visuais.

Júlio viciou-se em cutucar com frequência a própria ferida até sangrar. Num comportamento obsessivo, vivia às espreitas por notícias dela. Conseguiu até enfastiar o amigo.

— Vai atrás dela de uma vez por todas! — Paulo César aconselhou.

— Não posso.

— Então não vá. Só falei isso porque não dá mais pra ficar te apresentando relatório. Eu saio pra curtir, não pra isso.

— Mas não te custa nada. Se vão aos mesmos lugares por escolha própria...

— Tá brincando, né? Aqui em São Francisco? Diversão noturna e escolha própria jogam em times diferentes. E tem mais, se eu ficar olhando pra ela atraso o meu lado. Vai espantar os meus esquemas.

— Ah, inventa outra! A mulherada se amontoa onde você chega! Um dia desses, elas ainda se organizam e promovem distribuição de senhas.

Paulo sorriu de forma reservada.

— Mas eu sou um cara discreto. Não queimo o meu filme. Demonstro respeito pelas meninas. Já pensou, arrumar uma gatinha e ficar de olho na sua mina? Muito errado.

— Não sei o que fazer. Só passou um mês e parece que a cada dia é um ano pra mim.

— Eu tenho uma teoria.

— Ah, não! Lá vem bobagem. Manda que eu aguento.

— Você gosta de sofrer. Sente um certo tesão na dor. Já ouviu falar disso? O prazer da dor substitui a masturbação.

— Putz! — Júlio levou o indicador esquerdo à sobrancelha, massageando-a ao mesmo tempo em que meneava a cabeça, inconformado com o que ouvira.

Paulo parecia firme na hipótese levantada:

— Sério, mano! Isso existe. Acho que você se enquadra no perfil.

— Perfil? Você anda assistindo muita série norte-americana de investigação. Diga então, posso morrer disso ou virar um assassino?

— Se você não se tratar...

— Ah, tá... — respondeu Júlio com ironia e pouco caso.

— Tenta fazer algo de diferente. Para de seguir regras que foram criadas sabe-se lá por qual povo e nem onde está espalhado o pó dessa gente. Procura a Helen e façam algo que seja bom para os dois. Por que tem que ficar junto ou separado, ser fiel ou infiel?

— Como assim?

— Sei lá. Aí é com vocês dois. Vocês se amam, cara! Você fica aí se consumindo de dor e a Helen... Você vai me desculpar, mas ela está virando uma alcoólatra. Do vício à perda do amor-próprio é um pequeno passo.

Paulo achou que tinha que dar um empurrãozinho, então exagerou para forçar o amigo a tomar uma atitude. Júlio se inquietou:

— Mas as crianças do Joaquim falaram que ela está fazendo faculdade. A Helen é inteligente e se realiza fazendo esse tipo de coisa.

— Tá sim. — Paulo era um péssimo mentiroso. — Biologia Marinha. O curso é de manhã. À tarde ela trampa no museu e nas noites de fim de semana é isso que eu te falei. Não quero mais fazer esse papel. Não consigo mentir e nem sempre você vai suportar a verdade. Eu te amo e não aguento mais participar disso. Isso me faz mal. Qualquer dia desses eu a verei com outro e aí vai ser barra, cara.

Não viu outro meio que não fosse um choque de realidade. Helen era uma jovem linda e solteira. A presença dela chamava muito a atenção. Mais hora, menos hora, isso aconteceria.

— Neste fim de semana vai ter som ao vivo no barzinho da primeira praia, aqui no Paulas, e vai ter grupo de samba lá na Enseada. Onde você acha que ela vai estar?

— Na Enseada.

— Bingo! E por quê?

— Porque ela não quer correr o risco de me encontrar.

— Aham... Isso porque ela te odeia ou talvez seja indiferente a sua presença?

— Não. Porque ela me ama.

— Bom garoto! Muito bom. Então vamos surpreendê-la. A gente vai até lá como quem não quer nada e... pá!

— Mano, pá o quê? O que isso quer dizer?

Olharam-se e ficaram rindo um da cara do outro.

— Você conversa com ela. Combina uma coisa mais física. Esse pacto de correntinha... — Paulo balançou a cabeça negativamente, fazendo com a boca um bico de desaprovação — não vai segurar a mulher. Aí eu digo pra soltar a mina de vez. Você diz que não consegue, então encurta essa corrente. Tem muito espaço entre vocês dois. Tá pegando a ideia?

— Não sei se eu consigo falar com ela.

— Pelo amor de Deus, cara! Você tá de brincadeira? É claro que consegue. Só decide antes o que você quer. Você idolatra a Helen. Pensa, a Helen tem defeitos. Você está preparado pra viver um relacionamento em que haja espaço para os defeitos dela? Ela não é santa, mas também não é diabólica. É uma mulher, um ser humano passível de falhas, assim como nós dois.

— Mas ela pode mudar. Por amor.

— Pode. Mas não conta com isso. Não projeta. Não idealiza. E aí, qual vai ser? Pensa com carinho e quando decidir me avisa. Da minha parte, chega de relatórios.

No sábado à noite, foram juntos no carro do Tainha. Desceram do outro lado da rua.

Júlio a avistou sambando. A alegria dela se espalhava na velocidade do som do cavaquinho. Tainha deu-lhe um sacolejo exagerado.

— Ei, maluco! Não para no meio da rua! Mas é um abobado mesmo! Parece que a gente voltou no tempo. Você fez a mesma cara da primeira vez que a viu.

Júlio puxou um suspiro profundo.

— Tá doendo, cara!

— Então tá bom. Você gosta assim. Fica mais tempo aí, parado, e um desses vagabundos chega nela, daí você goza e comprova a minha tese.

— Não fala isso nem de brincadeira.

— Então vai lá, por favor!

Entraram e ficaram em pé.

— Fica aí!

Júlio ficou escorando a parede com o corpo.

Tainha se aproximou de Helen e no ouvido dela confidenciou:

— O cara está ficando doente. Vai lá falar com ele.

Helen não pensou duas vezes. Foi na direção indicada e parou na frente dele.

Instintivamente, o olhar de Júlio foi direto para a correntinha no pescoço dela e desceu até a aliança que estava à mostra, aninhada entre os seios, tamanho era o decote da parte superior do vestido.

Júlio segurou a aliança, encostando os dedos delicadamente na maciez da tez negra, e sentiu o corpo aquecido pela agitação dos movimentos do samba e da emoção de estarem tão próximos.

A imediata reação dela ao toque recebido foi erguer-se na ponta dos pés e beijá-lo

Agarrando-a pela cintura, Júlio chegou a suspendê-la do chão.

— Malucos! — comentou Tainha com uma bela morena de cabelo comprido que se aproximara dele e tentava puxar conversa.

— Ah! Eu acho lindo!

— Porque não é você que fica no meio do fogo cruzado.

Júlio e Helen sentaram para conversar, fora do bar, e ele se declarou dezenas de vezes.

Falou abertamente da penúria pela qual vinha passando. Combinaram de tentar de novo. Parecia que tudo poderia ser como antes. Mas não. Começou um efeito ioiô. Um vai e volta. Três meses era o máximo de tempo que conseguiam ficar juntos. Um mês era o limite para suportarem a ausência um do outro. Eu te amo pra sempre, por dois ou três meses, seguidos de uns trinta dias de até nunca mais.

Ficaram mais de um ano nessa brincadeira desgastante de três por um, depois mudaram a ordem dos fatores por mais uma metade de ano, talvez. Mas não alteraram o produto.

Um sentimento sublime estava contaminado. Desejavam-se. Ansiavam extravasar toda uma demanda de emoções em um contato físico mais íntimo. Ambos sentiam essa necessidade. Era urgente que atendessem a essa reivindicação, mas haviam negligenciado a autoria de suas próprias decisões ao interromperem o processo doloroso da transformação: viver a morte, viver o luto de suas expectativas anteriores sobre si mesmos e de cada um em relação ao outro.

Júlio tinha fantasmas guardados no porão e eles o atormentavam quando ardia de desejo pelo corpo dela. Não deixava de amá-la, não conseguia externar a mágoa reprimida e, por conseguinte, empregavam-se ambos em acumular entulhos que nunca lhes seriam úteis.

Seus entulhos eram incompatíveis com a plenitude de qualquer sentimento, até mesmo do desprezo. Um entulho radioativo.

Na última das tantas tentativas de reaproximação, Helen não carregava mais a corrente ao pescoço. Essa constatação adiantou o teor da conversa que teriam.

— Não quero mais, Júlio. Não quero mais tentar.

Júlio se recusou a ficar com o objeto. Helen não acatou a recusa, colocou-o no bolso da calça que ele vestia.

— Se você não levar a corrente eu vou me desfazer dela e da aliança.

Ele aceitou, dizendo a si mesmo que um dia ela ainda voltaria a usar a aliança, mas no dedo.

— Você não me ama mais?

Helen balançou a cabeça em resposta negativa.

— Não é isso. Eu te amo! Mas a gente já se machucou demais. Prometa que não vai mais insistir.

Júlio segurava a corrente, com a mão no bolso da calça:

— Não somos bons em cumprir promessas, não é mesmo? Mas eu prometo que vou me esforçar ao máximo pra fazer a sua vontade e, me afastando, quero que você se lembre de que estou longe só e somente porque eu amo você.

— E é pelo mesmo motivo que eu te peço isso.

21

ACASO

O engajamento no projeto de extensão universitária dava conta de redirecionar uma parcela do potencial da paixão de Helen.

Primeiro, apaixonou-se pelo estudo sobre os impactos ambientais causados na região pelo fechamento do Canal do Linguado. Pensou que fosse direcionar para esse assunto o foco do seu trabalho de conclusão de curso. Dedicou-se por seis meses e depois acabou migrando para outro projeto que lhe pareceu mais fascinante e emergencial, o Projeto Toninhas.

Foi uma redescoberta de si mesma. Um reencontro com aquela menina conectada com o meio ambiente, com uma percepção mais ampla e mais aguçada das trocas de energia, com poderes para ressuscitar a cada novo dia.

— Tá vendo? Olha ali, Helen.

— Sim — respondeu ela cochichando, com receio de espantá-las.

— Elas são tímidas, não saem da água como fazem os botos. Essa família é uma das poucas ainda existentes dessa espécie no mundo.

— É um ser tão frágil. Tudo que eles têm são eles mesmos.

— Sim. E como são monogâmicos e só reproduzem um filhote a cada dois anos, nosso trabalho se torna mais importante para a preservação de cada uma dessas vidas.

Helen começou como voluntária, depois passou a estagiar.

Quando apareceu um macho da espécie morto na praia do Ervino foi uma perda sentida por todos os integrantes do projeto. Havia apenas 50 indivíduos até então, na baía Babitonga.

O espécime, que eles chamavam de Eco, ajudava a companheira na criação do filhote, e pelo que a autópsia concluiu, foi apanhado por acaso nas malhas de uma rede de pesca. Tinha marcas na calda, na cabeça, no corpo e água nos pulmões.

No dia seguinte, Helen saiu de barco com os pesquisadores e próximo ao estuário, seus sentidos captaram a lamentação da vida marinha. O clamor de uma família.

A bióloga Letícia, coordenadora do projeto, viu-a chorando em silêncio.

— Helen, querida, não vai desistir por isso, né?

— Não mesmo. Mas pensa... Uma espécie que existe há um milhão de anos...

— Aproximadamente Confirmou a bióloga.

— Então! — continuou Helen. — Pensa quanto conhecimento ancestral.

— E só aqui, em São Francisco do Sul, na baía Babitonga, que elas se arriscam a colocar parte do corpo para fora da água.

No início do quarto semestre, Helen fez uma nova amizade. Chamava-se Monique. Monique era de Itapoá, tinha alugado uma quitinete no Bairro Rocio Grande, mas em breve se mudaria para outra, no Bairro Iperoba, nas proximidades da Univille.[9]

A nova amiga, de traços orientais, descendia de tailandeses pelo lado paterno. Era dinâmica, dava conta de fazer seus estudos e trabalhos, mas não dedicava muito de seu tempo a essas atividades, compensava com sorte e inteligência o pouco juízo. Sua especialidade eram as diversões aos finais de semana. Estava sempre inteirada dos eventos nas cidades vizinhas, arrumava companhias, conseguia ingressos, juntava caronas... Dava-se sempre um jeito com ela.

Helen não a acompanhava nas folias. Pelo menos foi assim durante todo aquele semestre de estudo. Monique a convidava, mas não era de insistir. Se Helen dizia não, a amiga ria e completava: "Quem sabe na próxima...". Sabia respeitar o momento e o jeito de cada um encarar a vida e seus desafios. Ela era a chamada "porra loka".

Ela vendia essa imagem, mas Helen sabia de suas qualidades intelectuais e de produção científica. Com a morte da toninha, Monique percebeu que a amiga estava precisando de uma descontração no fim de semana.

---
[9] Univille - Universidade da Região de Joinville.

— Você tem se dedicado inteiramente para os estudos e para o projeto. Sei que saiu de um relacionamento que desgastou bastante o seu lado emocional, mas amiga, já faz quanto tempo?

— Seis meses.

— Seis meses que vocês não se veem, não se falam, não têm notícias um do outro. Sem uma transa também? — Monique perguntou em voz alta.

Mesmo estando só as duas no apartamento da amiga, Helen olhou na direção da janela, como se alguém pudesse estar ouvindo a conversa.

— Pode ser mais discreta? Isso aí já vai pra dois anos.

— Dois anos?! Menina, como que eu não tô sabendo disso?

— Talvez não seja assunto seu.

— Você e o seu ex nunca transaram?

— Nunca.

— Então, colega... Não estou dizendo pra mudar o seu jeito de ser, pra deixar de se dedicar aos estudos e ao projeto. Nada disso. Mas a morte do nosso amiguinho do mar te afetou. Você está muito imersa nisso tudo. Trocou uma paixão por outra, como se fosse simples. Você precisa de um escape, maninha.

— Será? Acho que até já perdi o jeito.

— Que nada. A rainha pode perder muitas coisas, mas não a majestade. Não perde o *glamour*. Tá me entendendo?

Helen ainda estava processando as falas, quando Monique jogou a proposta:

— Nesse fim de semana, Grupo Reboliço, em Jaraguá do Sul. Já tenho os ingressos e um esquema para as caronas. Ainda temos uma vaga e ela pode ser sua!

Helen riu. O jeito de se expressar da amiga era um tanto surreal. Monique falava o que queria, mantendo certo tato para não magoar os outros, mas da mesma forma, ela também aceitava ouvir o que não queria e parecia crescer muito nessa sua piração.

— Tudo bem. Eu vou.

— Epahie,[10] Iansã![11]

---

[10] Epahie – Saudação de Iansã
[11] Iansã – Orixá dos ventos, presente nas religiões de matriz africana.

Desde de que ficou sabendo que o ar era o elemento regente da amiga, Monique só chamava Helen desta forma: Iansã.

— E já vai logo de vermelho ou laranja, que é pra atrair as energias certas. E deixa que o universo conspire a seu favor. Escreva o que eu tô falando e não esqueça de me dar os créditos.

Dividiram as despesas da gasolina com mais três pessoas que Helen nunca tinha visto antes. Só que Monique se "esqueceu" de informar à amiga que o motorista e demais passageiros não iriam para o mesmo evento.

Cada coisa ao seu tempo. Para que tentar solucionar um problema que ainda não existia, não é mesmo?

Como dito, a majestade estava intacta. Curtiram durante todo o show. Ficaram bem na frente do palco. Foram duas horas de samba, cerveja e rebolado.

Atendendo à sugestão da amiga, Helen foi com o vestido vermelho. Durante o show, ali do chão, Monique mandava sinais para o vocalista da banda. Assim que acabou a apresentação foram para o camarim, onde Monique entrou direto, levando a amiga consigo.

Rick, o Ricardo, que era o vocalista da banda, já estava aguardando por ela. Abraçaram-se e se beijaram como se fossem recém-casados.

— Vocês já se conheciam?

Monique estalou os dedos três vezes em movimentos circulares indicando uma longa passagem de tempo.

— Essa é a minha amiga Iansã — Monique apresentou a amiga, deixando para a mesma uma piscadela que cobrava cumplicidade.

— Iansã? Verdade? Ou é mais uma invenção dessa maluca?

Helen não admitiu nem desmentiu. Deixou escapar um sorriso, dando a entender que confirmava.

Rick a cumprimentou com dois beijinhos no rosto.

— Prazer em te conhecer, Iansã.

Em seguida, apresentou os outros integrantes do grupo. No camarim, Helen sentia-se um pouco deslocada, mas Rick elogiou o seu gingado, os colegas concordaram, eles começaram a cantar e a batucar seus instrumentos, pedindo para que ela dançasse um pouquinho mais.

Embalada pelo som dos instrumentos e encorajada pelas cervejas que já estavam circulando no seu corpo, Helen aceitou o desafio. Enquanto isso, Monique conversava e namorava com o seu conhecido das antigas.

Quando o empresário da banda apareceu, Rick interrompeu a folia:

— Pessoal, vamos embora!

Monique se aproximou do ouvido da amiga e sussurrou:

— Eles estão indo pra Piçarras. Vão dormir no hotel e amanhã eles se apresentam lá.

— Legal! Vamos embora, então?

— Vamos com eles pro hotel. Vamos, por favor! Eu e o Rick estamos com saudade um do outro.

A amiga juntou as mãos em gesto de reza, como se estivesse implorando, com os olhos negros, arredondados, fortemente marcados pelo delineador, piscando os longos cílios postiços.

Helen já tinha se rendido ao apelo, mas algo não tinha sido bem explicado.

— E eu? Fico onde? Não vou ter que dormir com um desses caras, né?

— Claro que não, Helen. Não pira, sua doida!

— Olha lá, hein! Então vamos!

No ônibus da banda a bagunça foi acompanhando todo o trajeto. O tal do Rick era o mais exibido. Estava agitado. Cantava e contava para sua acompanhante algumas das histórias de suas aventuras pelo Brasil afora e até pelo exterior, um show que fizeram no Brazilian Day, em New York. Em cada história, algo engraçado e um fundo musical.

— Chegamos no hotel — avisou o empresário, que ia à frente com o motorista.

Só quando desceram foi que Helen percebeu os dizeres na placa: "Hotel Toninhas Mar".

Monique, que conhecia de cabo a rabo a confusa vida amorosa da outra, trocou com a amiga um olhar de surpresa.

— Bem, é um hotel que tem em todo litoral aqui no sul, né, colega?

Helen ergueu e encolheu os ombros e disse:

— Né? E daí? Que é que tem?

Monique foi para o quarto com Rick, como já era esperado, e combinaram que Iansã ficaria com Tito, como acompanhante.

Tito era o mais quieto da turma e por isso mesmo aquele com quem Helen mais simpatizou.

No quarto, a princípio, ficaram um pouco sem graça, mas logo ele começou a falar da família, da esposa, dos filhos, do cachorro... Helen revelou para ele seu nome e quando Tito elogiou seu requebrado o samba virou assunto. Então ela narrou um pouco da sua experiência no reinado de Momo. Dormiram na mesma cama, mas cada um no seu lado, com o devido respeito.

De manhã, Rick bateu à porta para acordá-los.

— Estamos indo lá pra baixo. Vamos tomar um café. Só tô esperando a Monique sair do banho.

— Tá legal! Nós já vamos. Acho que a Helen também vai querer tomar um banho.

— Helen? O que você fez com a outra? — De repente, Rick ligou o nome à pessoa e sorriu com ares de deboche. — Ah! Entendi... Hei, vocês dois aí, parece que se entenderam bem, hein? — E saiu rindo, com um olhar malicioso, como quem diz: "Depois me conta detalhes".

Helen tomou um banho e desceram para café da manhã. Sentaram-se ocupando mesas diferentes. Nem todos desceram ao mesmo tempo.

De onde Helen estava, ela ficava de costas para um corredor que dava caminho em direção à saída. Enquanto comia um pedaço de torta alemã, Helen sentiu como se estivesse sendo observada. Olhou para os lados e certificou-se de estar enganada.

Uma funcionária do hotel, de sorriso simpático, cabelo liso preso no alto da cabeça, aproximou-se dela e entregou-lhe um guardanapo dobrado em dois com algumas palavras escritas.

"Espero você ali fora".

Não estava assinado, mas ela já conhecia a letra.

Levantou-se, pedindo para a amiga esperar que ela já voltava. Saiu pelo corredor, mas na sua frente não avistou ninguém.

— Bom dia, minha rainha!

Ele estava em pé, encostado na pilastra atrás dela.

Quando o avistou, na sua habitual camisa social branca, que na ocasião parecia deixá-lo mais atraente do que em todas as outras vezes, os olhos dela cintilaram, o sorriso se abriu instantaneamente, e todo seu rosto ficou radiante de uma alegria pura e infantil, como há algum tempo não se via.

 Helen atirou-se nos braços dele e parecia que não desgarraria tão cedo. Numa instintiva atitude, beijou-lhe os lábios. Quando ela por fim o deixou respirar, João Pedro sorriu. Não imaginava que ela lhe daria uma recepção tão acalorada.

— Meu Deus! O que foi isso?

— Isso sou eu. Feliz em te ver!

— Um vendaval é o que você é. Mas e se a minha namorada chega aqui e vê uma cena dessas? — mentiu, para ver a reação dela.

— Desculpe, não pensei em nada na hora.

 A hipótese levantada não a intimidou. Ela não diminuiu o sorriso nem compactou a expansiva felicidade. Se isso realmente acontecesse, ela saborearia o gosto cítrico e apimentado da vingança.

 Pulou de novo, deu outro abraço, mas agora deu-lhe beijos no rosto.

— Melhor assim? — perguntou, enquanto recompunha-se, parada, na frente dele.

— Não mesmo.

 Pedro inclinou levemente a cabeça e beijou os lábios dela.

— Estava lá dentro te apreciando comer, mas não sabia se você estava com o integrante da banda com quem dividiu o quarto.

— Tava me vigiando, hein?

— Eu a vi chegar ontem. Percebi que você tinha bebido e não sabia se poderia interferir na sua diversão. Como você está?

— Estou ótima. Vamos conversar lá dentro. Quero te apresentar a minha amiga Monique.

 No restaurante fizeram as devidas apresentações.

— Prazer em conhecer, finalmente, o príncipe regente — soltou Monique, com a boca grande, deixando a amiga constrangida.

 João Pedro lançou um olhar ardiloso, repleto de satisfação interna, como de um adolescente que descobre a identidade de uma admiradora secreta.

— Olha... Vivendo e aprendendo! Na verdade, João era o pai e Pedro, o filho, e ambos foram regentes do Brasil. E pensando bem, um dos nomes de D. Pedro I era João também.

Monique percebeu que tinha dado um furo e tentou emendar:

— Quanta cultura, hein! — Então olhou sem graça para a amiga, riu e falou sem disfarçar, nem abaixar o volume da voz: — Foi mal aí, Iansã.

— Iansã? Mas o que é isso? Quantas novidades numa simples manhã! Já gostei da Monique.

— Eu vou disfarçar, namorar um pouco aquele Rick que está ali — Monique apontou para a mesa dos músicos —, para deixar vocês dois conversarem a sós, porque eu, aqui, só estou dando mancadas.

João Pedro só a deixou sair depois de lhe beijar a mão.

— Encantado, Monique.

Monique lançou um olhar de aprovação para a amiga e saiu. Helen iniciou o assunto pela metade, gostava de provocar.

— Pensou em mim algum dia?

— Todos. Em cada um deles.

Dito isso, Pedro segurou a mão dela, que estava apoiada sobre a mesa, e lhe acariciou os dedos, um a um. Então disse:

— Helen, o pessoal do grupo vai ficar aqui durante o dia e à noite eles vão se apresentar numa casa de show da cidade. Você e sua amiga podem ficar hospedadas aqui e mais tarde vamos juntos curtir a apresentação. O que você me diz?

A oferta era tentadora, mas no momento João Pedro representava para ela um crucifixo na parede de um cristão: oferecia o êxtase da redenção, mas a fazia lembrar da própria culpa.

— Não. Infelizmente, não posso.

João se aproximou mais dela e sussurrou em seu ouvido:

— Você tem sofrido tanto desde aquela nossa última noite. Não consigo entender. Arrependeu-se de ter feito amor comigo?

— Não. Olha, eu não posso aceitar o seu convite maravilhoso, mas por mais sofrimento que aquela decisão tenha trazido pra mim, eu não tenho do que me arrepender.

— E como está o seu namorado? — Pedro abandonou o tom de intimidade, mas não largou as mãos dela. — O Júlio César deixa você sair sem ele e dividir o quarto com músicos?

— É complicado, Pedro. Prefiro não entrar nesse assunto.

— Então está bem, minha rainha.- Soltou, finalmente, as mãos dela. "Complicado". João Pedro não gostava dessa palavra. — O convite está feito e vigorando. Descomplica a sua vida! Tenho ao menos a permissão para conduzi-las de volta para casa?

— Não quero que me vejam chegar de carro com você. Não me leve a mal, por favor. É que... Você sabe... Cidade pequena, povo enxerido...

— Posso ao menos delegar alguém para levá-las?

— Eu aceito e agradeço.

João Pedro levantou e antes de se afastar ainda falou:

— *Time waits for nobody!*

— Queen! — Helen respondeu de imediato.

João Pedro deu um sorriso, confirmando a assertiva da resposta dela. Inclinou-se, beijou-lhe a mão e disse:

— Com a vossa permissão, majestade, preciso me retirar.

Antes de saírem, Monique fez questão de se despedir de João Pedro. Por isso Helen já estava no carro esperando quando Monique entrou no automóvel eufórica.

— Amiga, o teu Dom Pedro é um encanto!

Tendo dito isso, entregou a Helen um papel dobrado que continha o seguinte dizer:

Juízo

DOCE SACRILÉGIO

O motorista fez questão de entregar as duas na porta de casa, conforme as instruções recebidas. Monique desceu antes, porque morava no Rocio Grande, entrada da cidade.

Helen estava exausta. Não apenas pela maratona noturna de bebida e pagode, mas desde que se aproximaram da entrada da cidade sentia que o ar se comunicava de alguma forma com ela.

Uma comunicação de dor, como a de uma criança que sofre agressões e pede socorro com mudança de comportamento e profunda tristeza no olhar. Não era apenas como o ar de Joinville, que sempre lhe dava crises de enxaqueca. A dor lhe atravessava o corpo dos pés à cabeça, concentrando-se de modo pungente em seu peito.

Ela tentou se convencer de que era apenas o cansaço, até chegou a travar uma batalha interna para aceitar a mentira, e por saber que mentia não havia condição de sair vitoriosa ou ilesa no embate mental.

Um bom banho sempre ajudava. Não o banho tradicional, como o que já tinha tomado no hotel, em Piçarras, mas um banho de descarrego, com meditação, ervas e óleos essenciais, como a avó lhe ensinara, para ser feito apenas em dias especiais, de energias carregadas. Pensou em tomar um desses banhos e dormir pelo resto do dia. Isso deveria resolver.

Chegando ao destino, agradeceu ao motorista e desceu do carro.

Uma força invisível impulsionava a atenção dela em direção à escadaria que dava acesso à Rua Dom Fernando Trejo, no Bairro Acaraí. Tentou resistir para não topar com os olhares curiosos e especulativos dos vizinhos. Sua reserva de energia disponível para atender às bisbilhotagens, àquela altura da prova de resistência, era de 0%.

"Haja banho!"

Às vezes, o reflexo tem poder mais decisivo do que uma atitude consciente. Espichou os olhos para onde não queria olhar.

Estaria imaginando coisas?

Não era incomum para ela visualizar o espectro de um amor que nunca morreu.

O carro saiu.

— Tenha um bom dia! — despediu-se o gentil motorista.

Helen respondeu ao cumprimento sem se atentar ao delicado gesto de olhar para seu interlocutor, pois sua atenção fora atraída e presa em outro ponto.

Tinha que ir até lá. Talvez não devesse. Foi.

Ainda que tal atitude colocasse em xeque sua sanidade mental... foi.

Quanto mais se aproximava, mais aceitava que sua visão tratava-se, na verdade, de uma pessoa de carne e ossos.

A silhueta, cujas extremidades dos fios de cabelo cintilavam ao se confundirem com os primeiros raios de sol da manhã eram fagulhas incandescentes, que a simples identificação visual tinha o poder de desencadear em seu peito um palpitar descompassado.

Conforme se aproximava, mais se dissipava a dúvida sobre a própria lucidez e aumentava em si o receio da recusa.

Parou nos degraus. A um passo, titubeou.

Sentindo a proximidade sem qualquer manifestação por parte do outro, entendeu que estava sendo ofertada uma oportunidade de se decidir.

Deixou que o entusiasmo do momento falasse por si.

Ao seu alcance, num erro de cálculo, um degrau lhe fugiu ao toque do calçado. Pisou em falso. Tão súbita e inesperada quanto seu passo maldado foi a reação daquele que a resgatou num rápido movimento, segurando-a pelo braço e lhe devolvendo o equilíbrio corporal.

— Cuidado, pequena! Tá com a cabeça onde?

Era ele.

Ainda que por algum motivo os olhos a traíssem, os outros sentidos se tornaram mais aguçados e possibilitaram uma incontestável evidência: o timbre da voz, o vigor no toque, a fragrância marcante e a energia emanada a impulsionaram a pronunciar o nome dele num volume acima do que esperava:

— Júlio César!

Ele sorriu.

Helen se esqueceu por completo de suas aflições físicas e metafísicas.

Sem perceber que estremeceu ao toque do seu amado, sentiu apenas que seu ânimo tinha se revigorado. Teve um forte ímpeto de o beijar, mas o medo anterior ainda não a tinha abandonado: a possibilidade de ser rejeitada.

Pensou que o que ele tinha de mais revelador e fiel em si mesmo eram as próprias palavras, e que uma vez ele a fez prometer que em hipótese alguma ela colocaria em dúvida o amor que ele sentia por ela.

Tomando por verdadeira a lembrança dessa declaração, julgou improvável que uma demonstração efusiva dos seus sentimentos por ele pudesse parecer audaciosa ou fazê-la passar por um papel ridículo.

Mas teria ela alcançado a almejada absolvição?

Mandou ao inferno esses pudores.

O que poderiam fazer para martirizarem-se um pouco mais?

Com certeza valeria a pena.

Arriscou-se ao doce sacrilégio: pendurou-se no pescoço dele num sobressalto e tornou inevitável o encontro de seus lábios, afinal, ainda lhe faltava conferir um dos mais viciantes sentidos humanos, o paladar.

Quanto mais provava o gosto do beijo dele, menos se saciava. Além do que, sentiu que foi correspondida de imediato no ávido desejo.

Naquele instante eram iguais.

Júlio compartilhava daquele sentimento, que o fez reconhecer-se em débito com o transcendente superior pela inebriante dádiva de tê-la em seus braços. Independentemente de qualquer coisa que tivesse planejado, perdeu-se no infinito instante.

— Saudade, minha linda!

Helen afagava o rosto e o cabelo dele, que parecia mais comprido e mais robusto. Só então Júlio se deu conta de que vinha já há algum tempo evitando o barbeiro.

— Tá lindo! - Observou Helen.

Júlio sentia falta do jeito que ela tinha de admirar e valorizar nele exatamente o que menos lhe envaidecia na própria aparência: o cabelo e as manchas de ferrugem.

O elogio levou à preocupação na mesma velocidade que a tinha levado e fez com que ele recordasse do motivo pelo qual era incapaz de submeter suas madeixas a insensível poda à máquina, desprovida de um detalhado carinho artesanal: a necessidade inconsciente e quase descontrolada de agradá-la se tornara parte dele.

— Vejo que passou a noite fora.

— Sim. Saí com uma amiga. Monique.

— Dessa eu não lembro.

— Nós nos conhecemos este ano.

— E o carro? Era dele? — Por mais que lhe doesse, tinha que perguntar.

— Era dele, sim, mas não era ele. Não estamos juntos. — Apressou-se em explicar, como se tivesse sido apanhada em flagrante delito. — Eu o encontrei por acaso. Não aconteceu nada. — Emendava as palavras sem desviar os olhos, nem recolher as mãos, que o acariciavam desde a altura da nuca, as orelhas, o cabelo e os fios alaranjados do queixo com ínfima ternura.

— Na verdade — Júlio emendou —, eu nem tenho o direito de me intrometer na sua vida.

Tentando parecer sensato e equilibrado, apenas a magoou.

— O que você sentiu quando a gente se beijou? Esse sentimento te diz alguma coisa?

Ele não respondeu. Não via necessidade, afinal, ele estava ali, não estava? Fez algumas perguntas, decidido a aceitar qualquer resposta como sendo a mais pura expressão da verdade, pois não tinha tempo, nem fôlego emocional, para enfrentar a situação de outra forma devido ao sofrimento decorrente da autoinfligida tortura da separação.

Não era hora para julgamentos. O coração estava dilatado em tamanho desmedido e em sentido inverso também poderia ser a proporção do estrago. Ambos careciam de recíprocas indulgências.

Lembrou-se da questão que o levara ali e que Helen lhe fez esquecer com o beijo.

A FUMAÇA

— Estou saindo agora da cidade - disse Júlio —, meus pais e as crianças já foram. Vamos para Porto Belo. Meus parentes por parte de pai vivem lá. Você sabe, cheguei a comentar uma vez.

Ela congelou. Sentiu no peito um frio fúnebre.

Encarou-o com os olhos petrificados, sem se dar conta do quão encarnada tinha se tornado a coloração dos pontos lacrimais dos seus olhos. Sentiu-os umedecer.

— Vão embora? O que aconteceu?

Em seu íntimo, Helen não estava interessada nas próprias perguntas nem nas respostas possíveis. Ainda não o tinha superado. Estava apegada.

Seu mais genuíno desejo era que ele e os filhos não fossem embora ou que a levassem junto, mas a surpresa do golpe a deixou sem reação. A dor e o orgulho brigavam em sua essência humana, sobretudo feminina. As primeiras lágrimas lhe ofuscaram o brilho dos olhos.

Júlio se sentiu culpado. Helen estava tão linda e radiante quando a viu...

Esse semblante dela carregado de tristeza era uma imagem que angustiava e assombrava os pensamentos dele desde que tiveram aquela última conversa.

— Não faz isso. Eu penso melhor quando você não chora, esqueceu? — Pegou-a pela mão. — Vem comigo!

Ela o acompanhou calada. Não tinha perguntas. Pensou em rejeitar qualquer explicação. Apenas o seguiu sem esboçar resistência.

Alcançaram os degraus até o asfalto da Rua Don Fernando Trejo. Continuaram a subir, atravessaram a rua e ele se ofereceu para ajudá-la a se elevar com equilíbrio no morro pelo atalho que seguia por uma trilha.

Helen tirou os sapatos. Carregou-os numa das mãos e a outra estava agarrada à mão dele. Chegaram esbaforidos ao alto do morro, mas Júlio não parou nem a permitiu parar para tomar um fôlego.

Entre o Ginásio de Esportes Waldir Quirino da Luz e o Colégio Irmã Joaquina, um ponto mais alto lhe dava uma visão parcial da cidade.

Pararam.

Ela respirou fundo.

Júlio apontou o dedo para frente, quase na direção do nascer do sol.

— Tá vendo aquilo?

Uma nuvem assustadora parecia surgir de baixo para cima. Aos poucos, agigantava suas proporções num formato de cogumelo. A coloração, de um amarelo-queimado e acinzentado ia progressivamente tomando conta do espaço do oxigênio. Espalhava-se para cima e para os lados.

— Meu pai amado!

Na mente dela, flashes de filmes da Segunda Guerra Mundial. Um mau presságio.

A Terceira Guerra Mundial mostrava sua cara; A guerra da poluição ambiental.

— O que é aquilo?

Estava alienada aos últimos acontecimentos da cidade. Júlio tinha consciência disso por base nos relatos que ela havia feito.

— Um incêndio.

— Incêndio? — Helen não encontrou dificuldade de compreensão, mas considerou a explicação insuficiente: — Óleo de soja? Ou Petrobrás?

— Fertilizante. O incêndio foi no depósito de fertilizantes. Nitrato de Amônia e outros produtos químicos se espalhando no ar.

"Pareço um mensageiro de más notícias", pensou consigo Júlio, que achava que não merecia o fardo de tal incumbência. Ele podia ler o olhar dela. Uma linguagem telepática. Tudo que ela pensou em dizer não era necessário. Júlio bem conhecia sua dor.

Helen tinha um vínculo forte com a natureza, mais ainda sendo da terra onde nasceu. Também era desnecessário explicar os elementos nocivos que compunham o fertilizante. Quanto às específicas questões ambientais da localidade, Helen estava bem informada.

— Fizemos uma pesquisa sobre esse material quando foi anunciada a instalação da fábrica no Bairro Acaraí – comentou Helen.

— A das barrilhas para produção de fertilizantes, próxima à rotatória?

— A própria. Protestamos contra a instalação em nosso bairro, uma área residencial, próxima a duas escolas. Juntei-me aos moradores do bairro e regiões circunvizinhas. Foi inútil. O pior é que era apenas o princípio das dores.

— Lembro disso. Postaram uma foto sua no jornal local. Guardei um exemplar daquela edição.

As palavras e o olhar atencioso dele lhe confortavam a alma. Helen conseguiu ensaiar um sorriso tímido. Poderia até parecer pouco, mas considerando a morbidez da expressão e coloração facial dela, um sorriso era um aceno de ressurreição.

— E eu longe e insensível a tudo isso.

— Não concordo. Você nunca foi nem será insensível. Ainda que estivesse na cidade, nada que você fizesse alteraria o rumo das coisas. Pelo que sei, você não é adivinha, e se fosse, a situação seria a mesma. Eu que moro lá perto só pude fugir. Bateram à nossa porta de madrugada, meus pais se assustaram. Era a Defesa Civil. Tinha até bombeiro. Eles nos alertaram que devíamos sair de casa com urgência, que seria arriscado aspirarmos a fumaça.

Um detalhe importante lhe veio à mente:

— No seu retorno de Piçarras, agora, ao amanhecer, a estrada estava movimentada?

— Tinha uma fila incomum no posto de gasolina. Não percebi mais nada.

Júlio se lembrou da expressão de felicidade com que tinha sido recebido por ela. Sentia-se mal consigo mesmo por ter levado aquela notícia.

— Eu já deveria estar longe – disse ele –, mas não consegui. Falei com muita gente pelo telefone e pessoalmente, mas você... Você desaparece numa hora dessas! Quer que eu enfarte?

Com essa, ele arrancou dela um sorriso discreto, mas tão gostoso que sentiu o peito aquecer.

— Vocês têm pra onde ir? Têm onde ficar até que tudo isso se resolva?

— Meus pais moram em Paranaguá. Posso ir pra lá. Tenho que ir em casa falar com a vó e a Raquel.

O jeito terno com que olhou para Helen demonstrou o quanto ela estava certa. Júlio permitiu que sua intempestividade abrisse espaço para o bom senso. Ele praticamente a havia sequestrado. Não fora premeditado. Ela o tirava do eixo, que já não era dos melhores.

— Não devia ter perdido o seu contato — desabafou Júlio.

Puxou-a para si e a abraçou com tanto amor e carinho que ia além da mútua atração física que sentiam. O que mais desejava era amá-la e protegê-la. Não tinha como saber ainda o quão grave seria aquela situação. Talvez o acidente com a fumaça química oferecesse risco à saúde e até à vida dos moradores da cidade. Se algo de ruim acontecesse com Helen, ele jamais se perdoaria.

24

ÀS PRESSAS

Descer o morro e as escadas foi bem mais rápido que subir. Se ele não a tivesse agarrado pela cintura para descê-la no intervalo mais espaçoso compreendido entre o pé do morro e o asfalto da rua Don Fernando Trejo, ela poderia até jurar não se recordar de ter feito aquele trajeto. A mente não conseguia acompanhar o ritmo efervescente dos acontecimentos e emoções. Sentiu-se tomada de um arrebatamento.

Um carro estava na frente da casa. Foi Júlio quem reconheceu:

— É o Joaquim. — Aproximou-se — Que bom te ver aqui!

Saudaram-se com um bater de mãos.

— Eu digo o mesmo — respondeu Joaquim, cumprimentando Helen com um sorriso e um movimento de cabeça.

Júlio lançou para o amigo um olhar que ovacionava a percepção que tivera de um possível reatar no relacionamento do casal. A intenção desse gesto sutil foi entendida e Joaquim sentiu necessidade de se explicar:

— Vim oferecer ajuda. Tainha levou os velhos pro Ubatuba, pra casa do tio Jairo. Cheguei a ir junto, mas não consegui sossegar de preocupação.

— É claro. Seus filhos.

— Eles principalmente, mas a Raquel também. Então... o mano ofereceu o carro pra eu vir aqui.

Júlio tinha plena consciência de quanto tal gesto significava pra ele. Não compartilhava com Joaquim a mesma cumplicidade que estabelecera com Tainha ao longo da vida, mas sempre que possível se dispunha a ouvir seus desabafos, saber de suas frustrações e de seus sonhos.

Vozes infantis saíam da casa. Raquel e as crianças apareceram trazendo a bolsa de viagem e uma mochila.

— Vamos para Paranaguá. Já liguei pro pai. Eles estão esperando a gente — explicou para Helen. — Você e a vó também, mas não consegui convencê-la a vir com a gente.

Raquel atualizou a irmã enquanto guardava a bolsa no porta-malas e Joaquim ajeitava as crianças no carro.

— Fala com a vó, Helen. Ela só escuta você.

— Podem ir — falou Júlio, tranquilizando as duas irmãs. — Meu carro está parado ali adiante, e apontou mais para trás, para o outro lado da rua.

O antigo campinho fazia falta, pensou, olhando para casa que então ocupava o local que outrora servia de espaço para o entretenimento esportivo das crianças e dos jovens da rua.

— Eu levo as duas — comprometeu-se Júlio.

Raquel concordou. Já tinha desistido de insistir com a avó e ansiava por sair logo dali com os filhos. Contudo não queria carregar consigo nenhum peso de consciência caso aquela fumaça tóxica encontrasse sua avó sozinha e indefesa. Afastou o pensamento.

Raquel agradeceu ao rapaz pela boa vontade. Gostava dele desde antes de conhecê-lo, quando Júlio ainda era para ela apenas uma caricatura mental, abstrata: um garoto ruivo, coberto de sardas, de olhos azuis e mais alguns detalhes romanceados e encantadores que o faziam se assemelhar aos príncipes de contos de fada. Natural, considerando que a descrição que tinha dele lhe fora feita pela irmã quando ela contava com apenas 15 anos.

As irmãs se abraçaram. Helen se despediu dos sobrinhos, pedindo-lhes que esperassem que ela logo estaria com eles em Paranaguá.

Já os rapazes adultos trocavam sussurros complementados por breves gestos. Uma comunicação masculina. Inaudível às mulheres. Julgavam não ser do interesse de qualquer pessoa além deles mesmos.

— Como fica a situação da travessia? A balsa de Guaratuba — questionou Joaquim.

— Não fica. Sou obrigado a encarar.

— Toma um remédio contra enjoo.

— Eles me dão sono. Eu estou no volante, não tem como.

— Putz! Pede uma bênção pra dona Felicidade. Isso ajuda.

— Beleza!

Júlio concordou para tranquilizar o outro, mas tinha medo de expor sua fraqueza na frente da Helen e transmitir insegurança, entendendo que o que ela precisava naquele momento era o oposto.

Assim que o carro desapareceu no alto do morro, Helen se deu conta de que não se sentia bem. Tudo girava ao redor dela. Não estava embriagada. Talvez um pouco desidratada pelo álcool ingerido na noite anterior.

A despeito desses fatores físicos, que não lhe eram estranhos, a fortaleza astral que a cercou quando se aproximou de Júlio começava a esmorecer à medida que o incêndio se alastrava, atingindo de forma lenta e dolorosa todo o ecossistema.

Tudo escureceu ao seu redor. Helen foi perdendo os sentidos por completo. Percebendo o que acontecia, Júlio a segurou em seus braços antes que ela fosse ao chão.

Foi quando a avó, que se escondia da insistência da outra neta, notou que o silêncio foi quebrado:

— Helen! Helen! — Júlio gritou em desespero, temendo que sua amada tivesse aspirado fumaça tóxica da qual não se sabia ainda os verdadeiros riscos.

Em uma fração de segundos, pensou no período desperdiçado, distantes um do outro. Tentou controlar a insanidade que tomava conta de si. O súbito desvario que se aproximou foi dissipado ao som da voz familiar de dona Felicidade.

— Júlio! O que aconteceu?

Helen estava com a cabeça reclinada no colo dele e começava a despertar. Ergueu seu tronco do corpo e sentou-se no assoalho da varanda.

Júlio ajeitou os cabelos dela, beijou-a levemente na testa e depois nos lábios, em gradual intensidade, ignorando o constrangimento que normalmente teria na presença da senhora.

— Ainda bem que eu não fui com a Raquel. Só por essa cena já valeu a pena ficar — disse a avó.

O beijo foi como um tônico. Helen ouviu bem o que a avó disse e até o que não disse.

— Vó! A senhora não foi com a Raquel de caso pensado?

— Com certeza. Estava preocupada com você que não chegava em casa. O Júlio me viu na varanda. O dia não tinha nem clareado e ele perguntou de você. Não quis entrar, preferiu esperar por você lá na escada. Eu não sabia no que ia dar, mas fiquei na torcida. Além do mais, achei melhor não atrapalhar uma reaproximação entre a Raquel e o pai dos filhos dela. Se eles se entenderem, tanto melhor para as crianças.

Ajudando Helen a se levantar, Júlio viu-se na obrigação de contar para a avó:

— Ela desmaiou, dona Felicidade.

— Ah, meu filho, pode me chamar de vó — disse isso com um sorriso compreendido entre misterioso e revelador, ficando a definição a critério das preconcepções de cada leitor.

A avó foi até a cozinha, preparou um sanduíche com duas fatias de pão de forma, presunto e queijo aquecidos na sanduicheira e pegou uma caixinha de água de coco na geladeira.

Prevendo uma possível resistência por parte da neta em consumir o alimento, entregou-o nas mãos de Júlio, encarregando-o da missão.

Entendendo o recado da senhora, o rapaz ofereceu a Helen o lanche, deixando claro que não aceitaria recusa.

— A gente vai pegar a estrada. Você não vai desmaiar de novo. Não na minha frente.

Suas próprias palavras o fizeram refletir sobre o conselho de Joaquim. Por isso, enquanto Helen se alimentava e arrumava suas coisas, chamou dona Felicidade longe do olhar e ouvidos da neta.

A senhora preparou um chá com a raiz de uma planta, mandou-o tomar um pouco e derramou o restante num frasco, orientando que a bebida deveria ser consumida apenas naquele dia, em intervalos de quatro horas. Ministrou-lhe também uma bênção.

Helen chegou a presenciar parte do ritual da benzedura, mas percebendo que se tratava de uma reza de proteção, não fez perguntas.

INFERNO AO LÉU

"Ao léu".

Uma expressão bonita, que era bastante usada pelos mais antigos. Quase não ouço mais quem fale dessa forma. Havia um tempo em que a fala parecia mais requintada, mesmo no vocabulário das pessoas com pouca escolaridade.

O que dizima uma cultura é o desprezo e o esquecimento de seu valor por aqueles que deveriam transmiti-la aos descendentes como informações da sequência genética, cedendo espaço para mutações imprescindíveis à sobrevivência e à evolução, mas sem cair na extinção.

Nesse ínterim linguístico e cultural, a nuvem tóxica que descrevi anteriormente, pelo olhar de Helen, espalhava sua fumaça amarelada ao bel-prazer de Éolo, instaurando na península o medo, o desespero e a incerteza.

Meia cidade queria fugir. A fuga por meios terrestres tinha uma única direção. Quem tinha o próprio automóvel juntou o número máximo de familiares cabível nos carros, as motos, nas caminhonetes e outros.

A incerteza é péssima conselheira, e nessa debandada via-se cachorro com o focinho e as orelhas de fora pelas janelas abertas. Dez pessoas num carro convencional, é impossível. Mas aconteceu em São Francisco do Sul.

Trânsito parado, gasolina e água superfaturadas.

Calor, fome, irritação, falta de conforto, excesso de desumanidade, crianças chorando...

Um inferno!

Não.

No inferno não há crianças.

Talvez chão: um piso bem quente, ou congelante, quem sabe ainda um teto.

Não de novo.

Só se for o inferno dos claustrofóbicos.

No caso, uma caverna resolveria.

Mas para as demais almas, um teto é um bálsamo.

Quem nunca fez essa reflexão?

Enxergar a divindade em um ser humano em condição de desabrigo...

Teto. Sorte de quem tem.

Num inferno supostamente sem teto, como imaginado pelo patriarca Karamázov, seria sem ganchos. Sem ganchos seria injusto, pois os diabos não o poderiam arrastar. Mas se o inferno for um local de justiça, não será mais atrativo que esta terra?

Um inferno ao léu.

Ao vento.

Arrastando-os do inferno de Dostoiévsk para o inferno da nossa história, encontramos a população buscando a direção contrária à da fumaça.

Pessoas lançadas aos caprichos do vento e de sabe-se lá quem. Quem teria brincado ou orientado esse elemento da natureza durante aquele dia e os seguintes?

O elemento da natureza? Por certo me refiro ao ar. Um elemento de princípios antagônicos, sempre presente e ao mesmo tempo tão instável, tão volúvel e, ainda assim, provido de vital poder.

Um teto.

Privilégio do paraíso.

O inferno era o tormento dos que se arrastaram por opção às agonias do trânsito. Esses levaram de oito a dez horas para percorrerem trajetos que normalmente fariam em uma hora ou pouco mais.

Essas almas privilegiadas que puderam escolher ao menos parte das aflições a serem sujeitadas, abandonaram casas, cidade, plantação, bichinhos de estimação e de criação, na incerteza de até onde poderiam ir e se haveria retorno.

Aqueles que encontraram um teto, eleitos à sublime epifania, tiveram um vislumbre do paraíso.

Mais de trezentas famílias, porém, tiveram que abandonar suas casas.
Esses, sim, foram alçados pelos ganchos dos diabos.
Arrastados sem opção.
Sem ter onde buscar refúgio.
Agarrados à fé. Sem qualquer esperança de uma acolhida familiar.
Apreensão e incerteza são emissárias demoníacas.
Foram encaminhados a abrigos improvisados em escolas públicas.
Colchões, lençóis, alimentos e garrafas de água, doados.

Doações.
Quem diria.

Atos de caridade no inferno.
Os diabos e seus ganchos justiceiros.
Graças a Deus!

A privacidade para esses, quando muito, na privada.

Considerando que num ambiente estranho, de convívio coletivo, o estado emocional das pessoas pode ficar tão instável e retraído quanto as próprias entranhas digestórias, esqueçamos a privacidade e todas as outras questões humanas referentes à dignidade individual e das famílias.

Melhor, talvez interroguemos, sobre essas questões, a divindade que brincou de girar o vento por entre seus dedos.

Ora, do que estou falando? Onde alguém pode parar com semelhantes blasfêmias?

Enquanto houver bruxa haverá fogueira. Lembre-se sempre disso, caro leitor.

Então não culpemos as divindades por encontrarem diversão nos momentos de agonia humana. Culpemos a quem é de direito, os seres humanos.

É humano sentir-se bom, fazendo caridade com os que sofrem as consequências da ganância, da soberba, do descaso e da desvalorização da importância da vida alheia.

Sejamos compreensíveis, não dá pra se sentir bom e pensar no bem-estar coletivo. Política letal. Que em algum momento cada um acerte suas contas com o deus a quem oferece holocaustos e que não haja perdão sem restituição.

Restituição não é indenização, não é remédio, não é atitude paliativa. É uma nova oportunidade em mesmo peso e mesma medida de tudo aquilo que alguém pode ter sido privado: vida, tempo, saúdes física, mental e espiritual, momentos e sentimentos.

Por cinco dias, Helen esteve junto à família, em Paranaguá. Bons e impagáveis momentos. Verdade seja dita.

— Só o Sérgio não deu o ar da graça — comentou Raquel, quando se despediam dos pais.

Tainha atravessou os estados para buscar a ex-cunhada, sobrinhos e dona Felicidade. Foi ao Paraná atendendo a um pedido do irmão.

No dia anterior, Joaquim havia combinado com Raquel que iria buscá-los. Infelizmente, Joaquim teve uma recaída na mesma noite. Não encontrava coragem para encarar os filhos e a ex-mulher. Foi à casa do irmão de madrugada e o chamou para conversar. Teve uma crise de ansiedade, não suportou, mesmo com o consumo regular dos medicamentos.

Fez o que não queria e embrenhou-se por um caminho errado. Quando deu por si, encontrava-se na sarjeta da vida e maldizia a si mesmo por isso. Arrastava-se no próprio inferno. Esticou os braços na direção dos ganchos, quando de toda sua alma desejava ser livre.

Aquela euforia, de uma felicidade tão próxima, trouxe-lhe um peso sobre o peito. O ar ficou denso e escasso. Um clima carregado formou-se ao seu entorno e os sentimentos de rejeição, de incapacidade e de demérito o dominou por completo. Estava exausto de reviver aquele tormento tão conhecido por ele e por todos que o amavam.

Um ciclo maldito.

Mais uma volta depois da última vez.

Mais uma última vez.

— Por que o pai não veio? — perguntou André Luiz ao ver que não era Joaquim quem os tinha ido buscar.

Tainha lançou um olhar para Raquel, que já conhecia os motivos do pai dos seus filhos.

— O pai de vocês não estava se sentindo bem. — Raquel tratou logo de mentir para as crianças a fim de poupar Tainha de tal fardo.

— Tio Paulo, a fumaça pegou ele? — perguntou Marcela.

— Não, meu amor. Foi uma dor de barriga. Ele tomou remédio e precisa descansar. —Tainha espremeu os lábios, chateado consigo mesmo. Não tinha o hábito de mentir para os sobrinhos, fazer isso era custoso para ele.

André Luiz, de 8 anos, não acreditou na história. Já tinha experiência suficiente para ler as entrelinhas da situação. Entretanto, preferiu a cumplicidade na mentira, pois não lhe interessava magoar a nenhum dos envolvidos no enredo. Amava a todos. Ia, assim, aprendendo a "duras penas", como se costuma dizer, que amar também é mentir, e quem mente por tal motivo desenha no próprio peito o alvo para receber, pelo menos, parte da culpa e da dor que foi direcionada ao outro.

E como vinha dizendo, cada um tem seu próprio deus e da mesma forma seu inferno particular.

Às 14h, Helen despediu-se dos pais e entrou no ônibus Paranaguá-Joinville. Em Joinville pegaria outro ônibus para São Francisco do Sul.

Desde o fatídico primeiro dia da fumaça em que Júlio a buscou em casa, enfrentou o trânsito conturbado, e pior, sacrificou-se realizando duas vezes a travessia pelo mar, para deixá-la em Paranaguá em segurança, na casa dos pais, Helen não teve mais notícias dele.

Uns ventos trazem e outros levam.

Da janela do ônibus, Helen via o movimento das árvores: vastos pinheirais. Seus galhos eram braços que denunciavam a direção dos ventos.

Ao descer do ônibus, em São Francisco, era noite. Olhou para o céu repleto de estrelas.

Uma obra-prima irretocável. Nenhum aparente vestígio da última tragédia ambiental.

O ar, porém, ainda estava impregnado do cheiro de amônia e os olhos irritavam-se com uma ardência acentuada.

Ainda não tinha acabado.

O ser humano volta a sua vida normal, ao seu cotidiano de destruição, enquanto a natureza chora.

Helen tinha uma consciência visceral de que a natureza se esforçava para voltar ao seu ciclo e retomar o que lhe era de direito: o equilíbrio da vida. Sentia essas coisas. Era como o pulsar de um músculo involuntário.

A orientação que recebera sobre essa intrínseca capacidade era o que lhe dizia a avó. Dona Felicidade costumava dizer à neta que ela era herdeira da clarividência das antigas bruxas do litoral. Mulheres alquimistas e curandeiras que se dedicavam ao estudo, à compreensão e ao uso consciente e saudável dos quatro elementos da natureza.

A vertente sensitiva da neta era o seu elemento de sustentação astral: o ar.

Com certeza, o ar não estava bom e tão cedo não se regeneraria sem que antes outros elementos da natureza viessem a se manifestar em socorro do seu equilíbrio; ou seja, se fosse realmente uma feiticeira ou coisa do tipo diria que as previsões futuras não eram boas.

Do curto caminho da rodoviária ao Buraco Quente só queria ter o dom para uma única previsão: sustentava com todas as forças a esperança de que em algum ponto daquele percurso, Júlio estivesse a aguardando para lhe proporcionar uma acolhedora recepção.

Queria de verdade ter algum poder sobrenatural. Imaginou algumas cenas românticas...

Tinha uma brisa de esperança. Não era fé.

Ao final, estava em casa. Fisicamente abrigada.

Nos outros possíveis aspectos: ao léu.

26

NO HÁBITAT

Júlio conduziu Helen e dona Felicidade, deixando-as em segurança, em Paranaguá. Tinha assuntos a resolver. Nessa despedida, sentiu-se mais fortalecido e prevenido. Era capaz de compartilhar mais do que um adeus.

Quando Helen se afastou dele, com os olhos marejados, Júlio fotografou mentalmente o rosto dela. Tocou-lhe a face com a ponta dos dedos, percorrendo da maçã do rosto aos lábios. Aproximou-se, segurou-lhe o rosto e a beijou na boca.

A energia sublime, forte e transcendente estabelecia entre eles um canal de comunicação. As palavras podiam ser dispensadas, mas não foram:

— Eu te amo, Helen! Amo! Consegue entender isso?

Ela confirmou balançando a cabeça e saiu do carro com a mochila nas costas. Queria ser capaz de entendê-lo, mas quanto mais se aproximava, mais arredio ele ficava.

Por algum período do relacionamento ela o lia com facilidade. Júlio era um texto apaixonante com nuances de mistério, que com o passar do tempo, foi transformando-se numa carta enigmática. Dessa forma, ela percebeu-se cada vez menos capaz de decifrá-lo e o namoro acabou ficando insustentável.

Dali, Júlio seguiu dirigindo para Porto Belo. Era inegável que seu corpo e seu espírito estavam exaustos como se tivesse vivido uma semana em um único dia. A mente fervilhava. Precisava encarar essa pessoa que estava entre Helen e ele. Reações, como refletir e falar, quando não acompanhadas de atitudes, eram inúteis para ele, cujo temperamento ia da fagulha à completa combustão.

Pensar a respeito não ajudava. Aprendeu isso da pior forma. Suas conjecturas eram um empecilho no próprio caminho. Um prego de duas pontas, solto em sua massa encefálica a lhe dilacerar lentamente cada um dos nervos.

No quarto dia, quando em São Francisco do Sul a situação foi controlada e Júlio se esgotava por três consecutivas noites de insônia, na chaleira do cérebro um líquido borbulhava sem evaporar.

Amanheceu.

Antes de retornar à vida, tinha que resolver aquela pendência.

Nem viu as crianças levantarem. Avisou a mãe que tinha algo importante para resolver e não voltaria para o almoço. Ligou o carro. Acionou o GPS no celular: Hotel Toninhas, Piçarras. *"Seu destino está a 59 km"*.

Às 7h estava em Piçarras. Em dez minutos se encontrava no local programado.

"Seu destino está à direita" — foi a última orientação da voz robótica do GPS.

Ergueu os olhos na direção de uma placa luminosa na qual predominava a cor azul. "Hotel Toninhas Mar".

Há dois anos tinha adquirido um desgosto ao simples som dessas palavras. Nenhuma delas individualmente, mas as três, dispostas nessa ordem, causavam-lhe um mal-estar e um desconforto quase equiparado ao que sentiu no inevitável traslado de *ferryboat*, na ida e na volta de Guaratuba-Paranaguá.

Sua aversão ao mar, que era invisível e inexplicável, materializou-se na pessoa de João Pedro, que ele ainda nem conhecia pessoalmente, e de todo seu império hoteleiro, coincidentemente ou não, todos situados à beira-mar.

Estacionou o carro. Apreciou a beleza natural e acolhedora do jardim que antecedia o hall de entrada.

As portas fechadas abriram-se à mera aproximação de sua presença. Na recepção, viu uma jovem de pele e olhos negros, com cabelos compridos, que usava um crachá com os dizeres: Alba - Recepcionista.

Sentada numa escrivaninha, ao lado do balcão, estava uma bela senhora de meia-idade, cabelos claros e sorriso gratuito. A mulher usava um alinhado uniforme azul. Tinha um crachá: Gerente - Magda.

A recepcionista puxou conversa:

— Pois não. Posso ajudá-lo?

— Sim. Preciso falar com João Pedro Blandini.
— O senhor tem hora marcada?
— Não.
— Infelizmente, o senhor Blandini não atende sem hora marcada.

A senhora ao lado ouviu o desenrolar da conversa. Sabia que o chefe não tinha compromissos agendados para aquele dia e percebendo a expressão inconformada do visitante, intrometeu-se em seu socorro:

— Tudo bem. Vou tentar assim mesmo. Como devo anunciá-lo?
— Júlio César. Amigo da Helen.
— Está certo, senhor Júlio César. Só um instante.

A gerente chegou a pegar no telefone, mas antes que colocasse os dedos no teclado, a luz do elevador acendeu e a porta se abriu.

Saiu dali um homem de estatura média, aparentando seus vinte e tantos anos, vestido numa camisa social branca, da melhor seda nacional, e calça jeans.

Um dos braços agarrados à cintura de uma jovem morena, alta, vestida com exuberância de uma modelo de passarela.

— Ah! — disse a gerente, que apesar do uso de pronomes protocolares, demonstrava no olhar já ter bastante familiaridade com o herdeiro do hotel. — Ali está ele. Senhor Blandini, por favor!

— Que é isso, Magda! — falou o rapaz olhando para os lados. — Pensei que meu pai estivesse aqui. Já lhe falei que senhor Blandini é o meu pai.

As duas funcionárias se olharam e trocaram um sorriso mais à vontade do que o que usavam para recepcionar os clientes.

Dona Magda se explicou:

— É que este senhor deseja lhe falar.

João Pedro, ainda agarrado à cintura da moça, virou-se para seu inesperado e desconhecido visitante, cumprimentando-o com um sorriso cordial.

— Bom dia! Já nos conhecemos?
— Bom dia! Eu sou Júlio César Garcia...

No exato momento em que Júlio pretendia se explicar melhor, João se desvencilhou da acompanhante, puxando rapidamente a mão que a segurava pela cintura para estendê-la, estabelecendo contato físico com o visitante.

— Júlio! — Exclamou João Pedro. — O ruivo da Helen!

O outro, apanhado de sobressalto com a súbita atitude por parte do dono do hotel, apertou a mão que lhe fora ofertada.

— Sim. Sou eu mesmo. Quero dizer, espero que sim. Preciso conversar com você por alguns minutos, se for possível.

— Com certeza. Já lhe atendo. Só um instante.

João Pedro não se importava que lhe vissem desfilando pelo hotel com belas mulheres. Já era conhecido no seu meio de trabalho e convívio social que apesar da irretocável educação e considerável respeito que dispensava a todas as pessoas, sem qualquer critério seletivo, o rapaz, em contrapartida, ao julgamento de olhares mais rigorosos, apresentava um comportamento um tanto descarado em seus círculos de amizade e vida amorosa, com permissão do mal emprego da palavra amor.

Mas quem faz a fama não se deita em qualquer cama. Digo isso porque foi incomum o constrangimento que ele sentiu quando a identidade de seu interlocutor foi revelada.

Tinha consciência do vínculo que unia Júlio a Helen, de uma forma que talvez nem eles mesmos se dessem conta. Acreditava já ter se convencido que não fazia frente ao sentimento que compartilhavam, mas se o rival estava ao seu encalço, isso significava que tinha feito algo certo na manhã em que a encontrou.

Levando em conta essa afirmação, não lhe acrescentaria nada vender a imagem de um casanova incorrigível.

— Alba!

— Sim, senhor Blandini.

Dessa vez, ele não se fez de ofendido nem dispensou o tratamento formal.

— Chama um Uber para levar a Débora em casa.

Virou-se para sua acompanhante, evitando maiores intimidades, mas sem se desligar dos hábitos instintivos, despediu-se com um modesto inclinar do tronco. Segurou a mão direita da moça e a ergueu até o leve toque dos lábios dele. E então disse:

— Juízo!

Atento a cada detalhe da cena, Júlio foi amargando em si um asco, imaginando com que parte dessa palhaçada João Pedro conseguira conquistar uma mulher tão especial como Helen.

Estava na cara que ele exercia algum poder sobre as mulheres, mas para ele o garoto Toninhas não passava de um aproveitador insensível.

João Pedro se aproximou do visitante, fixando seu olhar no dele.

— Você está desarmado?

— Sim — respondeu Júlio, mesmo sem ter assimilado bem o que ele queria dizer com aquilo.

— Podemos revistá-lo?

Júlio conseguiu se ver ainda mais confuso por duas razões: a primeira delas foi a própria pergunta em si e a outra foi pela constatação da anomalia ocular de João Pedro, que consistia em um corte vertical no centro da íris, que se dilatava como se fosse abrir passagem para engoli-lo ou deixar sair algo de seu interior.

O fenômeno estivera latente até então, e de súbito tornara-se manifesto com expressivo e estranho brilho que não era possível ignorar.

— Sim — foi automática a resposta de Júlio e seu gesto de erguer os braços. Não tinha ido até ali para ser dispensado e mandado embora como uma acompanhante chique. Tinha coisas para falar e seria ouvido nem que para isso tivesse que se sujeitar às bizarrices daquela criatura. Atenderia às condições impostas. Mas não ficou quieto:

— Gosta de apalpar homens?

— Até poderia fazer isso pessoalmente, mas não vou lhe dar esse gostinho. Não hoje. Quem sabe em outra oportunidade — respondeu sorrindo, e após piscar para Júlio, virou-se para o segurança do hotel com um aceno de cabeça. O homem de preto se aproximou de Júlio e fez-lhe uma revista de cima a baixo, com ênfase na região da cintura e na altura dos tornozelos.

O segurança ergueu a cabeça, olhou para João Pedro com um gesto afirmativo e se retirou de imediato, retornando ao seu posto.

— Vamos ter uma conversa reservada no meu escritório.

Com certeza, o convite era uma ordem. Mais uma cláusula que Júlio fazia questão de cumprir sem questionar.

SORRIA!

Foi Pedro quem deu início à conversa:

— Estou acompanhando as notícias sobre São Francisco do Sul. Vi no jornal que o prefeito revogou o estado de emergência. Mas me diga, o que lhe traz aqui? Está tudo bem com a Helen?

Para Júlio tinha algo estranho em João Pedro. Ainda não entendia como Helen se permitia cair na conversa de uma pessoa tão esquisita e artificial. Também não compreendia como o nome que lhe costumava inspirar os mais devotados sentimentos pudesse ser pronunciado de forma tão leviana.

— Não que seja da sua conta, mas Helen está bem. A propósito, vim aqui para pedir que você não volte a procurá-la. Se você não tem sentimentos verdadeiros por ela não a use para seus entretenimentos. Helen não é igual a essas mulheres que você usa e depois descarta.

João Pedro suspirou com ar de satisfação e moderado prazer, como fazia na infância, para saborear os biscoitos recheados, equilibrando com paciência, nos nervos sensoriais, cada informação gustativa.

— Há dois anos que eu não a procuro. Não por opção minha e menos ainda por falta de interesse de minha parte. Foi ela quem decidiu assim. Eu apenas respeito, contrariado — falou, aproximando o rosto um pouco mais daquele que o ouvia, numa encarada que deixava escapar por entre as frestas multicoloridas da íris um tímido facho da sua mais nobre autenticidade.- Ferido!- Alterou um pouco a voz e completou: — Porém, como tudo que fiz desde que a conheci, respeitando a vontade dela.

— Mas vocês se encontraram esta semana.

— Olha, seria uma oportunidade interessante para mim distorcer com sutileza essa informação só para lhe conhecer um pouco mais, a título de curiosidade mesmo. Mas como ela já deve ter lhe contado, foi um encontro totalmente ao acaso. — Interrompeu a própria fala. — Estou confuso. Devo ter perdido alguma coisa... — Pedro fez uma pausa, demonstrando em seu rosto uma expressão séria e interrogativa, como se algo lhe tivesse ocorrido. — Deixe-me ver se eu entendi. Você me procurou porque não confia nela. Desde que você me viu está me filmando e me julgando. Tenho por certo que você até já me condenou. Pois bem... Não faz sentido para mim que Helen esteja esse tempo todo num relacionamento sem confiança. Acho que estamos falando de mulheres diferentes. A Helen que eu conheço não aceitaria isso.

Júlio sentiu o sangue ferver e lhe subir à cabeça. Pressentiu que estava a ponto de explodir. O vermelho tomou conta dos seus poros.

Pedro teve uma sádica curiosidade: "seria possível a alguém entrar em autocombustão?" Apontou discretamente para o canto, no alto da parede e disse:

— Sorria!

Júlio seguiu com os olhos para a direção indicada e viu uma câmera de segurança. Precisava se controlar ou surgiriam os homens de preto, ele seria expulso e a conversa seria interrompida.

— Você não sabe do que está falando! — Foi o que Júlio conseguiu arguir para interromper a narrativa sem fazer nem falar nada mais agressivo, pois a fala de João Pedro invadia a sua intimidade e começava a revelar de dentro para fora aquela mulher que lhe era cara, fazendo arder em si as centelhas do ciúme.

— Nós não estamos namorando — informou, declinando o volume da voz.

A explicação deixou Pedro ainda mais incrédulo e admirado do que estava anteriormente.

— Estou confuso. Eu olhei nos olhos dela enquanto conversávamos. Não é algo do qual eu me vanglorie, mas acredite ou não, eu conheço as mulheres e sei o que encontrei lá dentro. Ela está apaixonada. E para meu suplício e condenação, o contemplado não sou eu. Mas agora você despertou o meu interesse...

Fez uma pausa, concentrando um olhar minucioso na expressão facial do outro e, principalmente, escutando as falas sussurradas por meio dos olhos, como um especialista decifrando escritas de antigas civilizações.

— Se vocês não estão juntos, então... Você não sabe o que veio fazer aqui, porque Helen não está comprometida.

Júlio ficou quieto. Foi acareado com a verdade. Não era a sua verdade, mas era a verdade de alguém que indiretamente tinha o poder de interferir na felicidade dele.

— Já sei — continuou João Pedro —, você veio aqui pra se colocar contra a parede. O seu problema não é comigo. É com você mesmo.

O amor, segundo João Pedro, era diferente do amor na compreensão de Júlio César. Chegando a essa conclusão, Júlio entendeu que seguindo por aquele caminho a conversa não chegaria a lugar algum.

— E você? — perguntou Júlio. — O que você acha que sente por ela?

O outro ajeitou-se na poltrona giratória, deu um giro de 360º, batucou com os dedos no couro do braço do assento, num aparente gesto de infantilidade, e voltou a confrontar seu opositor no amor e naquele diálogo.

Pedro não vacilou para responder, mas pretendia se despir de sua superficialidade. Para isso, tinha que buscar em seu íntimo sentimentos que fora compelido a soterrar com esforço havia praticamente dois anos.

— Eu gosto dela. Gosto muito. Afeiçoei-me a Helen como nunca me afeiçoei a ninguém antes, com a única exceção do meu pai, mas vai além de um sentimento fraternal. Aprendi a confiar nela porque ela tem uma preocupação genuína com a importância e a divindade de cada ser vivo neste planeta. Não posso falar de amor, pois quando ela escolheu você, eu calei esse sentimento no meu peito. Um instinto de sobrevivência. — Interrompeu sua fala com uma pausa pensativa.

João Pedro tinha uma visão mais ampla da complexa situação de cada lado daquele arriscado triângulo e recorreu a um recurso alegórico para tentar explicar:

— Em São Francisco do Sul houve um incêndio que queimou por dias sem liberar as chamas, e ardeu mesmo sem fogo, espalhou fumaça e se dispersou no ar, como se o ar fosse um objeto de barganha que evitou uma proeminente explosão. A explosão não aconteceu porque a fumaça ganhou espaço. Durante dias a combustão dos elementos químicos foi contida por resfriamento a custo de milhões de litros de água. Se a explosão tivesse ocorrido acabaria com praticamente toda cidade. Você diria que houve desperdício de água e do ar que foram consumidos e contaminados?

— Considerando que foram evitados danos bem maiores, eu diria que não.

João Pedro bateu palmas:

— Muito bem. Um ponto de vista razoável. Sabe, nem toda água do mundo pode apagar um fogo que queima, que arde, mas não existe. Um fogo dormente, vulcânico e perigoso. Ele pode apenas aplacar, resfriar e controlar o calor. Mas a fumaça tóxica de um incêndio ardente vai contaminar o ar e toda vida que depende dele, de forma lenta e gradual, por um humanamente imensurável transcorrer do tempo.

— Você me cansa com suas metáforas!

— Incendeia ou libera o ar de uma vez!- Falou João Pedro em tom de exigência— Fisicamente ou não, essa mulher sempre estará entre nós dois. Nós três somos elementos naturais numa combustão química, somos codependentes, e nessa equação metafórica é você quem tem a energia do fogo.

Júlio ficou furioso. Descontrolado, levantou-se esmurrando a mesa e chutou a cadeira para não enfiar a mão na cara daquele que o recebia.

Um segurança abriu a porta perguntando se estava tudo bem. Pedro o dispensou com um simples gesto de mão e permaneceu imóvel. Já estava preparado para essa reação.

— É disso que estou falando! Paixão sem comedidas. Você desperdiça o que eu mendigo. Sabe o que atrapalha o relacionamento de vocês?

— Você!- Júlio respondeu de imediato.

— Não. Resposta rápida e fácil, mas errada. Vocês dois são muito intensos. Cada um do seu jeito, mas são. Precisam de um pouco de equilíbrio. Só um pouco já ajudaria. Eu tenho isso, até me sobra. Posso ajudar vocês se quiserem.

Júlio levou à boca o punho cerrado, num gesto de autopunição. Ergueu os braços, apoiando a palma das mãos sobre a parede com a cabeça baixa. Lembrou-se de inspirar com força e soltar o ar pausadamente.

— Aceita beber alguma coisa? — ofereceu o anfitrião enquanto se servia de um uísque no frigobar.

Júlio sabia que precisava recuperar o equilíbrio emocional. Colocou a cadeira de volta no lugar.

— Se tiver água, eu aceito, obrigado.

Pedro o serviu, depositando sobre a mesa uma garrafa de água mineral. Era seu hábito ser solícito e fazer gentilezas, mas a impressão que passava era de alguém com um sangue frio irritante.

— Interessante lhe ouvir dizer essa palavra.

— Qual delas?

— "Obrigado". Essa palavra da nossa língua veio do latim *obligare* e quer dizer "ligar por todos os lados". Significa que as pessoas estão atadas, ligadas, presas por um laço.

— E o que tem de interessante nisso? Acha que eu te devo alguma coisa por causa de uma garrafinha de água? Você é doente!

João Pedro queria desfrutar mais da conversa. Começava a entender com que atributos o outro tinha conquistado o amor de Helen. Não havia nada premeditado nele. Era inocente e autêntico, com uma alma quase infantil. Contudo, uma vez tendo conquistado aquela mulher, era obrigação dele nutrir o amor, e nada lhe dava o direito de deixar definhar um sentimento tão sublime.

— Eu lamentei não ter estado em Jaraguá do Sul com a Helen naquela noite e ela não ter aceitado o meu convite para o show, em Piçarras. — A associação de palavras fez João Pedro resgatar em seu íntimo um sentimento exultante que, na impossibilidade de reviver, desejou compartilhar: — Já dançou com ela, Júlio César Garcia?

Júlio ficou sério e não quis dar confiança de responder e servir de trampolim para que João Pedro saltasse sobre ele.

João Pedro não fez caso do silêncio e deu sequência a sua ideia:

— Não? Então ainda não viveu. Faça isso tantas vezes quantas puder.

O olhar sério de Júlio parecia menos enraivecido, apesar da provocação. Pedro tentou esclarecer que não tinha a intenção de irritá-lo.

— O que eu estou querendo dizer é que seria legal da sua parte levá-la para se divertir, fazer coisas que ela gosta. Vê-la dançar e dançar com ela. Quem dera um dia eu poder voltar a dançar com a minha rainha.

Na prática, João continuava alfinetando o outro. Incomodava-o pensar que Júlio desdenhava da oportunidade. Já o tinha na condição de um delinquente que precisava ser punido. Por essa razão, substituiu propositadamente o nome da moça por sua particular e carinhosa maneira de tratá-la, "minha rainha".

Júlio preferia ter recebido uma bofetada no rosto a ter que ouvir isso calado. Ainda assim, engoliu a mágoa e a cólera junto com boa parte da água do recipiente de uma só vez. Passou a respirar de forma mais pausada. Remiu o autocontrole com o próprio esforço e voltou a se sentar na poltrona, de frente para João Pedro, e disse:

— Estranho... Ainda há pouco, no saguão, tive a impressão de que você não precisava da rainha e que se contentava com qualquer uma.

Pedro tomou mais um gole de uísque e expressou um sorriso cínico:

— Você está parecendo uma namorada ciumenta, um tanto histérica em alguns momentos, eu arriscaria dizer. Não se incomode com isso. Eu sou um admirador da beleza feminina. E você acredite ou não, ainda que eu não tenha conquistado o amor da Helen, sou totalmente honesto com ela e já expliquei que abro mão de qualquer mulher, enfrento meus pais e toda a sociedade se ela me der uma chance.

— E no caso de a gente reatar, digamos que vocês voltem a se encontrar, assim, por acaso — expôs Júlio, sem se eximir de uma ironia fina como uma ponta de agulha, com a qual picava a si mesmo. — Nesse caso, você vai deixá-la em paz?

Pedro sentiu no outro uma certa demanda masoquista, nada patológico, talvez algo necessário para lhe impulsionar a sobrevivência. Parecia que a dor era um nutriente à valentia e se impressionou com o fato do seu interlocutor ter demonstrado competência para formular perguntas práticas, assim sendo, respondeu seguindo o padrão estabelecido pelo outro.

— Vou apresentar dois possíveis cenários: se ela estiver descomprometida, mesmo que eu esteja acompanhado, vou investir, sim, numa possível aproximação. Não tenha a menor dúvida. Vou tentar seduzi-la. Não se ofenda com a minha franqueza, mas a minha relação com a Helen é assim. É inevitável. Agora, se ela estiver num compromisso amoroso com alguém que dê a ela o carinho e a atenção que ela merece, esteja certo de que ela vai me dispensar.

— Seja qual for o cenário, você dá em cima dela.

— Essa seria uma forma vulgar de descrever o processo, mas a resposta é sim.

— Mas há dois anos, ela não te dispensou. — Lembrou Júlio com a voz desvanecendo como um moribundo ao padre em derradeira confissão.

Pedro ficou inconformado com o que ouviu. Afinal, por que ele não trocava o rancor pela felicidade? Esfregou os olhos com uma das mãos, virou o rosto para o lado, passou a mão no cabelo, olhou fixo para seu interlocutor como se ele fosse um ser de outro planeta e começou a coçar no queixo os curtos fios da barba vaidosamente bem aparada.

Aturdido, voltou a suprir o copo com a bebida, sorvendo de imediato todo o conteúdo despejado. A contragosto, ressuscitou antigos sentimentos.

— Concedemo-nos uma espécie de último desejo. Eu me abri, expus-me, joguei muito alto. Apostei tudo e fui dispensado. Uma despedida em grande estilo ainda é uma despedida. Se você a ama, e eu sei que a ama, não se afaste dela. Deixa de criar empecilhos. Todo esse tempo vocês separados... Que absurdo! Ainda há quem me chame de esquisito, de criatura. Eu fico inconformado com esse tipo de coisa. É por causa da cultura? É machismo, todo aquele disparate de homem traído? Desperdiçou a felicidade de vocês dois porque ela fez sexo com alguém que não era você?

— Agora você está indo longe demais com as provocações!

Com seu estado emocional visivelmente abalado, Júlio pensou que teria que voltar a suportar um sorriso ácido do outro lado da mesa, mas estava enganado.

Pedro estava sério e resoluto na postura e na expressão facial. A dor do outro o estava atingindo num limite acima do esperado. Estava suficientemente explícito que a temporada de descontração e de satisfação com a dor alheia estava encerrada.

— Isso não é fácil, eu entendo. Somos orgulhosos. Mas pensa: o principal laço entre vocês é o amor, não o sexo. Então para de perder tempo. Descomplica. O amor é uma dádiva com a qual nem todos somos agraciados. Supera o orgulho ferido. Volta por inteiro e não deixa margem para que o acaso interfira na vida de vocês. É dessa forma que eu demonstro que me importo com ela de verdade. Eu terei prazer na felicidade de vocês.

— Falar é fácil. Não é com você.

— É comigo, sim. De quem você achou que eu estava falando quando disse que nem todos somos presenteados com um amor? É comigo, porque estou mais envolvido nessa história que com qualquer outro assunto: família, trabalho, amigos... Mas não depende de mim. Depende só de vocês dois.

— Parece que você não tem sentimentos. É como se você não fosse um ser humano — falou Júlio.

— O quanto de mim é humano não sei lhe dizer. Porém, ao contrário do que você julga, tenho sentimentos profundos. Porém, como algumas espécies não humanas, eu priorizo os sentimentos dos outros ainda que tenha que oprimir os meus. Será que você consegue fazer o mesmo?

Júlio ficou pensativo. Sempre fez isso pelos filhos, mas fora desse círculo, numa relação de casal...

Não cogitou responder. Não podia. Entendeu que a pergunta não tinha nada de superficial. Qualquer resposta imediata soaria impulsiva e imatura. Tinha que viver para saber. A pergunta foi formulada com tamanha expressão de dor que não deixou espaço para banalização. Júlio ficou mudo. Mudo e pensativo. O vácuo alcançava a ambos, pressionando-lhes o peito.

João Pedro teve que quebrar o silêncio:

— Vou ajudá-lo. Agradeça-me fazendo a escolha certa. Vamos fazer assim: você reata o namoro com ela em um mês, o que já é muito tempo. Eu não perderia nem mais um minuto. Se eu me envolver com ela vai ser pra valer, porque se ela sofrer eu vou sentir e não tenho pra onde correr. Mas enfim... Acho que confundi você com alguma reflexão que deveria ser interna... — Pedro ficou pensativo por um instante e deu sequência à proposta — Vocês reatam e vivem o amor de vocês. Futuramente, até filhos terão. Não é uma boa proposta? Ou, se você não se mexer em trinta dias, eu vou sair dos bastidores dessa história e faço questão de protagonizar, pois é a minha vida. Vou procurá-la e dedicar-me à tarefa de conquistá-la. Vou me humilhar, insistir, suplicar, mendigar a companhia dela. Vou realizar os desejos dela antes mesmo de serem pedidos. Estenderei tapete vermelho para ela passar. É... A realeza se agrada de pompas e atitudes submissas vindas de seus súditos. E eu posso fazer isso a vida inteira, sem enjoar. E então? Encontrou a motivação que veio buscar aqui?

Pedro estava sóbrio. A bebida nunca afetou seu julgamento, seu equilíbrio emocional ou sua lucidez das decisões. Ocorria exatamente o oposto. Por isso bebia nas reuniões de negócio e sempre se dava bem. Causava as melhores impressões. Sua visão administrativa, sua capacidade de cálculos financeiro e logístico só ampliavam.

Calado e ferido, Júlio desviou os olhos o quanto pôde. Pedro já não lhe parecia o mesmo adversário cínico e sarcástico, era honesto como poucos amigos e oferecia um perigo superior ao de todos os oponentes que já enfrentara na vida. Se Tainha estivesse ali saberia rebater aqueles golpes, mas não ousaria interferir. Porém ele, Júlio César, não tinha preparo emocional para esse tipo de enfrentamento.

Júlio engoliu o resto da água que já estava amornando na garrafa plástica e ia despejar o objeto no lixo comum do escritório quando foi advertido a puxar a gaveta de resíduos seletivos para que dispensasse o frasco em local apropriado.

— Fazemos aqui um rigoroso trabalho, não só de preservação ambiental, mas, sobretudo, de proteção da vida marinha.

Júlio agradeceu com um leve sorriso a explicação dispensada, acatou a orientação e despediu-se:

— Obrigado por ter me recebido e pela conversa.

— De nada! Venha sempre que quiser e traga sua namorada. Serão sempre bem recebidos. Ah! Onde estão meus modos? — disse, enquanto se levantava — Neste cartão tem o meu número pessoal. Guarde-o, nunca se sabe. Deixa-me acompanhá-lo até a saída.

Aquele ar debochado e impassível outra vez. Até o olhar mudou, retomando sua opacidade na coloração. O risco vertical de olho de gato pareceu expandir-se mais uma vez, encorpando uma energia gélida.

— Não tem necessidade. Já sei o caminho - Respondeu Júlio.

Júlio César deixou o escritório, despediu-se das mulheres na recepção, encarou o segurança plantado em pé, próximo à entrada, e saiu.

Antes de entrar no carro, percebeu que uma mensagem chegava no seu celular. Era ele, João Pedro. Pensou em como ele teria conseguido seu número. Leu a mensagem: "Júlio, dance com ela!".

28

SEXTA-FEIRA TREZE

"Todos. Em cada um deles." Não foi só uma resposta, mas um relatório sucinto que ele prestou à Helen. Quanto ao acordo que propôs a Júlio, o combinado tinha sido um mês, só que tinha um detalhe que João Pedro só se deu conta depois de verbalizar aquele acordo medíocre e possivelmente unilateral. Contando a partir do dia em que conheceu em carne e osso a pessoa de seu rival, em dezoito dias Helen completaria 23 anos.

A data ganhou destaque no calendário. Treze de outubro.

— Não vai ser possível. Que se foda! — esbravejou em voz alta.

— Olha a boca, menino!

— Pai! Desculpa. Não sabia que o senhor estava por aqui.

— Sua mãe me falou que você chegou ontem à noite. Por que não me avisou?

— O senhor estava numa reunião em São Francisco. Não quis incomodar.

— Uma reunião rápida. Estava com o pessoal da promoção. Queria que você estivesse lá. O assunto iria te interessar. Fizemos uma parceria com o Projeto Toninhas, da Univille.

— Quer meu parecer?

— Sem dúvidas. Tem esses documentos que você vai ler e depois me dar a sua opinião. Tem dois vídeos que explicam quem é a toninha, a importância da preservação da espécie, do apoio ao projeto, as ações e a apresentação do pessoal envolvido.

Guido parou para examinar as expressões do filho, lembrando que o tinha apanhado em flagrante desabafo:

— Qual a razão do destempero? Está com algum problema? Não que eu possa ajudar. Você sempre resolveu tudo por conta. Mas quem sabe eu possa ser útil...

João Pedro pediu ao pai para se sentar mais perto.

Guido ficou entusiasmado. Gostava quando o filho abria um caminho para as trocas de confidências entre os dois.

— Pai, lembra aquela vez que eu te contei que tinha uma mulher perfeita pra mim, que eu ia me declarar porque tinha medo de perdê-la?

— Ô, se lembro. Você me pediu permissão para revelar particulares meus a ela. Mas não deu certo, ela estava apaixonada por outra pessoa. Tem uns dois anos isso, não?

— Isso mesmo. Então, parece que não deu certo com o outro.

— Você não tem nada com isso, né? Com a briga do casal.

— Que é isso, pai? Eu me afastei totalmente. Não tinha tido mais notícias. Mas o senhor sabe que ela ainda estava comigo.

— Ainda está conectado às emoções dela? — perguntou Guido preocupado.

— Muito, pai. E são intensas.

— Se pudesse desligar ou se você soubesse como controlar isso, como faz com sua mãe, seria o ideal.

— Não tenho certeza se é isso o que eu quero. Talvez essa seja a diferença. Sinto um certo regozijo em ter um pouco dela dentro de mim. Ainda que seja um espinho, a dor me serve de alento.

Guido, que amava uma história de amor, ficou mais interessado. Arregalou os olhos e não conseguiu disfarçar o sorriso que ia se abrindo vagarosamente em seu rosto enquanto ouvia o relato do filho:

— Reencontramo-nos há pouco mais de uma semana. Foi obra do acaso. E isso não é tudo. Uns dias depois, fiquei sabendo pela boca do suposto namorado dela que eles não estão namorando.

— O quê? Encontraram-se por acaso também?

João Pedro sorriu, sentindo que o pai ainda desconfiava dele:

— Não, pai.

— Ah, tá. Porque até a providência tem seus limites. O que foi, então?

— Veio tirar satisfação porque eu tinha conversado com a Helen.

Guido soltou uma gargalhada espalhafatosa como há tempos não fazia.

João Pedro, que nem tinha se preparado para reação paterna, gargalhou junto, porque o pai o contagiara.

— Ciúmes? Ah, tadinho. Fiquei com pena. — Continuou a rir.

— Pai, isso é feio, hein! Rindo da desgraça dos outros.

— Eu sei, eu sei. Não vou mais rir. Mas é que eu vi você criar expectativa e depois passar por todo aquele sofrimento. Ah! Bem-feito também!

João Pedro sorriu, balançando a cabeça como se corrigisse a atitude do pai, que aos poucos foi se contendo.

Guido voltou ao principal assunto da conversa.

— E qual é o problema nisso tudo?

— Eu dei um prazo de um mês para ele se reaproximar dela.

— Diplomacia. Isso é bom. A troco de quê?

— De que ele a faça feliz.

Guido compreendia e reconhecia naquele homem à sua frente o mesmo bambino de tempos atrás.

— Além de você deixar o caminho livre pra outro homem cortejar a mulher da tua vida, ainda não entendi a causa do rompante.

— Pai, na hora eu não prestei atenção, mas a Helen vai fazer aniversário antes de fechar esse prazo.

— *Ah! Dio Can!* — Guido esbravejou com um tapa na mesa.

João Pedro admirou-se da reação do pai:

— Que é isso, senhor Blandini?

— Ainda no ano passado... — falou com alteração emocional no timbre e no volume da voz. — Não pense seu João Pedro, que eu me esqueci. Você veio aqui em casa no dia do aniversário dela pra eu não deixar você fazer besteira. Então, se a história continua, esse ano você vai passar com a Helen. *Abbiamo un accordo?* — Tornou a espancar a mesa com a palma da mão.

João Pedro tomou um ar austero, emocionado com a postura decidida do pai:

— *Si, padre. Siamo capiti.*

Levantaram e fecharam o acordo com um abraço e Guido, como gostava de fazer, beijou uma vez cada lado da face do filho.

Fez o filho se lembrar do trabalho que o aguardava.

— Vou deixar o material aí com você, sobre o projeto Toninhas. Olha com atenção enquanto eu preparo um *cappuccino* e já volto. Quer alguma coisa?

— Não se incomode, pai. Vou pegar um uísque.

— Não, não. Não pega nada. Deixa que eu faço isso. Você está aqui, eu quero te servir.

— Tudo bem, não vamos brigar por isso. Obrigado.

Guido preparava o café de um jeito metódico, como um artista que se extasia no processo criativo para depois se apaixonar pelo resultado final.

Enquanto isso, João Pedro abriu a pasta e leu o conteúdo de forma rápida, mas sem perder nenhum detalhe importante.

Por alguns instantes desejou voltar a ser criança e reaver sua habilidade de comunicação com os animais. Olhava nos olhos dos bichos fotografados, parecia que tinham algo a lhe dizer.

O pai entrou. Trouxe a xícara de café e um copo com uísque com gelo, que entregou ao filho.

— E daí? O que me diz?

Todas as decisões importantes da rede de hotéis passavam pelo crivo analítico de João Pedro.

— Sinceramente, não entendo por que ainda não aparecemos como patrocinadores ou apoiadores de um projeto que tem o nome da nossa rede de hotéis e se alinha com nossa proposta social, que é, antes de tudo, a preservação da vida marinha.

— Uma falha, meu filho, que precisamos que corrigir.

— Concordo — respondeu João Pedro enquanto abria os vídeos para assisti-los.

Vídeos rápidos, de três minutos cada.

Guido se sentou ao lado do filho.

No final do segundo vídeo, rapidamente apareceram os rostos e os nomes dos envolvidos no projeto.

— Pera aí! — Disse João Pedro.

O pai o olhou com uma expressão interrogativa.

Pedro voltou a imagem e fez uma pausa. Parou o vídeo e encheu a tela.

Guido se encantou com o rosto de uma jovem negra, com olhar de tarrafa lançada. A moça exibia um sorriso energizante e a seguinte apresentação: Helen Karina dos Santos —Estagiária.

Deixou que seus olhos encontrassem os olhos curiosos do pai que, unidos num sorriso incontido, pudessem se compreender em silêncio.

— É ela? A tua rainha? A tua tulipa?

— Sim, pai. Ela mesma. Perfeita, né?

Guido ficou agitado, ria com os olhos:

— Linda! Belíssima!

João Pedro lembrou do assunto anterior, o aniversário dela.

— Posso ficar encarregado de fechar o contrato?

— Fique à vontade. Está com algo em mente, certo?

— Pode apostar seu império nisso.

— Meu reino pela sua felicidade.

— Por um neto, o senhor quer dizer — Pedro fez o remendo, sem achar mais graça. Frustrar as expectativas do pai lhe impunha árdua penitência.

Guido não conseguia mergulhar na imensidão oceânica que resguardava os sentimentos do filho. Exprimiu um suspiro vasto de esperança, que extravasou toda sua aura e não passou despercebido ao sensível radar de João Pedro.

João Pedro pegou o telefone sob os olhos atentos do pai e não teve dificuldade para marcar uma reunião, com a proeminência de ser decisiva para captação de fundos de manutenção das atividades do projeto.

A data reservada para a realização do encontro era inegociável, tinha que ser na sexta-feira, 13 de outubro, às 16h, nas dependências da Univille, no Iperoba. E ainda que a data da reunião tivesse uma imutável e deturpada intenção, era genuíno o interesse pela causa do projeto.

No Dia de Nossa Senhora Aparecida, santa padroeira do Brasil, católicos e adeptos de outras crenças e descrenças tornam-se devotos, pois quem se atreve a impor resistência ao gozo de um sagrado feriado brasileiro?

Tão tentador quanto o dia consagrado, quando cai numa quinta--feira, é o decreto municipal de ponto facultativo que vem na sequência. A tentação é um prato que se serve quente. Seja cozido, ensopado, assado, *a sauté*, gratinado, frito à francesa, em farelo ou purê. Não tem escapatória, é batata.

Na véspera, João Pedro já estava em São Chico, no hotel do Paulas, onde recebeu a lista dos nomes confirmados para a reunião. Estavam ausentes alguns nomes, mas sentiu a falta de apenas um. Não era bem uma falta. Digamos que falta lhe faziam mesmo eram os mergulhos juvenis dos tantos trapiches nas proximidades de cada hotel.

Mais fiel seria afirmar que o vazio do nome oculto arrancou a prévia euforia que tinha se instalado em seu coração, cedendo espaço a uma saudade lusitana, daquelas que procuram raízes no fundo do Atlântico.

Era o nome dela que não estava na folha de papel e que conectou suas emoções às dele no momento em que seu pensamento a buscou. Helen sentia saudade de alguém naquele exato instante ou era apenas ele próprio sofrendo a ausência dela? Não sabia mais distinguir os fluidos emocionais deles dois quando se misturavam em seu íntimo.

Questionou a coordenadora do projeto porquê não estavam na lista todos os participantes, conforme o documento que chegara a sua mão anteriormente.

— Devido ao ponto facultativo — disse ela — dispensei os voluntários e estagiários para terem a liberdade de viajar com seus familiares.

— Que pena! Contava com isso. Gostaria muito de conhecer cada um pessoalmente.

Mas João Pedro não insistiu nem entrou nos detalhes de sua expectativa. Guardara um trunfo na agenda do telefone e não tinha receio de usá-lo.

— Olá, bom dia! Acordei você?

— Bom dia! Que bom te ouvir! Eu já estava acordada.

— A que devo essa honra?- respondeu a voz do outro lado.

— Estou em São Chico — explicou João Pedro-, preciso conversar com você. Posso ir até o seu endereço se preferir.

— Não, não. Eu vou até aí. Você paga o táxi.

— Esperarei na recepção.

Depois de uma hora, ela chegou.

— Obrigado por vir, Monique! — João Pedro a saudou com o costumeiro galanteio.

— Hum! Que fofo! Mas você não toma jeito, hein!

— Força do hábito.

— Qual é a emergência?

Monique o acompanhou até uma sala privativa. João Pedro lhe ofereceu uma bebida. Ela aceitou a mesma dele.

— O que manda?

— Você deve saber que amanhã é aniversário da Helen.

Monique fez beicinho e comprimiu levemente um dos olhos, como se pudesse adivinhar as arquiteturas da mente dele.

— Aham! Sei também que o dono da maior rede de hotéis do litoral sul em pessoa vai fechar um acordo para financiamento do Projeto Toninhas, que atualmente circula no centro da vida dela. Suponho que o hoteleiro que estará presente amanhã não seja o seu pai.

João Pedro olhou sério para a bebida através do vidro, depois mirou nos olhos dela e disse:

— Vejo que você tem o dom da suposição. Nunca lhe subestimei. Minha primeira curiosidade é saber por que ela não vai à reunião. Sei que a dispensa que recebeu não seria obstáculo pra ela.

— Eu a convenci a não ir.

— Por que motivo?

— Gosta de histórias para acordar ou para dormir?

— A verdade, por favor.

— Quando ela me falou sobre o compromisso, algo me dizia que você estava por trás disso, sabe? Por causa da data. É claro que eu poderia estar errada, mas também não haveria prejuízo pra ela, afinal, depois todos vão ficar a par dos detalhes.

— Você tem algo contra mim? — ele perguntou com real preocupação. Monique poderia até não lhe ser útil, mas definitivamente não a desejava como inimiga.

— Nada contra. Apenas criei uma oportunidade para estar aqui, a pedido seu, e poderei lhe pagar pelo ingresso para o show do grupo Reboliço, em Piçarras. De quebra, quem sabe o quanto a companhia da Helen amanhã valha pra você... Sei lá, você ainda pode ficar me devendo uma.

— Que jeito estranho de agradecer você tem. — João Pedro teve receio da proximidade de Helen com aquela pessoa a sua frente — Não precisava fazer nada disso. Quando eu preciso de algo, eu peço.

— Mas você não pediu o número do Júlio aquele dia e depois me ligou, agradecendo. Quer dizer que precisou. Olha, eu não sou má pessoa, mas preciso me precaver.

— Você prejudicaria a Helen pra conseguir algumas horas de diversão?

— Não.

— Aceitaria transar comigo se eu lhe pedisse, em troca dessas propinas e mercês?

— Sim. Seria um prazer.

— Não acha que isso magoaria a Helen?

— Só se ela soubesse — respondeu Monique sem qualquer sinal visível ou invisível de constrangimento ou remorso.

João Pedro se deu conta de que havia cometido um engano em relação a ela. Num simples telefonema criara um monstro. Não, não a criara, ela mesma confessou já ter tudo pormenorizado em sua cama de gatos. De qualquer jeito, tinha sua parcela de culpa por chamá-la ali, pois havia agido daquela forma por não aceitar uma situação e tentar invertê-la de forma manipuladora.

Havia ainda um ponto confuso para ele. Os sentimentos da moça. Teria Monique alguma patologia que maquiava seus sentimentos? Ou pior, que a pudessem fazer acreditar em suas próprias mentiras? Na sublimidade de suas intenções? De fato, era perigoso tê-la por perto.

Entretanto estava obcecado pela ideia de estar com Helen naquela data. Não só porque dera sua palavra ao pai, mas por um pressentimento de que os ventos estavam para mudar a direção de forma decisiva para a vida dele.

— A Helen precisa estar nessa reunião de amanhã. Você tem o meu número. Ligue-me depois e me diga o seu preço.

Monique se fez de ofendida:

— Preço, não! Que é isso? É uma troca de favores.

— Como preferir.

No fim desse mesmo dia, Monique relatou a Helen cada detalhe do seu encontro com João Pedro. Helen tentava entender a atitude da amiga.

— Mas eu falei pra você que foi um engano de quem mandou a lista. Por nada eu perderia essa reunião.

— Não pude resistir. Se você visse como ele se acha um campeão de xadrez, cheio de previsões, movendo peças no jogo!

— E ele é. Literalmente.

— Está sem prática. E a cara dele! O medo de perder a rainha... Ah! Foi divertido.

— Você foi má. Pensei que você tivesse gostado dele.

— Gostar é pouco, amei! Ele consegue despertar sentimentos contraditórios nos desavisados. Pra mim, isso é instigante. E que jeito de falar é aquele? "Propinas e mercês...". Parece um tribunal de inquisição. Esse cara é um velho no corpo de um jovem. Isso é um encanto.

Riram muito nesse fim de dia.

Nas tão esperada data e hora marcada, ela estava lá. João Pedro superou as expectativas do pessoal do projeto.

Como o coração e a mente de Helen estavam naquele trabalho, Pedro a deixou eternamente grata, ao menos por aquele dia.

— Permita-me levá-la para casa.

— Eu agradeço. Posso ficar pela Barão.

Concordou, mas não se deu por satisfeito. Quando chegaram ao estacionamento, insistiu, acariciando-lhe as mãos:

— Fica comigo.

— Preciso ir pra casa.

— Não é isso, Helen. Você entendeu. Não posso mais viver à sua sombra, na penumbra dos olhares alheios. Quero que você me assuma em sua vida e estou pronto para fazer o mesmo em relação a você. Andar de mãos dadas com você, beijar a sua boca a qualquer hora, em qualquer lugar.

— Preciso de um tempo. Isso não é tão simples. Tenho minhas mágoas e não quero que você se decepcione comigo.

— Não tem como você me decepcionar. Conheço-a de todos os ângulos possíveis.

— De onde você tira essas ideias? Ninguém conhece ninguém.

— Sai comigo esta noite e eu te explico tudo que não pude te explicar da última vez.

— Eu lamento. Lamento mesmo. Sei que dizer isso não significa muito para quem ouve, mas é sincero. Se tiver que ser, será mais tarde. Talvez não seja.

— Significa para mim. Tudo que você diz e sente tem significado para mim. Comprei um presente. Ia te dar à noite, em nosso passeio, mas...

Então ele deu um pequeno pacote de presente com um par de brincos artesanais, com decoração de duas flores onze-horas, trabalhadas num camurça azul. Algo simples, como convinha ao que ela certamente aceitaria das mãos dele, considerando a indecisão quanto ao relacionamento.

— Feliz Aniversário, Helen!

Ela agradeceu e o abraçou. Desatarraxou os brincos que usava, entregou-os nas mãos dele.

Pedro, de imediato, colocou os acessórios no bolso da jaqueta e Helen tornou a enfeitar as orelhas, mas desta vez, com o gracioso presente que recebeu.

Foram a pé até a boca do caminho. Helen agradeceu mais uma vez e se afastou sem cerimônia para que ele entendesse que a carona estava encerrada.

João Pedro baixou a cabeça e fez a leitura corporal do recado dela. Não a decepcionaria. Assentiu e deu meia-volta.

Na entrada da rua, ela resolveu ajustar a presilha de uma das alças do macacão. Já caminhando para seu solitário destino, Pedro sentiu o objeto no bolso da jaqueta.

— Helen! — gritou, temendo não a alcançar por ali, nas proximidades da fronteira que ela tinha estabelecido para a presença dele.

Pedro se viu na possibilidade de ultrapassar a delimitação, virando a esquina de uma igreja em período de construção permanente, cuja data de conclusão da obra estava marcada, coincidentemente, para o segundo advento cristão.

O sensor neural mandou um aviso que lhe oprimiu o peito. Uma mistura de sentimentos ainda mais destrutivos que os dele e de Helen juntos. Era Júlio, tinha certeza, mas onde estaria?

Numa rápida busca com os olhos não viu nenhum conhecido. Um carro estava parado no acostamento, os vidros e as películas impediam o alcance da visão vinda de fora.

Helen se virou na direção da voz de Pedro.

Ele se aproximou:

— Acho que isto não vai me cair bem — falou sorrindo enquanto devolvia os brincos, e viu a delicada flor azul se perder entre os cachos do cabelo dela.

— Posso? — Fez um gesto, que simulou mexer no cabelo comprido que não tinha, e depois apontando para o cabelo dela.

Mesmo sem saber para qual fim se destinava, Helen lhe concedeu permissão.

Quando João Pedro chegou perto, demasiadamente perto, Helen surgiu de si mesma, num daqueles arroubos que lhe eram pertinentes, segurou a camisa branca dele pelo colarinho e o puxou até que seus lábios se tocassem.

João Pedro teve a impressão de que se ela assim quisesse, poderia devorá-lo facilmente.

A satisfação e o prazer sentidos por Pedro enquanto compartilhavam seus sabores, na direta transmissão de vida pelo literal boca a boca, foi bruscamente acometido de um fulminante sentimento que mesclava dor e ódio, que só o excitou ainda mais justamente por saber de onde vinha.

Antes que ela o dispensasse para tomar um fôlego, sentiu que alguém se aproximava. Sabia quem era, e pela força da energia que disseminava, também já sabia o preço que estava prestes a pagar pelo beijo.

Por isso, ainda que Helen já tivesse esgotado seu oxigênio, numa sobrevida, João Pedro prolongou o ato de prazer, pois há anos trabalhava em si a teoria de que a morte era melhor aceitável aquele que desfruta ao máximo os presentes que a vida dá.

O AUTO DA BOCA DO CAMINHO

Arrumou-se, foi ao barbeiro, recomendou ao profissional amigo um serviço caprichado. Borrifou no pescoço o perfume que ela mais gostava, com aroma amadeirado marcante.

Passou na floricultura para buscar o arranjo de flores especial que já havia encomendado no dia anterior: um vaso com duas mudas de rosa cor de fogo, feitas de enxerto. A flor favorita dela desde de que o conheceu, segundo ela própria.

Parou o carro em frente à casa 1.050 da Travessa Prático Pedro Pereira Lima.

Bateu palmas.

— Boa tarde, Júlio! — respondeu a avó, que vinha do fundo do quintal. — A Helen não está. Deve chegar logo. Entre!

— Não, senhora. Muito obrigado! Vou dar uma volta.

— Tudo bem. Como quiser.

Entrou no carro, onde o vaso de flores descansava no banco ao lado do motorista.

Foi para ao ponto de acesso à rua, popularmente chamado pelos moradores de "boca do caminho" e estacionou o carro. Esperou a princípio em pé, encostado no muro alto de uma residência, só o tempo de consumir um cigarro.

Apesar de ser primavera, chamada de meia-estação, o calor parecia bem inteiro. Não queria estar com a roupa molhada de suor quando ela aparecesse. Entrou no automóvel para aguardar na companhia do ar-condicionado.

Lá de dentro, com os vidros fechados, Júlio viu quando do outro lado da rua o policial militar Gilberto, ou melhor, soldado Clímaco, parou para comer um crepe enquanto seu companheiro desceu da viatura e entrou na loja.

Avistou também dois jovens bem-vestidos vendendo alfajores para arrecadar fundos para uma clínica de reabilitação de dependentes químicos; um cachorro de rua já tão acostumado às regras de convivência humana que atravessou na faixa de pedestre sob o olhar atento do soldado, do motorista que parou para esperá-lo passar e do próprio Júlio, que aguardava no carro.

Em frente ao canteiro de infinitas obras para a construção da igreja, uma senhora de cabelo grisalho, num comprimento a alcançar os chinelos e saia jeans até o calcanhar, reclamava em voz alta da demora para conclusão do que chamava de templo.

A senhora se dizia fiel de nascimento e questionava para onde iam os recursos das ofertas e arrecadações que seriam para realização da obra.

— É coisa do maldito! — gritou — Satanás vem pervertendo os corações de líderes da igreja! — disse, querendo falar que o dinheiro consagrado estava sendo desviado.

Viu Seu Wilson Camilo, Seu Zeca e Seu Landinho: três idoso que todas as tardes se sentava na muretinha da calçada da Barão para conversar sobre política e futebol. Já eram conhecidos como "os velhinhos da Barão". Eles fizeram um intervalo no infindável debate e olhavam pra frente, à toa, como se estivessem à espera da Procissão da Santa ou da execração da outra...

... Júlio finalmente a avistou.

Helen estava com os cabelos soltos, vestida num macacão cor-de-rosa desbotado, calçando sandálias de verão.

Rompeu-se em seu peito um batucar descompassado, que ele bem conhecia, mas sobre o qual não tinha controle. O ritmo cardíaco ficou desenfreado e chegou a ter a sensação de que poderia perder o fôlego.

Ela ainda não o tinha visto. Júlio pensou em ficar só mais um minuto a admirando. Começou a suar frio, como no dia em que a conheceu, e o ar condicionado não levava nenhum crédito no processo.

De repente, viu Helen interromper sua passada para ajustar a presilha da alça do macacão.

Júlio segurou o vaso de flor.

Ouviu uma voz familiar chamá-la pelo nome.

Em seu íntimo, uma tempestade de origem desconhecida surgiu, produzindo atrito de energias contrárias e liberando raios secos, que deram início a um incêndio, com desolação e estrago de proporções ainda imprevisíveis.

Alguém se aproximou dela. Era João Pedro.

Viu-o colocar gentilmente uma flor azul entre os cachos do cabelo dela. João Pedro pareceu dizer algo e a beijou.

De dentro do carro, com o vidro fechado, Júlio acreditou ter sido encarado por ele, de relance, antes que os lábios se tocassem.

Sentiu como se lhe pisassem o peito. O rosto estava em chamas e a cabeça a ponto de explodir. Pegou as flores que lhe faziam companhia, saiu, colocou o vaso apoiado em cima do carro. Aproximou-se do casal que parecia estar prestes a se deglutir à entrada da rua. Pediu licença.

Quando se apartaram para lhe dar atenção, Júlio, tomado por uma fúria desmedida, desferiu dois socos de esquerda no rosto do oponente, fazendo escorrer sangue do nariz e da boca.

Queria bater mais, mas ficou desinteressante.

— Pena que você está sem seus seguranças hoje, porque não tem graça bater num boneco idiota, de posto de gasolina, feito você! — lamentou Júlio com sinceridade, pois queria alguém para esmurrar com mais força; também queria apanhar até não aguentar mais, certo de que, assim, extravasaria sua fúria.

João Pedro nem ao menos esboçou reação. Tirou um lenço do bolso, com o qual tentou estancar o sangue.

Do outro lado, o policial assistiu a toda a cena, atravessou a rua tranquilo, a exemplo do cachorro, e fez a abordagem, dirigindo a palavra a João Pedro:

— O senhor deseja prestar queixa?

— Absolutamente, senhor.

— Isso quer dizer sim ou não?

— Quero dizer não, senhor. Não desejo prestar queixa.

— Ah! Entendido — concluiu o soldado Clímaco, que costumava fazer relatórios bem esmiuçados sobre seu trabalho diário; textos dignos de prêmios, por riqueza de detalhes e facilidade de compreensão. Satisfeito, dirigiu a palavra ao agressor:

— Não lhe incomoda que crianças, passando por aqui, vejam uma cena dessa?

Júlio balançou a cabeça concordando com a autoridade, mesmo sem atinar o sentido das palavras que lhe foram dirigidas. O desespero lhe afetava a capacidade auditiva e expressava-se no ápice de sua rubra coloração, nas lágrimas não choradas e nos tremores pelo corpo.

Depois de se despedir do casal, o policial foi para a viatura, onde o outro já o aguardava com o boleto da loja pago. Conferia quantas parcelas ainda lhe faltavam pagar e planejava quitar alguma de trás para frente para ganhar um bom desconto.

Helen permanecia no exato lugar onde havia parado para arrumar as presilhas da roupa. Estava desesperada, aturdida com a violência repentina. E inconformada com o que julgava ser o abandono da própria sorte em pleno dia do seu aniversário.

— Júlio! — Suspirou ela entre lágrimas.

Júlio pegou o vaso de flor e o entregou nas mãos dela:

— Feliz aniversário, Helen! — E a beijou ardentemente nos lábios, sob os olhos observadores daquele que fora nocauteado.

Os três velhinhos da Barão aplaudiram entre gritos e assobios de outros transeuntes que também prestigiaram a cena, ainda que tivessem perdido o primeiro ato.

— Queima, Jesus! Queima os incrédulos! Glória, Aleluia! — gritava a dita evangélica, tomada de um sentimento de rebelião escatológica ao ser ultrajada em sua pureza pelo descaramento da cena presenciada.

— Caraca! — O soldado Clímaco, de dentro da viatura, fez questão de acompanhar o desenrolar da potencial ocorrência, que saía mais emocionante do que a última novela das 21h.

O agente que roubara a cena era branco, cabelo ruivo, 1,75 cm de altura, na faixa de 23 a 25 anos, desarmado, camisa bege e calça jeans. Devia ser tipo um anti-herói. Não sabia ao certo definir.

— O ruivo é o filho do Rômulo, o caminhoneiro, lá do Paulas — falou o outro policial.

— Sim. Conheço. A moça mora aqui. É uma das netas da benzedeira.

— E o paspalho ali, tentando consertar a cara? Já viu antes?

— É filho do Guido Blandini, dos hotéis.

— Xiii. Vai ter B.O. e processo.

— Nada. Já fiz a abordagem. A vítima não quer prestar queixa.

— Mas o clima ainda está tenso. Vamos ficar de olho para que não saia da normalidade.

Do outro lado da rua, Júlio batia palmas carregadas de dor e sarcasmo.

— Sorria! — falou ironicamente ao opositor, para tentar vomitar parte do que julgava ter engolido no habitat do grã-fino. Direcionou o olhar para os respingos vermelhos do sangue no chão. — Tá aí! O tapete vermelho pra *sua rainha*. Sejam felizes! — Dito isso, tirou algo do bolso e atirou ao chão.

João Pedro não respondeu. Sabia exatamente o quanto Helen estava magoada, e ainda que tentasse resistir, uma força descomunal o compeliu a sentir também toda a agonia que se passava no seu agressor.

Fora o fato de João Pedro se perceber incapaz de redimir a si mesmo, não podia entender porque precisava carregar toda aquela dor que poderia desequilibrar mentalmente um homem ou uma mulher comum, contudo ele ainda dispunha de uma reserva emocional para agir de acordo com o que se espera de uma pessoa sensata.

Após ouvir o desafogo de Júlio, Pedro saldou-o com um leve inclinar de cabeça.

Os três velhinhos permaneciam atentos à cena, como exímios jurados inquisidores da santa Igreja medieval:

— O filho do caminhoneiro é estourado. — comentou seu Wilson Camilo, que já conhecia Júlio desde que ele era só um garotinho ruivo correndo pelo campo do Atlético.

— Outrossim, é pertinente considerarmos como fator de importância que o outro tem sangue frio o suficiente para os três. — Seu Landinho, que gostava de rebuscar no uso dos vocábulos, achou relevante registrar, caso fossem consultados sobre o ocorrido por alguma autoridade, ou por vigorosos fofoqueiros, que na mentalidade provinciana também são personalidades destacáveis.

— Alguém precisa chamar a atenção desses garotos — falou seu Zeca, que morava bem ali, no Buraco Quente. — Isso tá virando uma vergonha!

Apesar de se sentir seguro na própria sentença desferida, os dois amigos não deixaram seu Zeca se intrometer, lembrando-o que o policial já havia feito a abordagem oficial e que, afinal de contas, estavam há algum tempo sem um bom entretenimento.

Júlio ia abrir o carro quando ouviu, do outro lado da rua, o policial dos boletos sair apressado da viatura e chamá-lo com um grito imperativo.

— Ei, cidadão!

Júlio parou, e quando o policial chegou até ele, proibiu-o de dirigir no estado de alteração nervosa em que estava. A autoridade chamou um táxi do ponto logo à frente, viu-o entrar e orientou que outra pessoa viesse depois buscar o carro.

Após a saída de Júlio, o policial olhou para Helen e João Pedro e disse:

— A moça está em estado de choque. Não pode ir para casa sozinha.

Dentro do táxi, Júlio chorava e excomungava, mesmo sem prerrogativas eclesiásticas:

— Um mês, desgraçado! Um mês! — Amaldiçoava ao outro e a si próprio, João pelos motivos óbvios: Odiava-o. Já sobre si, pesava o fato de não ter acatado ao conselho do tal "desgraçado", e corrido para Helen no exato momento em que deixou o Hotel Toninhas, em Piçarras, há dezoito dias.

Helen chorava copiosamente. Uma bruxa, não queimada e largada diante da fogueira que fora destinada para ela, sem se preocupar com a atenção que atraía para si, das pessoas que transitavam pela Avenida Barão.

Os policiais já não eram mais plateia para ela.

Pedro penava em vida como uma alma condenada. Julgava-se culpado por engendrar o quanto pôde aquele desfecho. Restava a ele, portanto, o prêmio que o distanciava da contrição pelo delito, porque a divina providência lhe sorriu com os acasos que nada mais eram que decisões alheias. Após abraçá-la e tentar secar as lágrimas dela com as próprias mãos, ele se pronunciou:

— Quer que eu lhe acompanhe à sua casa? Eu pego o carro no estacionamento e, caso prefira, podemos seguir para outro lugar.

— Não, Pedro. Eu vou a pé, por favor — falou Helen, reticente.

— Eu vou com você. — Impôs-se ele, em tom resoluto — Ouviu o que o policial falou?

Helen não insistiu na recusa. Caminharam juntos até o portão da casa dela.

— Eu te ligo. Juízo!

Entre torturados, feridos, queimados, afogados, exilados, humilhados, desapropriados e excomungados, aos atores do dito auto não foi concedida absolvição nem qualquer benevolência, pois mesmo em contrição, nenhum deles atendeu à primordial exigência do santo tribunal eclesiástico: A reconciliação com o divino.

    Após a despedida do casal, o céu fechou de repente, formando uma tempestade que chegou encharcando e dispersando aqueles que ainda permaneciam na Barão do Rio Branco, empregando seus sagrados fôlegos na tentativa de manterem acesa a chama da fofoca.

30

DESPERTAR

Nos dois dias seguintes, João Pedro ligou diversas vezes, mas Helen não quis atender.

Conforme a semana foi chegando ao fim, também foi diminuindo gradativamente a quantidade de vezes que tocou o telefone na casa 1.050, do Buraco Quente, até que se encerraram.

No fim de semana foi a vez de Pedro parar diante ao endereço.

Raquel foi à frente da casa atender.

— Boa tarde!

— Boa tarde! A Helen está?

Raquel já adquirira simpatia pelo outro pretenso cunhado, o de cabelo cor de fogo. Sobre João Pedro ainda não tinha formado uma opinião, mas era impossível que não tivesse sido colocada a par do último espetáculo, recorde de público e dos mais recentes comentários nos bairros Acaraí, Centro, Paulas, Rocio Pequeno e áreas próximas.

Houve quem se promovesse, como um maldoso zé-ninguém, que nem nomearemos para não darmos mais ibope, que relatou o ocorrido, em forma de crônica e num viés distorcido, num grotesco estilo metaficcional, nas mídias sociais, tendo intitulado a situação como "O auto da boca do caminho". Cruel e de um tremendo mau gosto.

Diante dos relatos, não só do torpe e vil pseudocolunista, mas de diferentes testemunhas oculares e auditivas, a conclusão que se tirava de tudo isso é que Pedro, o nocauteado, tinha culpa no sofrimento pelo qual a irmã estava passando.

— Tem uma semana que ela está enfiada no quarto e nos pediu para dizer a qualquer pessoa que ela não está.

— E o trabalho dela? A faculdade?

— Então...

Fez uma pausa que lembrou aos dois que ainda não tinham feito as devidas apresentações.

— João Pedro.

— Então João Pedro... — continuou Raquel, sem lhe dizer seu nome. — Ela estava dois dias assim. A vó foi ao médico que acompanha a gente desde sempre, explicou a situação e conseguiu um atestado de uma semana pra Helen.

Saber da condição da moça o deixou visivelmente comovido, abalado e moído pelo sentimento de impotência que o ameaçava dominar.

— Deixe-me falar com ela. Já perdi tempo demais. Deveria ter vindo antes.

— Mas ela não está! — respondeu com expressão irônica.

João tirou os óculos escuros, fixou nela o olhar e esclareceu, deixando a sensação de que seu potencial de insistência estava apenas começando:

— Mas Raquel, eu não sou "qualquer um".

Raquel se espantou com o conjunto de estranheza nos olhos dele e pelo fato de ele tê-la chamado pelo nome. Fez um esforço para disfarçar a impressão nada agradável.

— Talvez não seja mesmo. Quem sabe não foi você quem finalmente trouxe o sol depois de uma semana de chuva e nuvens escuras. Parecia até que o céu estava coberto com lona de caminhão. E pelo jeito... — Ergueu a cabeça, protegendo os olhos com as mãos em forma de aba e continuou: — Hoje vai ter Lua cheia. Não adianta eu chamar a Helen, porque ela não vai me dar atenção. Eu levo você até ela e volto pra estender as roupas.

— Para mim está ótimo! — João voltou a esconder os olhos.

— Vem comigo.

No relógio passavam das 14h.

O rapaz adentrou ao espaço, seguindo Raquel pelo corredor pequeno e estreito da casa, e parou em frente a uma porta azul-claro com um desenho de dois mamíferos aquáticos pintados à mão, na cor de café com leite. João Pedro admirou a ilustração e passou os dedos levemente sobre as figuras.

— São toninhas — explicou Raquel. — A Helen tem um verdadeiro fascínio por esses animais.

Por trás dos óculos escuros, o visitante não escondia a expressão de íntima satisfação.

— Pequenos detalhes que fazem dela uma mulher tão especial.

Raquel deu de ombros ao comentário do visitante e saiu para os seus afazeres.

João bateu levemente à porta e chamou.

Foi em vão.

Mexeu no trinco e a abriu. Helen estava dormindo.

Pedro entrou, puxou um pufe quadrado que servia à penteadeira, colocou o objeto em frente à cama, sentou-se, segurou uma das mãos dela e a tocou suavemente, demonstrando um carinho desmedido.

Conseguiu interagir com a energia vital dela. Helen estava envolvida por uma vibração depressiva e precisava reagir, mas sozinha não conseguiria.

Beijou-lhe a mão.

Continuou massageando a mão de Helen, fazendo movimentos circulares na palma.

Dona Felicidade aproximou-se, com imperceptível leveza física e metafísica, e ficou deslumbrada com o que viu: a neta, que há dias estava com a aura num tom acinzentado, recebia em sua mão energias multicoloridas que irradiavam uma luz extrema e ofuscante, que preenchiam todo o quarto. Aos poucos, a energia foi se afunilando na palma da mão da neta, que ainda em baixa atividade cerebral do sono estava mais do que apta para aquele processo de transferência astral com duplo poder: cura e iniciação.

Raquel, da cozinha, viu a avó parada no corredor, em frente à porta aberta do quarto da irmã. Ficou interessada. Espiou. Não viu nada além de um mauricinho deslambido, sentado, segurando a mão da sua irmã que dormia, ou seja, via, mas não enxergava. Deu de ombros, repetindo o gesto anterior, e saiu.

Contudo, aquela presença breve, mas carregada da agitação dos estressantes afazeres diários a serem realizados, ainda que silenciosa, foi suficiente para estremecer a harmonização que João Pedro conquistara no ambiente. O sono de Helen entrou na fase de alta atividade, com a movimentação rápida dos olhos. Ela sorriu silenciosa, com a pureza de uma criança.

A aura do rapaz emanava cores diversas, com predominância da cor violeta no alto da cabeça.

Helen acordou, com um sorriso tranquilo, e olhou para João ao seu lado. A avó saiu dali em silêncio.

A presença dele no seu quarto não foi o que a deixou mais admirada.

— Nossa! - disse ela — Sua boca ainda está machucada. Quebrou o nariz?

— Parece que sim, mas dá uma olhada — Pedro tirou os óculos escuros para que ela olhasse nos olhos dele.

— Que foi? Pra mim os olhos parecem bem.

— Não é? Nenhuma avaria no meu ganha-pão.

— Seu convencido! — Helen sorriu com gosto — Tá certo. São lindos. Eu amo seus olhos.

— Eu a amo todinha!

A presença de João Pedro iluminava os olhos dela.

— Que sensação gostosa! Que bom te ver aqui. Não tenho certeza, mas acho que você estava no meu sonho.

— Desculpa. Eu entrei no seu quarto com a permissão da sua irmã e invadi os seus sonhos. Ninguém me concedeu permissão para isso, mas eu tive que fazer pra te tirar de um pesadelo.

— Como você faz isso?

—Eu não sei. Foi a primeira vez. Foi como se eu desejasse com tamanha solicitude resgatá-la que comecei a ser orientado sobre o que eu deveria e poderia fazer.

— Você tem um lado místico que eu não sabia — comentou Helen, com a satisfação de alguém que acabou de receber uma injeção de ânimo inexplicável dentro de si.

— Levanta dessa cama! Vou sair para resolver algumas coisas e amanhã à noite virei te buscar para darmos uma volta. Quero que você me conte detalhes a seu respeito, e há informações sobre mim que só tomei conhecimento após a nossa última conversa séria, há mais de dois anos.

— Acho que foi nossa única conversa séria, né, Pedro?

Ele levou as mãos ao peito, na altura do coração e respondeu:

— Ah, não fala assim! Viu? Você já está melhor, pois já voltou a me maltratar.

— Tudo bem. Vamos dar uma volta.

João a abraçou e deixou o quarto. Quando saiu, dona Felicidade o aguardava próximo ao portão:

— Convidou-a para sair?

— Sim. Amanhã à noite. A senhora acha que fiz bem?

— Fez. Eu te agradeço. Você sabe que desprendeu uma grande quantidade da sua aura ótmica e astral ali dentro, não sabe?

— Sei que aconteceu algo diferente e poderoso, mas preciso aprender mais sobre isso. Não conheço os detalhes, como aconteceu, nem as consequências.

— Pois deixa a avó fazer um resumo: você está empolgado. O ciclo lunar empodera sua extramatéria, o super-humano que habita em você.

O olhar e a expressão dele eram de total atenção a cada palavra. Estava claro para ela que João Pedro não tinha ideia de quem era e do que podia fazer.

— Você usou o seu poder para resgatar a minha neta de um poço tão fundo que nem eu pude fazer com as melhores rezas, plantas curativas e banhos energizados. Eu te agradeço e, de presente, respondo que sim, um dia você saberá sobre sua verdadeira origem. Esse fato ainda não lhe foi desvendado simplesmente porque não chegou a hora. Sobre sua origem, existência e destino, nada é fruto do acaso. Conheci seu pai quando jovem e não posso dizer que seu genitor me é desconhecido, mas até que o próprio Guido Manfredo diga o meu nome a você, por iniciativa própria, a verdade que você busca deverá permanecer em oculto, pois significará que o jovem Guido ainda está lá, preso na própria masmorra, por não aceitar a grandiosidade da missão dele.

— Que missão é essa?

—Você, João Pedro. Você é a missão de Guido, e quando se aproximar o momento da sua missão, meu filho, seu pai terá que liberar você.

João Pedro permaneceu sério. Afinal, o que significava tudo aquilo que ela estava dizendo? O pai dele conhecia dona Felicidade?

— Ah! Mais uma coisa... — continuou a senhora. — Te alerto que amanhã, mesmo com a Lua cheia, ainda que seus olhinhos coloridos brilhem, serão apenas vocês dois: Helen e João Pedro.

João Pedro teve receio sobre o mistério do seu nascimento, pois pela forma com que a avó falou, ficou subtendido a ele que uma vez catapultada aquela grande pedra, seu amado pai poderia ser atingido de alguma forma. Todavia o que Dona Felicidade lhe falou sobre os planos dele de se encontrar com Helen era desafiador e, ao mesmo tempo, era exatamente o que ele almejava.

— Muito obrigado! — respondeu sorrindo e foi para o carro.

Então ele colocou para tocar sua *playlist* de músicas de intérpretes de língua latina, que eram as que mais lhe traziam inspiração para qualquer noite romântica e lhe permitiam dissipar pensamentos persistentes antes mesmo que eles se instalassem em sua mente.

Depois de entrar no clima da canção, ligou o carro e saiu.

31

DISPENSA

— E aí, meu filho! Voltou cedo! O que aconteceu?

Júlio foi direto para o banho. Ficou trinta minutos no banheiro, o que não era normal. Seus banhos eram sempre rápidos.

Dona Sônia ficou apreensiva. Colocou na TV uma programação para as crianças assistirem e foi esperar o filho no quarto dele.

Júlio entrou no quarto secando o cabelo com a toalha. Os olhos estavam de um vermelho vivo. A íris tomada de um cinza funesto. As pálpebras estavam inchadas. Não se atrevia a erguer o rosto para encarar a mãe.

Em criança era automático buscar a mãe depois de um machucado. A recepção materna consistia em um curativo, um beijo, um afagar nos cabelos, um carinho, um abraço acompanhado de alguma guloseima... A mãe tinha o encanto especial das mães de curar ou acalentar suas dores físicas e emocionais.

Quando, com muita relutância, a infância o dispensou, jogando-o de qualquer jeito pela estrada como se fosse um bichinho de estimação degredado em rua desconhecida, Júlio acreditou que dava conta de arcar com os ônus e bônus das inevitáveis quedas e cicatrizes que viriam.

Em outros momentos tinha vontade de voltar àquele caminho e suplicar que o buscassem, ainda que de arrasto, para o conforto das ilusões e das acalentáveis feridas pueris.

— Júlio César, senta aqui, meu filho — ordenou ela, mostrando um lugar ao seu lado. —Você e a Helen. O que aconteceu?

— Pra mim a Helen morreu, mãe.

— Não seria a primeira vez. O que ocorreu de verdade?

— Não consigo. Não posso falar sobre isso agora.

—Tudo bem. Você que sabe. Mas não vai ficar enfurnado em casa outra vez. Sai com as crianças, vai ver os amigos... Vida que segue.

— Não tenho direito a pelo menos um tempo de luto?

— Não, querido. Luto é só quando a pessoa amada morre pela primeira vez.

Estava dito.

Talvez se tivesse desabafado com a mãe, ela ainda visse nele um vulto daquele menino que ela costumava confortar. Sua recusa em se abrir a sacudiu e fez com que ela se lembrasse que, apesar de jovem, ele era já um homem feito, com as responsabilidades de um pai de família.

Bobagem. De nada adiantaria. Se aceitasse a mãe por confidente, ela se colocaria na condição de juíza, condenando-o ainda mais pelo papel ridículo ao qual se prestou, ou, o que seria pior, tentaria defendê-lo imputando culpa aos outros envolvidos na história. Por fim, quando ela começasse a ler a sentença de Helen, eles se desentenderiam, porque ele próprio bem sabia que por mais que aquilo o contrariasse, seu instinto sempre gritava pela defesa da mulher amada.

Enfim... Não estava habilitado para receber conforto.

Em casa, as obrigações; no trabalho, as gozações.

O coração enlutado não encontrou respeitosa recepção no ambiente de trabalho nos primeiros dias de anojamento.

A história do combate travado na Barão do Rio Branco, alimentou piadas, histórias distorcidas, documentários e despertou o interesse de até um pequeno e indesejável grupo de fãs.

Por algum motivo que estava além do seu entendimento, Júlio voltou a ser objeto de desejo dos assédios femininos. A verdade é que desde que a infância o abandonou era assim que as moças o viam, mas quando se prendeu à Helen ou à Diná por motivos e sentimentos diferentes, era impossível para ele enxergar as malícias disfarçadas nas sutis ou escancaradas abordagens das mulheres.

Depois de mais de três meses, por insistência de Tainha, que temia uma possível recaída, Júlio começou a sair com Beatriz, uma moça da mesma idade da mãe dos filhos dele.

Beatriz era um sonho: linda nas feições, educada, carinhosa, delicada nos gestos, e demonstrava-se bastante interessada em se aproximar dos filhos de Júlio e, mais ainda, dele próprio. Cristã convicta, participava ativamente das atividades da Juventude Católica, e para cada situação difícil na própria vida ou de seu namorado, Beatriz buscava e oferecia conforto em citações do Novo Testamento. Às vezes, confundia poeta com profeta, como quando citava Camões, dando créditos ao apóstolo Paulo: "O amor é fogo que arde sem se ver".

Júlio sabia que o santo cristão não falara tal coisa. Talvez tivesse pensado, afinal, qual seria o espinho que ele dizia trazer na carne? Ninguém sabia ao certo, mas a despeito de cânones religiosos ou literários, ele próprio entendia de fogo e suportava um espinho, só que na alma.

Na Pousada Tropical já tinham até quarto reservado para suas noites de amor, às quartas-feiras e aos sábados.

Tainha insistia que ele deveria se esforçar, ser mais receptivo a um novo amor, pois com uma companheira ele se sentiria mais encorajado a sair da casa dos pais e a viver com maior independência.

Júlio e Beatriz namoraram mais de nove meses e quando lhe veio a iniciativa de convidá-la para juntar os trapos, alugar uma casa para viver com ela e seus dois filhos, compartilhou a ideia com o amigo e confidente que, por sua vez, ficou esfuziante, abraçou-o e parabenizou-o, mas Tainha sentiu nele o entusiasmo de uma estátua.

Júlio César encontrou-se com a namorada e fez exatamente o inverso do que tinha planejado:

— Não posso continuar com isso.

— Do que você está falando? — perguntou ela, que no fundo de seus sentimentos já tinha resposta.

— Nosso namoro. Já está me fazendo mal. Não posso ir adiante. Sinto que preciso oferecer mais a você. Não é justo que você perca seu tempo comigo... Nossa relação chegou em um ponto do qual não vai sair. Quanto aos meus filhos, tenho medo que sofram com minhas decisões.

Beatriz entendeu. Já se preparara para tal desfecho.

Estava mais que compreendido que Júlio se acreditava incapaz de amar outra mulher.

Ela, a dispensada, estava certa de que aquele vazio um dia seria preenchido, mas que ainda não tinha chegado o momento apropriado. Em todo caso, a moça não perdeu a oportunidade para fazer proselitismo, afirmando que há coisas que não se deve impor, pois o próprio Cristo nos disse: "Eis que estou à porta e bato...". Chegou a concluir a frase, mas em momentos assim, Júlio não conseguia prestar atenção a detalhes como esses. Todavia a ouviu explicar que a porta só poderia ser aberta de dentro para fora, e nunca ao contrário.

— Tudo bem — respondeu ela, segurando as duas mãos dele. — Não é o que eu queria ouvir de você, mas é uma decisão decente, digna da pessoa que eu sei que você é. Espero que um dia você consiga se abrir de novo para o amor.

Beijou os lábios dele com um simples toque.

— Tchau, Júlio!

— Adeus!

No mesmo dia, Júlio voltou a procurar o amigo para conversar sem ser recriminado. Ao menos, não com olhares de cima para baixo.

— Parece que de todos nós, você foi o que agiu com maior maturidade e lucidez.

— E por que não me sinto bem com isso?

— Mas está aliviado?

— Sim. Isso é verdade. Parece que tirei um contêiner carregado das minhas costas.

— Isso se chama consciência tranquila.

Após uma troca de olhar em respeito ao ocorrido, mantiveram uns dois minutos de silêncio, até que Tainha retomou a fala:

— Olha só, não vou deixar você assim. Que tal a gente atravessar a baía no sábado? A gente vai de carro até a travessia da balsa na Laranjeira e de lá eu te levo pra conhecer um lugar maravilhoso no Torno dos Pintos, na Vila da Glória.

— Tá brincando comigo?

— Eu sei... Eu sei como você fica no mar, mas vai valer a pena. Vamos lá, cara! Pelo seu amigo aqui.

— E as crianças? Eu posso levar?

— Não vai dar. Não tem como. Mas eu garanto que você não vai se arrepender. Se quiser eu converso com a dona Sônia... Você sabe, por causa das crianças.

— Não precisa. Eu falo com a mãe. Mas do que se trata?

— Uma trilha, mágica. Bem... Talvez não mágica, mas divina, milagrosa... Pra revigorar as energias.

O amigo só queria ajudar. Pela milionésima vez. Não devia ser fácil ser amigo de alguém como ele, tão complicado. Júlio sentiu que precisava ceder. Um pequeno sacrifício fazia parte de um amor como o que compartilhava com um amigo valioso como Tainha.

O que aconteceu foi que Tainha tinha visto nas redes sociais que se casariam naquele fim de semana, João Pedro Blandini, herdeiro de toda a rede de hotéis Toninhas Mar, e a noiva Helen Karina dos Santos.

Em pensamentos, ao ver as fotos, Tainha admitiu que os dois formavam um casal bastante fotogênico, mas se viu na obrigação de transmitir a Júlio essa triste e irremediável notícia.

Na primeira vez em que o amigo se separou da mulher amada ele sofreu, mas aguardava o momento em que reatariam.

Dessa vez foi diferente. Ele evitava toda e qualquer informação que dissesse respeito a ela. Ainda assim, Paulo se voluntariou a assumir a missão antes que a informação fosse atirada na cara do amigo por alguém cruel ou indiferente, ou que ele tomasse conhecimento num temerário acaso, vindo bruscamente a ser empurrado para um vazio existencial e sabe-se lá, provocar-lhe até um comprometimento da saúde.

Não obstante ao metafórico óbito de Helen que Júlio teimava em fingir acreditar, na prática era ele, Júlio César, quem havia enterrado uma parte de si.

A chama que queimava e irradiava luz e calor e contagiava as pessoas com positividade estava visivelmente apagada, e se percebia até uma frieza no seu olhar e nas palavras.

— O lugar onde a gente vai — explicou Tainha — é chamado de Morro do Canta Galo.

— Nunca ouvi falar.

— O lugar é um verdadeiro mistério. Você já foi no Monte Crista ou no Castelo do Bugres? Ao menos já ouviu falar desses lugares?

— Não para todas as perguntas. Você que é um solteiro livre, leve, solto, sem compromisso e pode passar as férias e fins de semana fazendo escaladas, viajando e conhecendo lugares — falou Júlio, esboçando qualquer coisa parecida com um sorriso.

— Pois escuta esta: esses três morros formam um triângulo, ficando seus vértices a exatos 21 km de distância um do outro.

— E o que isso quer dizer?

— Místicos e ufólogos acreditam que o símbolo perfeito formado por esses pontos geográficos permite a troca de energia dos quatro elementos, abrindo, assim, um campo invisível para pouso e decolagem de naves espaciais.

— Quatro elementos? Naves espaciais?

— Os quatro elementos, você sabe: fogo, terra, água e ar. Quanto às naves espaciais, isso vai de cada um acreditar ou não.

Júlio ficou pensativo. Considerou que tudo aquilo era, no mínimo, instigante.

Tainha percebeu o cenho semicerrado, indicativo de que a curiosidade de Júlio tinha sido despertada.

— Duvida de tudo isso?

— Quem sou eu. Não sei nem no que acredito, vou duvidar do quê?

— Vai preparado, que se for o caso a gente pode até passar a noite lá. Quem sabe se a gente presencia alguma coisa fora do normal?

— Como assim, preparado? O que devo levar?

— Mochila, cantil, barraca, saco de dormir... Tem ainda?

— Tenho sim.

— Então... Isqueiro, bolacha, macarrão instantâneo, sacola pra guardar seu lixo, repelente... Eu levo o meu fogareirinho.

— Vai ficar pesado subir o morro com tudo isso nas costas.

— Mas já tá chorando! Você é um chorão mesmo. Faz de conta que tá no batalhão, mano!

Júlio achou muito engraçado que o amigo lhe dizer isso.

— Você serviu o exército, eu não.

O amigo o acompanhou na risada e brincou:

— Por isso foi dispensado. É esquentado e chorão.

— Que é isso! Tá maluco? Sonhou comigo? Fui dispensado porque eu já estava com uma família formada, mulher e filho, antes mesmo de completar 18 anos.

— Cara, deixa pra chorar na travessia da balsa.

— Nem brinca com isso! E qual é a desse nome? O Canta Galo?

— Outro mistério que você vai me ajudar a desvendar. O que dizem os moradores é que há algum tempo, num passado não muito remoto, ouvia-se barulho de máquinas que emitiam sons diferentes na madrugada afora. Um desses sons, que ficou muito marcante, assemelhava-se ao canto de um galo.

— E que máquinas eram essas?

— Ninguém sabe. Uns dizem que eram naves espaciais, outros que se tratavam de escavadeiras dos nazistas em busca de túneis subterrâneos.

— Deus me livre! Não quero parte com isso!

— Calma, seu cagão! Vamos lá! Quem sabe se nós somos eleitos pelos extraterrestres para descobrirmos esses mistérios?

Paulo mexeu as sobrancelhas para cima e para baixo duas vezes, dando gargalhadas.

— Eu, hein

— Fechado, então?

— Fechado.

CORTA!

No dia seguinte, às 20h em ponto, o carro parou na frente da casa de Helen. Ela saiu correndo e entrou no veículo.

João Pedro teve um *déjà-vo*, uma sensação ruim de que os traços errados do início poderiam projetar um fim de noite indesejável. Por mais que valorizasse cada instante na companhia de Helen, sua mais pura e simples ambição era não ter que dizer adeus.

Decidiu mudar a ordem dos fatores.

— Eu não sei o que seremos depois desta noite, mas tenho algo a lhe pedir.

— Pois peça!

— Volte para sua casa e espere que eu vá até você.

Helen ficou surpresa, com os olhos arregalados.

— Tá falando sério?

— Muito sério. Por favor!

Helen desceu.

Entrou em casa e se acomodou no sofá, apreensiva, com as pernas cruzadas e agitadas. Gesticulou com um erguer de ombros, levantou as mãos com as palmas para cima, depois cruzou os braços sem aquietar os pés. Trocou um olhar interrogativo com a avó e a irmã, que estavam sentadas, assistindo novela.

As crianças, à mesa de jantar, riram da tia ter voltado tão rápido e mais ainda da expressão que fez, com cara de confusa, braços de mandona e pés nervosos.

Pedro chegou à porta da sala e foi convidado a entrar.

— Boa noite, Raquel! Dona Felicidade! Boa noite, crianças!

— Boa noite! — responderam juntos os pequenos, que não viam a hora de também serem cumprimentados.

— Essa moça bonita — falou olhando para a Marcela — aceita sair para jantar comigo?

— Não — respondeu a pequena enquanto juntava as gargalhadas com às do irmão.

— Poxa, vida! Fiquei triste. E agora? Quem pode sair comigo?

— A tia Helen! Ela já está toda bonita, arrumada e de maquiagem. Olha o vestido.

Os olhos da pequena chegavam a brilhar. Estava encantada com a exuberância de contos de fada que sua imaginação infantil lhe permitia construir.

João Pedro, consciente das expectativas da doce menina, aproximou-se de Helen para refazer o convite.

Helen estava esplêndida, sem dúvida. Cabelo com os cachos soltos, vestido curto, estampado floral com fundo vermelho, tecido leve que dava um contorno não opressor ao corpo e na parte superior, um decote insinuante. Calçava sandálias brancas de tiras, usava pulseiras também brancas e largas, num material que imitava o marfim e contrastavam com a cor da sua pele. Usava, ainda, um colar artesanal de conchas, a realçar a simplicidade genuína de sua beleza.

João Pedro se aproximou dela sem desviar o olhar nem por uma mínima fração de segundos.

Marcela estava atenta, não perdeu nem um gesto dele.

Ele se inclinou, pegou a mão direita de Helen, beijou-a e formalizou o convite:

— Minha linda rainha, aceita sair para jantar comigo?

— Vamos!

Marcela riu e bateu palmas de felicidade.

João se despediu de todos. Helen se viu na obrigação de fazer o mesmo, caprichando um beijo no rosto da avó e lhe pedindo a benção, detalhe que havia negligenciado anteriormente, o que, de quebra, rendeu-lhe um "Deus te abençoe".

O costume não soou familiar para João Pedro. Ainda assim, não o impediu de perceber a relevância do gesto. Foi até a Senhora e também solicitou:

— Sua benção, avó.

Dona Felicidade o abençoou e ele saiu mais confiante.

Aproximando-se do automóvel, João Pedro se adiantou para abrir a porta para ela. Depois entrou e a beijou nos lábios, com certo cuidado para não borrar o batom.

— Agora, sim, perfeito!

— Acho que você vai conquistar até a minha avó.

— É um instinto que tenho. Não posso evitar.

Helen sorriu com o canto da boca, meneou a cabeça fingindo recriminá-lo por ser tão convencido e puxou o rosto dele pra si, exigindo, dessa vez, um beijo mais acalorado, e sugeriu o destino:

— Square Garden, Joinville?

— Você dança, me deixa louco e depois me chuta? Esse filme eu já vi. É lindo, mas triste no final.

Foi engraçado, mas não de todo. Pairava ali uma sobra de mágoa. Fazendo um balanço das opostas emoções despertadas, ela optou por não rir.

Do quase riso evoluiu para uma expressão mais séria no semblante.

— Olha, não quero que você me leve a mal, mas hoje eu preferiria não ser vista acompanhada aqui em São Francisco. Você sabe, pra evitar os comentários maldosos. Nós já estamos bastante calejados.

— Sei do que você está falando e a quais pessoas você se refere quando diz "nós". Eu jamais faria isso com você, ou mesmo com Júlio.

— Você deve estar com raiva dele, não?

— Um pouco, talvez. Mas não pelos motivos que você pensa.

— Então?

— Depois te conto. Outra hora, outro dia, ou talvez nunca.

— Que mistério!

— Não há mistério. Quer dizer, até há, mas é que tudo depende de você. Sabe... As palavras são sagradas para quem fala e para quem ouve. Elas transformam, constroem, destroem... Palavras mudam uma vida. Por exemplo, eu havia planejado levá-la para um restaurante na praia do Forte, que serve deliciosos frutos do mar, mas já mudei o trajeto, como você bem deve ter percebido.

Helen permanecia atenta, precisava do que ele lhe oferecia: explicações.

— Vamos para Penha. Conheço lá um restaurante divino, que tem um *chef* renomado, e pasmem, fica na mais premiada rede de hotéis de toda região.

— Ah, tá! Você planejou isso?

— Eu sempre planejo, mas como eu saberia que a sua cautela com o sentimento alheio me obrigaria a alterar os planos? No fim das contas, quem decide é você.

— Sei lá. Tenho a sensação de que você sempre sabe. Ainda não entendi tudo que aconteceu no dia do meu aniversário. Parece até que vocês dois combinaram o dia, a hora e o local pra se encontrarem e que eu era só um apêndice em toda aquela confusão. Às vezes fico lembrando... Em alguns momentos vocês falavam com indiretas como se já se conhecessem.

— Você deve ter ficado em estado de choque mesmo e agora teve um curto-circuito. Onde foi que você me viu trocando alguma palavra com o Júlio? Eu estava tão ocupado servindo de *sparing* para o seu namorado, e ele, coitado, tão dedicado em deformar a minha cara, que nem tivemos um momento oportuno para as devidas apresentações.

Na rodovia, próximo à entrada de Araquari, pararam num congestionamento.

— Olha aí, o trem parando tudo, mesmo a esta hora da noite. Você acha que eu planejei isso também? Já percebeu o slogan da empresa?

— "A gente nunca para!" — falaram ao mesmo tempo e depois deram risada.

Vinte minutos de espera e a fila de carros começou a se movimentar aos poucos.

— Eu estava brincando agora há pouco. Você está certa sobre o Júlio e eu. Pelo que eu vejo, há mais coisas para conversarmos do que eu pensava.

Soltou uma das mãos do volante e segurou uma das mãos dela, que estavam sobre as pernas. Olhou-a nos olhos, como se buscasse redenção a um pecado ainda não confessado. Precisava entender um pouco do que ela estava sentindo, mas resistiu e não interferiu. Quanto mais fazia isso sem que estivessem de comum acordo, maior se tornava o seu sentimento de transgressão.

Chegaram ao Hotel e Restaurante Toninhas, na Praia Alegre, em Penha. Já passava das 22h.

Havia uma mesa reservada, decorada com uma taça-vaso de vidro transparente, repleta de pequenas rosas vermelhas e rosadas, em diferentes tonalidades, espaçadas por delicadas folhagens.

Helen olhou de banda para ele com os olhos semicerrados e lábios fechados, levemente flexionados para frente, deixando estampado em seu rosto uma aprovação repleta de desconfiança.

Não precisava ser nenhum sensitivo nem adivinho para ver o que lhe ia à mente.

— Não olhe assim. Não fiz nada de errado — se justificou ele, puxando a cadeira para ela se sentar.

—Tudo bem. Guarde sua defesa. Ninguém te acusou de nada.

Eram três as cadeiras. Helen teve curiosidade, mas disfarçou. João Pedro não dava ponto sem nó.

Acomodaram-se, não fizeram pedidos. O menu já tinha sido encomendado e estava pronto para ser servido.

— Ceviche de linguado? Nunca nem ouvi falar.

— Mas vai amar. Experimente. Da culinária peruana. Mas combina com o que eu já observei do seu paladar.

— Por que não?

— O garçom trouxe à mesa um Sauvignon Blanc e serviu as taças.

Helen experimentou a bebida. Sorriu, aprovando o sabor.

O olhar de expectativa dele ansiava uma crítica gustativa.

— Refrescante.

Pedro balançou a cabeça num movimento afirmativo e disse:

— Prove a comida.

Ela saboreou lentamente, inspirou e expirou com os olhos fechados.

— Isso... — fez uma pausa, buscando as palavras certas — é muito bom.

O jeito envolvente de Helen saborear a comida despertava em João Pedro instintos lascivos.

— Você fica me olhando, mas não está comendo.

O olhar dele apreciava cada detalhe dos movimentos e da respiração dela. Não conseguia levar a comida à boca. Queria contemplá-la só mais um pouco.

— Toma mais um gole do vinho — pediu, completando a taça.

Ela sorveu o vinho com a mesma intensidade que costumava beijá-lo.

— Hum... Delícia!

— Verdade.

— Do que você está falando?

— Não sei. Da vida, talvez. Desculpe. Não sei do que eu estou falando.

Pedro apoiou os cotovelos à mesa, juntou as mãos, entrelaçando os dedos, usando-os de suporte para o queixo.

Sabia que não tinha nenhum poder sobrenatural sobre ela. Com efeito, algo lhe fazia desconfiar que entre os dois sempre fora assim, sem interferências invisíveis.

— Vai parar um pouco de comer?

— Ué! A gente veio aqui pra isso, né? E até agora você me dizia pra fazer exatamente isso.

— Não é isso. Eu quero que beba e coma, só que não estou conseguindo me concentrar no que eu tenho para lhe dizer. Lembra quando você me falou que sua avó informou que você é uma bruxa? Então, eu acredito. E existem algumas coisas sobre mim que eu quero compartilhar com você, mas eu preciso perguntar antes...

— Tá me deixando apreensiva. Fala logo!

— Helen, você aceita ser a minha namorada?

Ela não pensou para responder.

Deslumbrou, sem fazer charme.

— Não consigo dizer outra palavra que não seja "sim".

— Nossa! Eu nunca pensei que uma mulher fosse me deixar tão nervoso. Espera aí. Há uma pessoa que eu amo e quero muito que vocês se conheçam.

João se levantou e deixou a área do restaurante por alguns minutos, voltando com um homem de meia-idade extremamente charmoso e fez as apresentações:

— Pai, esta é a Helen, minha namorada. Helen, este é Guido, meu pai.

Guido Manfredo abriu um sorriso de fora a fora:

— Como é possível? Você é ainda mais linda pessoalmente! Helen, você é divina.

Helen retribuiu o sorriso contagiante.

— Sei a quem o João Pedro saiu. Vocês, dois galanteadores, sabem como envaidecer uma mulher.

João negou com um menear de cabeça:

— Seu Guido Manfredo tem o charme natural dos italianos. Eu me esforço para, quando crescer, ser igual a ele.

Guido se aproximou, inclinou-se, segurou a mão dela e a beijou. Sentou-se, posicionando a cadeira, que o aguardava, praticamente rente ao corpo dela, para dividirem a mesma atmosfera.

— Minha querida divindade, não vou ficar aqui atrapalhando o encontro de vocês. Só quero que creia uma coisa... — sussurrou no ouvido dela — Esse *bambino* te ama e você é a primeira mulher que ele me apresenta como namorada.

— Epa! O que vocês estão cochichando? — João Pedro questionou, fingindo ciúme.

Guido beijou os dois no rosto repetidas vezes, trocou com o filho a habitual declaração de amor e se despediu.

ORDEM DO DIA

Muitas coisas neste mundo são fascinantes, mas mesmo com todo seu fascínio, poucas são aquelas que realmente conseguem me prender atenção. Essas são as que mais valorizo, não esbanjo, não desperdiço e seleciono com uma peneira particular.

Enquadram-se aí algumas manifestações artísticas, as palavras escritas, faladas e cantada; as cores, os olhares, diferentes formas de exprimir ou manifestar emoções e tantas outras que mulheres e homens podem ter criado, descoberto, nem uma coisa, nem outra, ou as duas ao mesmo tempo.

Um exemplo que se encaixa nessa última descrição, a meu ver, é o cinema.

O cinema é uma arte que prova que os homens são deuses e vice-versa. Pesquisando o básico dessa comprovação do nosso potencial divino, deparei-me com uma expressão comum em outros contextos, mas que ao encontrá-la no universo da chamada sétima arte, minha essência a agigantou, colocando-a em uma moldura toda especial.

"Ordem do Dia".

No mundo cinematográfico, o termo "ordem do dia" define uma receita de realização, descreve os ingredientes e o modo de fazer a coisa acontecer. Assim funcionam os encantos e os milagres que são presenciados. Você prevê e ainda assim se encanta durante o processo e se apaixona pelo resultado. Não é à toa que alguns filmes são assistidos repetidas vezes, sem ser esvaziada a transcendente essência artística que conversa de formas diferentes com cada pessoa.

O melhor é que todas as divindades podem fazer acontecer.

Então, caro leitor, antes de dar sequência ao capítulo, tente lembrar o que você desejou para o seu dia hoje.

No Toninhas Mar, de Praia Alegre, em Penha, após feitas as apresentações entre Helen e o pai, João Pedro decidiu revelar para a moça uma parte de si que não podia mais permanecer encoberta, visto que precisava ser julgada e aprovada por ela.

— Me fala sobre o que você sabe sobre o seu poder místico — iniciou Pedro, para trazer o assunto a baile, sem dar espaço para que sua condição ímpar o colocasse em qualquer pedestal ou o lançasse na sarjeta da anormalidade, tendo em conta sua certeza de que Helen e ele tinham algo em comum, com força de atração incompreensível,

— O que eu sei é o que diz minha avó.

— E ela diz...

— O que ela fala é que eu carrego o fado das antigas bruxas.

— Você não acredita?

— Acredito, mas tenho medo.

— Pois não tenha. Você precisa aprender a dominar e direcionar suas energias. Já pensou que talvez você consiga fazer coisas para beneficiar as pessoas ou o mundo?

— Eu tento. Por isso estudo Biologia. Quero fazer uma diferença positiva no lugar onde eu moro e, quem sabe, no planeta.

— Sim. Tenho certeza disso. Mas não falo só da restrita ciência humana. Eu sei, por mim, que há algo mais.

— Magias e forças transcendentais?

Pedro movimentou a cabeça indicando uma resposta afirmativa à última pergunta, ao mesmo tempo em que mantinha o contato visual para demonstrar que falava sério e que a mínima reação ou expressão manifestada por ela lhe era importante.

— Você tem uma força que não sabe usar. Não conhece o alcance dela e não procura saber. Vou te fazer uma pergunta e não quero que você responda agora. Apenas reflita.

Pedro fez uma pausa, que julgou necessária para que suas palavras fossem recebidas no terreno fértil da expectativa:

— Ontem, eu lhe fiz o convite...

— Ah... Era um convite. Que bom saber. Na hora me pareceu mais uma ordem.

— A ordem partiu de você no momento em que aceitou.

Helen teve um pouco de dificuldade para digerir a última frase.

— Não exercite tanto sua inteligência com isso. O que eu lhe peço para pensar com carinho, é: o que você mentalizou sobre nosso encontro de hoje? Não me responda agora. Deixe-me cumprir o que eu lhe prometi. Quero falar sobre mim. E que de hoje em diante você nunca mais diga nem pense que João Pedro Blandini esconde qualquer coisa de você.

Ao reluzir do brilho nos olhos dela, Pedro se certificou de ter despertado a memória emocional desencadeada na noite em que se despediram após a Festilha, no hotel da Enseada.

— Como eu havia começado a falar, eu não sei quem é o meu progenitor.

— E isso importa?

— Não deveria ser assim, mas importa. Eu tenho que saber o que eu carrego comigo para ter consciência do que eu transmitirei quando eu tiver filhos. Não falo só de genética humana.

Pedro precisava criar uma atmosfera favorável para que ela aceitasse as informações que ele tinha para transmitir; optou por uma provocação.

— Você convive com uma pessoa que tem muito conhecimento e que pode esclarecer alguns fenômenos extrafísicos que acontecem com você. Isso, de certa forma, coloca-a numa zona de conforto. Dá a você a falsa impressão de que fugir de si mesma é uma opção.

— Nossa! Tá me recriminando?

— Não... Não fica na defensiva. Pondere as minhas palavras. Eu estou falando com você de coração aberto. Vou ser mais direto: tenho certeza de que há algo de sobrenatural em mim e tenho mais do que certeza que esse meu lado atípico, digamos assim, é uma característica que herdei desse meu genitor desconhecido. Eu gostaria de ter alguém para me orientar e me ajudar a entender a mim mesmo.

— E o que te faz acreditar que eu também tenho um poder sobrenatural?

— A sua resistência ao meu poder de sedução.

— Helen soltou uma gargalhada espontânea e tomou mais do vinho.

— Parece brincadeira, eu sei, mas não é. Desde a minha adolescência eu tenho isso e não é algo natural. Eu conquisto as mulheres, mas isso não tem qualquer relação com amor. Antes de te conhecer, cheguei a pensar que um amor verdadeiro, uma relação passional, nunca faria parte da minha vida.

— E como você sabe se não estou seduzida por esse seu encanto sobrenatural?

— Diga-me: sentiu atração por mim na primeira vez que me viu? Não. Eu sei. E era Lua cheia, a fase em que meu poder de sedução está no auge. Isso despertou mais meu interesse por você. Fiquei atento às suas preferências e inclinações, e quando dei por mim eu já tinha caído.

— Caído? Como um anjo rebelado? — Helen esboçou um ar de gracejo, fingindo não entender.

— Apaixonado. Dos pés à cabeça.

— Sabe que em português não usamos a palavra com tal conotação, né?

— Sei, mas gosto dela assim. E não pense vossa alteza que me faz menos feliz ao me maltratar com palavras ou entonações sarcásticas. E como eu estava falando, antes da sua observação linguística, era óbvio que minhas chances eram quase zero. Você só tinha olhos para o Júlio. Daí foi que eu obtive a certeza de que a amava, pois precisei renunciar aos meus sentimentos para me resignar em nome de algo maior.

— Um tanto contraditório resignar-se por algo maior. O que pode ser maior do que o amor?

— O sacrifício de oprimir um sentimento de realização pessoal em prol da felicidade alheia.

— Não me pareceu uma escolha, mas, sim, a falta dela. Afinal, de que adianta amar sem ser correspondido?

— Se me conhecesse melhor saberia que não sou de desistir.

A forte impressão que essas palavras deixaram em Helen fez com que ela repensasse o relacionamento que vinha tendo até então com Júlio. Um sentimento extremo, mas repleto de reticências, ressalvas, culpas, desculpas, castigo e obstáculos desnecessários. Era como se estivessem contendo uma fonte de energia, o brilho de uma joia valiosa.

Pedro segurou a mão dela e a beijou.

— Há mais coisas... Eu consigo captar os sentimentos e as emoções das pessoas. Às vezes por curiosidade, outras vezes porque a emoção aflorada ou um sentimento cultivado me encontra por conexão, um encaixe cósmico, que mesmo que eu recuse, uma força que eu ainda não domino em sua totalidade acaba atraindo pra mim. Por isso evito me envolver. Por isso fujo e criei essa redoma emocional, essa imagem de alguém insensível, de um canastrão, como você costumava dizer.

— Esse poder de ler os sentimentos e captar as emoções...

Helen fez uma pausa reflexiva. Não exibia mais ares incrédulos, pois muita coisa começou a se encaixar e a fazer sentido para ela após a última revelação.

— Se eu já usei com você? Sim. Algumas vezes. Minto. Muitas vezes, na verdade. Quando se trata de você, confesso, chego a perder o controle. Não pense que é uma vantagem ou que tiro algum proveito próprio disso. Ao contrário, eu sofro. Creio ter identificado antes de você o seu amor pelo garoto do *Réveillon*, de cabelo ruivo e olhos cor do céu. Quando você me recusou, tive que entender o seu dilema pra poder me conformar, restando-me um sofrimento em dimensões ampliadas. E eu sei que você é diferente porque consigo sentir algumas emoções suas a quilômetros. No começo eu não entendia: euforias, alegrias, tristezas... Há dois anos, essa dor, eu não sabia o que era. Confundi o seu sofrimento com o meu, parecia uma mistura homogênea, afinal, eu fora rejeitado. Nunca imaginaria que vocês dois estavam se castigando. Poxa, você sabe sofrer! E eu nesse grande vazio, sem entender, tentando preencher a minha vida com o trabalho e a companhia de diferentes mulheres. Uns três ou quatro dias depois do episódio da fumaça em São Francisco, ao anoitecer, senti uma solidão intensa e quis muito estar com você.

— E desde quando isso acontece? Isso de captar de longe minhas emoções e meus sentimentos.

— Não tenho certeza, mas acho que desde a nossa primeira vez.

— Nossa primeira transa?

— É. Use o termo de sua preferência. Mas, sim, eu desconfio que esse foi o gatilho desencadeador. Nossas vibrações conectaram-se e creio que foi esse o motivo pelo qual eu pude ajudá-la ontem, na sua casa.

— Consegue ler meus pensamentos?

Pedro deixou escapar um sorriso enquanto meneava a cabeça.

— Não. Não leio pensamentos. Não sou adivinho nem nada do tipo.

— Mas sentindo as dores e as alegrias alheias pode prever como a pessoa vai agir.

— Numa alma dada a rompantes como a de Júlio César digo que sim. As ações dele são previsíveis, mas isso não é privilégio meu. Qualquer bom observador pode fazer o mesmo. Contudo a maioria das pessoas não combina ações com as emoções, disfarça dor, amor, rancor, preconceitos, apreços e, infelizmente, até gratidão. A compreensão dessas coisas me deixou mais complacente com minha mãe. Tenho concluído que, no fim das contas, Angel é uma pessoa autêntica, o que é lamentável e até criminoso, no caso dela. Outra conclusão que tiro dessa habilidade é que o arbítrio de uma pessoa sem vícios é mais livre que o próprio pensamento.

— Mas o caminho do vício, você não entende como uma escolha?

— Você diria isso de um bebê que se vicia ainda no útero?

Helen apenas movimentou a cabeça, dando a entender que aceitava como válido o argumento.

— Pois eu lhe digo que antes mesmo do útero carregamos algo sem que tivéssemos nos voluntariado para tal.

— Mas quando você diz "mais livre do que os pensamentos"... Isso já não sei. Soa estranho pra mim.

— Sim, Helen. Os pensamentos humanos são prisioneiros em masmorras éticas, morais e legais. O arbítrio, por sua vez, é como um ser alado, que solto no ar pode seguir uma condição ou improvisar com instintos e vontades.

— Mas de uma má escolha podemos colher a prisão física ou o remorso, que nada mais é que uma prisão de consciência.

— Sim, meu amor. Não há controvérsia nesse ponto. Isso é o que chamamos de consequência. Uma vez que ela alcança qualquer ser vivo, esse é privado da liberdade de escolha.

Helen lançou um olhar desconfiado.

— Está fazendo isso agora? Captando meus sentimentos?

— Não. Quero que você me permita, até porque, usei uma quantidade grande de energia pra te tirar da depressão que estava te afundando naquela cama, o que provavelmente deve trazer alterações em sua essência. Ainda que você não fosse quem é, eu preciso de mais tempo e mais absorção astral. Você pode fazer isso por mim. Somos permutáveis.

— Insiste que sou uma bruxa.

— Aceite, assim como eu tive que me aceitar, e ainda nem sei quem ou o que eu sou. Podemos descobrir juntos essa nossa ligação transcendental com nós mesmos e com a natureza.

Helen apoiou a testa com as duas mãos e começou a fazer movimentos circulares nas laterais da fronte. Estava com dificuldades para digerir tantas informações, embora Pedro já estivesse certo de que ela era a mulher mais indicada para dividir esse pedaço de si.

— Quando eu perguntei se você tinha raiva do Júlio, a sua resposta tinha a ver com tudo isso que você está me contando agora, certo?

— Sim. Não posso e não consigo odiá-lo porque entendo o amor que vocês sentem um pelo outro. Absorvi involuntariamente as agonias suas e dele. O que me faz perder a paciência é essa mania que ele tem de deixar você de molho, marinando como se fosse um... — Olhou para o prato que ela ainda saboreava:

— Um ceviche.

— Você, Pedro, perdendo a paciência! Deve ser alguma das suas figuras de linguagem. Nem consigo imaginar uma situação dessas.

Helen deslizou a ponta dos dedos na língua.

Pedro acompanhou cada movimento em *slow motion*. Desconcentrou-se.

— Não faça mais isso. — O pedido dele saiu como uma súplica. — Se precisar, limpe os dedos no guardanapo. Você fez eu me perder totalmente.

— Como assim? O que eu fiz? Do que você está falando agora?

— Minha nossa! Não acredito que você ainda não percebeu que o seu simples gesto de comer ou beber alguma coisa é uma provocação pra mim. Mexe com a minha libido, excita-me. Isso que você fez aí... Isso é covardia.

— Assim? — Ela lambeu de novo a ponta dos dedos.

Pedro sentiu a respiração ficar ofegante e as ideias se embaralharem. Um apagão, outra vez, na linha argumentativa que estava seguindo.

— Isso! Maltrata!

Helen riu com satisfação ao ver a expressão aflita no rosto dele.

— Desculpa, não resisti. Não sabia que você tinha esse fetiche com a minha boca. Você estava falando que eu sou uma bruxa, que nós temos uma ligação e o que lhe incomoda no Júlio.

— Ah, é verdade. Já chamei vossa alteza de Lilith, hoje?

Helen deu outra gargalhada e voltou a pedir desculpas.

Pedro meneou a cabeça, em negativa, como um pai negligente e permissivo que finge recriminar um filho, simulando na expressão facial algo a se entender por desaprovação. Só então retomou a fala.

— Eu acho que nessa transferência de energia que aconteceu entre nós, algo em você deve ter acordado, e por mais contraditório que pareça, esse seu despertar transcendental, aconteceu durante o seu sono.

Helen teve um *insight*.

Olhava nos olhos dele e uma forte impressão dos seus sonhos voltou em forma de flashes. Uma recordação que não passava pelo vasto arquivo neural, aquela memória que pode ser deteriorada pela amnésia e pelo mal de Alzheimer. A lembrança era resgatada pela memória perpétua, oriunda da inteligência espiritual que saía de seu interior para se posicionar à sua frente, encarando-a e abraçando-a de um jeito tal que Helen quase sentia seu hálito quente ao ouvido prestando testemunho do que João Pedro lhe falava.

Seu par de olhos castanhos era protegido por uma tormenta intransponível aos esforços de João Pedro, mas à semelhança de um tornado, desprendia uma força centrípeta que já tinha lhe extraído os sentidos e o atraía para seu interior.

Desvencilhando-se da situação que o angustiava, Pedro arriscou, colocando-se em xeque:

— Parece que você está me cozinhando por dentro e eu preciso saber: posso ser a sua sobremesa?

— Quais são minhas opções?

— Sou eu ou um manjar de ameixa. Mas caso escolha a segunda opção, altera-se a oferta e você saboreia o manjar e ainda me leva de brinde.

Pedro encostou as cadeiras para sussurrar no ouvido dela:

— Sei que tem a resposta.

Helen encheu o copo com o vinho, molhou de propósito o dedo indicador no líquido e passou levemente nos lábios dele.

Pedro segurou a mão atrevida, lambeu o dedo embebido em Sauvignon Blanc, tomou um gole da bebida da taça dela, sem permitir que seus olhares se desencontrassem, e a beijou antes mesmo de ter engolido totalmente o líquido.

Depois do beijo, um conselho:

— Liga para sua avó e avisa que você não volta hoje.

A suíte de lua de mel foi reservada pelo próprio Guido Manfredo, que em uma ligação abandonou a cadeira de diretor para atuar como assistente de produção.

Em questão de minutos, João Pedro e Helen adentravam o quarto e entrelaçavam seus corpos numa coreografia ardente, desmentindo os poetas, dramaturgos, romancistas e até psicanalistas, que usam da eternidade de suas palavras para defenderem a mensagem de que o amor morre onde nasce o sexo.

Até o amanhecer do segundo dia ainda não tinham trocado juras de amor, não haviam feito promessas, não olharam para o relógio, esqueceram agendas, calendários e compromissos, e por duas noites e dois dias uniram suas energias num mesmo espaço, respiraram o mesmo ar. Tornaram-se cúmplices no bíblico pecado e, ainda assim, cumpriram a santa palavra que diz que homem e mulher serão um.

Sentados no chão sobre lençóis, de frente um para o outro, Helen o encarava com profundidade, como se pretendesse guardar em sua memória cada detalhe, cada ponto colorido da sua íris.

— Lembra quando nos conhecemos e eu fiquei constrangida de olhar nos seus olhos, e você me deu carta branca para admirá-los à vontade, o tempo que eu quisesse?

— Como se fosse hoje. E ratifico minha fala agora e a cada instante.

— Você disse, antes de ontem, que queria a minha permissão para conhecer os meus sentimentos.

— Não foi ontem isso? — comentou ele sorrindo e contornando levemente com o dedo, o desenho dos lábios dela. — Minha Nossa! O tempo conta de forma diferente aqui dentro! E o que você decidiu sobre o assunto?

— Quero que você esteja sempre em sintonia com os meus sentimentos, que nunca mais precise me pedir permissão.

— Que bom, porque eu já estava fazendo isso.

— Desde quando?

— Desde que pisamos juntos no chão deste quarto. Não pude evitar. Seu coração batia tão forte, eu necessitava provar do seu sabor, ser o seu gosto, sentir seu desejo e toda extensão e intensidade do seu prazer, do seu amor, e a constância do seu êxtase.

— E que tal a experiência?

— Sinto que morri algumas vezes, caminhei no paraíso com as deusas e ninfas, e todas essas vezes ressuscitei para implorar que você tornasse a me tirar o fôlego da vida.

— Isso foi lindo! Louco. Totalmente insano, mas profundo e lindo. Senti-me até injustiçada.

— Não diga isso! Não lhe privei de nada.

Ela não respondeu. Pedro se lembrou da autorização recém-recebida e entendeu o que ela quis dizer.

— Vou ficar em débito com você e prometo compensá-la

— Como?

— Sacrifícios. Uma atitude de ir além. Sou bom nisso.

Helen sentiu uma brisa passar por ela e a arrepiar, mesmo com a janela fechada.

— Além? Pra mim soa um tanto macabro.

— Então concordamos, minha rainha.

E a beijou para selar o acordo.

Desde a cena infeliz com Júlio, Helen não tinha ouvido mais essa forma de tratamento, "minha rainha". Pedro era o único que usava tal expressão. Lembrou-se de que ainda tinham um ponto a esclarecer.

— Você e o Júlio.

— O que tem?

— Está claro que já se conheciam. De onde?

— O dia em que nos encontramos, ao acaso, no hotel de Piçarras, foi o mesmo dia da fumaça em São Francisco do Sul. Certo?

— Certo. Pode falar. Estou te acompanhando.

— Então, naquela semana, ele me procurou...

João Pedro contou toda a história, não ocultou nenhum detalhe, do ponto de vista dele e dos sentimentos, emoções e palavras dos dois.

— Falei tudo. — Parou para olhar nos olhos dela. — Agora você está sofrendo por ele, o que me derruba, mas passou a me amar um pouco mais. Obrigado, Senhor! — falou em voz alta, juntando as mãos e as direcionando para o alto.

— E se a situação fosse invertida? - Perguntou Helen — Agora somos namorados. Se eu transasse com ele você perdoaria a minha traição?

— Se quiser fazer isso só me avisa antes, porque você já sabe o que acontece comigo. E a resposta é sim. Iria além. Não a perderia por isso.

— Uma tendência extraordinária que, suponho eu, faça você acreditar que eu perdoaria uma traição sua.

— Não. Eu sei que não. Eu faria você sofrer, sentiria sua dor e ainda mais a dor de perdê-la. Uma fêmea ferida. Deus me livre!

O último comentário desfez o tom austero que a conversa tinha recebido e arrancou um sorriso dela:

— Você é de outro planeta.

— Que tal um passeio sob esse nascer do sol com seu mais novo e melhor namorado?

Helen sorriu e levantou-se.

Estava cansada e faminta, mas tinha medo de dormir e acordar.

PARAÍSO AMARGO

Pegaram o *ferryboat*, no bairro Laranjeiras, às 15h, pois era consenso que de manhã, com o estômago mais fraco e sensível, os sintomas do medo que Júlio tinha do mar se tornavam mais graves.

Antes mesmo dos pneus do carro subirem o chão de aço da balsa que faz o translado, Júlio começou a sentir que o ar lhe faltava, suava frio, respirava com esforço e de forma acelerada. Os músculos ficaram tensos, o estômago e a cabeça foram acometidos de uma dor aguda e latejante.

Tainha notou a situação de desespero do amigo.

— Tomou o remédio contra enjoo?

Júlio não conseguiu falar, mas respondeu afirmativamente com a cabeça. Ainda assim, sua feição começou a ficar pálida.

Paulo entrou com o carro na balsa sem se descuidar da condição do amigo, que estava sentado ao lado.

Júlio estava gelado.

Tainha vestiu um colete salva-vidas no amigo, mas não o tirou do banco do carro. O remédio começou a fazer efeito e associado à condição de pânico, Júlio caiu no sono imediatamente. Dormiu durante todos os 55 minutos do trajeto.

O semblante pálido.

O pulso quase não se sentia.

Praticamente um defunto.

Chegaram à Vila da Glória e Tainha não ousou acordá-lo. Então pegou a estrada. Durante o percurso, Júlio foi despertando aos poucos.

— Morri?

— Não, maluco. Não fala isso! A palavra atrai.

Ao chegarem na localidade de Torno dos Pintos, antes de alcançarem o início da trilha, uma placa improvisada num pedaço de madeira, fincada na frente do terreno de uma residência, informava os preços para estacionamento de carros e motos. O automóvel foi deixado ali, aos cuidados do morador, e seguiram a pé.

Caminharam aproximadamente uns 300 m. até passarem por uma ponte.

Paulo já tinha feito a trilha anteriormente, nem por isso deixou de levar o celular com o aplicativo de localização.

— É aqui. Esta é a entrada.

— Um galho de árvore tinha sido usado como ponto de demarcação do local, com uma fita branca amarrada. A vegetação viva e diversificada lhes dava as boas-vindas e fazia apenas uma exigência: respeito.

Passaram a ponte na primeira bifurcação e seguiram à esquerda, onde se iniciou a subida. A essa altura do trajeto, os principais obstáculos eram troncos de árvores caídas.

O córrego parecia segui-los.

Combinaram que restringiriam suas conversas ao essencial, a fim de poderem melhor sentir as vibrações paradisíacas e ouvir os delicados sons da vida ali presente: grilos, pássaros, cigarras e outros seres vivos.

Muitas ervas gramíneas, brotos, trepadeiras nos troncos das árvores, vegetação baixa e arbustos de pequeno porte.

Sobressaltos, buracos, deslizes e obstáculos. Uma cobra atravessou o caminho. Ficaram parados, apenas observando. Nesse ponto da trilha, Júlio foi alertado para redobrar o cuidado com a segurança ao andar. Não por conta da moradora que estava de passagem, mas pelo tapete verde que revestia as diferentes pedras: limo úmido, altamente escorregadio, esverdeado em diferentes tonalidades; um sabão.

Júlio patinou e se espatifou.

— Filho da puta! — exclamou em voz alta.

Paulo fez Júlio se lembrar da meta de evolução espiritual.

Riram juntos da situação.

Outra bifurcação, Paulo seguiu pela esquerda.

No caminho, visitaram uma sábia e antiga moradora do local: uma figueira centenária. Encontraram-se com a respeitosa árvore, em pose de senhora do seu bioma. Em dimensões extravagantes, a figueira era capaz de abrigá-los ou escondê-los tranquilamente, em suas altas e largas raízes.

Paulo chegou a se deitar em uma delas.

— Sabe quantos anos têm essa árvore?

A resposta de Júlio foi um balançar de cabeça em negativa e uma expressão de curiosidade.

— É mais velha do que o Brasil — explicou Tainha-. Pelo menos foi o me disseram.

— Impressionante!

Despediram-se da figueira.

Na sequência da trilha, uma pequena clareira e outra bifurcação.

O caminho ao cume era à esquerda, mas optaram pela direção oposta em busca da queda d'água.

Caminharam por aproximadamente mais 400 m.

A audição de ambos começou a capturar o cantar de águas. Muitas águas, em vozes celestes, entoavam um canto de fazer inveja às mais sublimes hostes angelicais. Uma cascata foi exposta como uma pintura entre rochas enormes, cobertas por pinceladas de uma pigmentação verde natural.

Longe das poluições sonora, visual e olfativa do "progresso" nos moldes humano, Júlio viu a sua inserção naquela paisagem como se lhe tivesse sido concedida uma audiência com o transcendente. Vozes divinas lhe traspassaram o físico e o transportaram a uma esfera metafísica.

Júlio ficou sentado em silêncio.

Paulo fez o mesmo para não estragar o momento de regeneração pelo qual o amigo estava merecidamente sendo agraciado pela mãe natureza, que, sem dúvida, tinha captado o desequilíbrio emocional em que ele havia chegado ali.

No estalar de um galho que caiu na água, Júlio sentiu que foi devolvido à reserva florestal.

O relógio de pulso indicou que ele permaneceu ali por trinta minutos.

Beberam da água que haviam levado e abaixaram-se para encher o recipiente com a água cristalina. O pouco tempo que ali permaneceram foi o suficiente para acreditarem que algum ser divino havia passado por eles e sacramentado o líquido com um toque celestial, pois viram uma porção da água se erguer do nada, como se alguém a estivesse aparando com as mãos; viram o volume de água reluzir, suspenso no ar, e então cair, tornando a seguir normalmente seu curso. Ambos testemunharam o fato e se olharam assombrados. Cada um sabia o que tinha visto e o que o outro vira também, porém apenas confirmaram o testemunho da suposta epifania com uma troca de olhares. Além disso, em linguagem muda e telepática compreenderam-se e acordaram não falar sobre o assunto.

Retornaram à senda original, o caminho que lhes levaria ao topo. Dali em diante a trilha tornou-se cada vez mais íngreme. Subiram, superando pelo menos mais uma hora de obstáculos naturais. Conforme subiam, a vegetação se apresentava mais baixa. Alcançaram uma pequena clareira de onde tinham uma visão da baía Babitonga, cidade de Joinville e de São Francisco do Sul.

— Este é o pico?

— Não, mano. A clareira principal onde o pessoal costuma acampar fica mais adiante.

Alcançaram, por fim, o pretendido espaço já preparado por antecessores. Começava a anoitecer. Nenhum dos dois tinha pretensões de perder a visão do pôr do sol daquele camarote privilegiado.

Montaram o acampamento.

Antes de se iniciar o espetáculo principal, de dentro da barraca, olhando para o céu, foram entretidos pela coreografia do exuberante balé das nuvens. Não demorou, o sol se pôs no horizonte. Amarelo com reflexos avermelhados.

Paulo sentou-se ao lado do amigo, no puro chão de barro e lhe contou a notícia que lera no jornal sobre o casamento de Helen e João Pedro.

Na frente do amigo, Júlio não conseguiu conter o derramar de uma lágrima, ainda assim, agradeceu:

— Obrigado por me contar.

Júlio preferiu esquecer o evento e focar apenas na pessoa dela. Não havia casamento, não havia João Pedro, apenas aquela menina linda do *Réveillon* na praia da Enseada. "Onde ela estará neste momento?", pensou. Se Helen estivesse assistindo ao esplêndido fenômeno da natureza, certamente se lembraria dele.

Ainda via nuvens.

"Júlio, dance com ela!".

Era a voz de João Pedro, falando repetidas vezes na cabeça dele. "Maldita recordação!", pensou. Corria feito um piolho, coçando em sua cabeça e lhe sugando o sangue.

"Nunca dançou com ela? Então, você nunca viveu".

"Dance com ela, Júlio César!".

"Dance! Viva!".

"Terei prazer na felicidade de vocês!".

Júlio imaginou-se abraçado à cintura dela no balé celeste. Tinha a sensação do toque dos delicados dedos de Helen acariciando seu cabelo e comparando-o à coloração do pôr do sol.

Paulo preparou o jantar, depois ficaram conversando e dando risadas. Às vezes, Tainha levantava para imitar os trejeitos das pessoas e apelar para uma linguagem corporal como recurso para intensificar as gargalhadas.

No findar de mais uma rotação terrestre, o mistério se iniciou ao apagar das luzes.

O silêncio foi tomando seu espaço e o sono venceu.

NÃO IDENTIFICADO

Na madrugada, Paulo acordou incomodado por ruídos estranhos. Sons metálicos como de guitarras em diferentes tons e notas musicais. Tentou acordar o amigo, que dormia na mesma barraca, mas não teve jeito, o dia sugara sua energia. Levantou-se, pois a curiosidade era maior que o medo do inesperado. Olhou na direção de onde vinham os sons e como num piscar de olhos, um objeto grande, de formato piramidal e de cores diversas, algumas até mesmo humanamente indescritíveis, girava, irradiando luzes com brilho tão intenso que Paulo não conseguiu entender como Júlio não despertou.

O objeto voador se aproximou de uma grande pedra na descida do monte.

A curiosidade se agigantou além das proporções da pedra, do medo ou da preocupação com o bem-estar do amigo. Paulo já havia constatado a capacidade de incalculável velocidade que o objeto podia atingir, contudo teve a sensação de que as luzes o atraíam e que o óvni se movimentava agora em desaceleração.

Flutuando parado, em frente à grande rocha, o brilho do óvni projetou um desenho na superfície da pedra. Paulo sentiu uma forte ardência na altura do pescoço e chegou a acreditar que tivesse sido queimado por uma embira. Apesar da sensação de ter encostado uma brasa ardente na pele, ele estava demasiadamente intrigado com o testemunho de seus olhos e ouvidos. Mais ainda, teve a impressão de que o símbolo visualizado não lhe era estranho.

Quando tentou se aproximar da imagem, ela desapareceu do nada. A intensidade e o volume dos sons foram ampliados e tão repentinamente quanto tinha surgido a pirâmide se movimentou na direção do céu e num instante, desapareceu por completo, levando consigo todo seu contingente de luz e som.

Paulo voltou para o local onde estavam acampados e lembrou-se que tinha abandonado Júlio ali, sozinho. Apressou-se preocupado e viu que o amigo ainda dormia como se nada tivesse acontecido. Quis ficar acordado para que não apagasse da memória nem um detalhe de tudo que presenciara, entretanto se deu conta de que o sono o dominava por inteiro, tornando inúteis suas tentativas de reação, como se estivesse sob o efeito de algum sedativo.

Júlio despertou com os primeiros raios de sol.

Tainha continuava dormindo.

Júlio pensou em deixar que Tainha dormisse um pouco mais, por outro lado, pelo que conhecia do amigo, assistir ao nascer do sol no alto do Canta Galo teria prioridade a alguns momentos de sono.

— Tainha!

Deu-lhe uma leve sacudida no corpo.

— Acorda, Tainha! Tomou remédio contra enjoo? — questionou Júlio com ar debochado.

Tainha despertou assustado, perdido na noção de tempo. Sua mente parecia ainda estar no ocorrido por ele presenciado na madrugada. Segurou os braços do amigo:

— Que foi? O que está acontecendo? Tá tudo bem contigo?

— Calma, mano! Você deve ter tido um pesadelo. Olha lá! — Júlio apontou para o horizonte. — O sol está nascendo!

Paulo se acalmou. Conseguiu se situar no tempo e no espaço. Levantou-se, procurou o cantil, tomou um pouco d'água e jogou outro tanto no próprio rosto.

Júlio já estava sentado, apreciando a beleza que se desenhava ao surgir na linha do horizonte a estrela maior do nosso sistema solar.

Tainha sentou-se ao lado dele. Queria apreciar o momento de forma devida, mas a mente devaneou num emaranhado de imagens e sensações. Esforçou-se um pouco mais, prestou atenção nas luzes avermelhadas e lembrou que durante pôr do sol tinha visto o amigo chorar em silêncio. Deu-lhe um tapa leve no ombro:

— Tá com uma aparência melhor do que ontem. Fico contente, cara!

Júlio entendeu a razão que levou o outro a fazer aquele comentário. Não podia evitar a lembrança de Helen, mas a dor parecia um pouco mais suportável.

— Deixa eu tomar meu remédio e subir na balsa. Depois me fala da minha aparência.

Riram juntos.

— Mas não vai se drogar ainda que eu não tô a fim de descer esse morro carregando você nas costas!

— Não, mesmo. Só trinta minutos antes do desespero.

Paulo fez um movimento para se levantar antes do outro e depois lhe ofereceu a mão, como costumavam fazer.

Júlio percebeu em Tainha uma queimadura estranha entre o pescoço e a orelha, onde ele escondia o sinal de nascença com a barba.

— Mano! Aconteceu alguma coisa contigo.

— Como assim?

Sobre o óvni, nem o próprio Paulo tinha certeza de ter vivenciado a experiência. Talvez tivesse sido apenas um sonho. Mas e se Júlio também viu ou ouviu alguma coisa? Cogitou nas próprias conjecturas.

— Por que você está dizendo isso? O que você sabe que eu não sei que você sabe?

— Eu sei que você tem um sinal de nascença e que deu graças a Deus que Ele te deu barba para escondê-lo.

Paulo escutou apreensivo. Quais seriam as conexões daqueles fatos? Teve a impressão de que havia perdido ou esquecido algo, uma peça no quebra-cabeças e que, ao que previa, Júlio tinha encontrado. Continuou quieto. Acompanhando o raciocínio do irmão de coração.

— A gente veio junto e subiu junto esse morro. Até aí, tudo na normalidade. Agora você acorda com um espaço depilado da sua barba, expondo exatamente o motivo pelo qual você cultiva essa grama na cara?!

— Não estou entendendo. Como assim? — Paulo se mostrou tão admirado quanto o outro. Levou à mão direita ao pescoço e tateou com os dedos o local da marca. Ficou parado, olhando o rosto pasmo de Júlio, tentando organizar as ideias.

— Mano, pega um graveto desse aí e desenha pra mim no chão.

Júlio atendeu ao pedido.

Conforme os rabiscos iam formando-se na terra batida pela constante presença humana, no cérebro de Tainha despertava uma transmissão sináptica, recuperando peças e informações numa combinação natural de eletricidade e química, reacendendo memórias e trazendo a si respostas e novos questionamentos.

Júlio tracejou três espirais que se formavam em direções diferentes e encontravam-se num ponto interno em comum.

Tainha, pensativo, massageou o ponto da testa entre as sobrancelhas. Em seguida, em visível agitação, começou a comprimir uma mão contra a outra alternadamente, provocando o estalar das articulações dos dedos.

— Eu conheço esse símbolo!

— É óbvio. Ele te acompanha desde que nasceu.

— Verdade, eu sei. Mas não é isso o que eu quero dizer. Sabe o que ele representa?

— Acho que tínhamos decidido que eram espirais de matar pernilongo.

— Sim, quando crianças.

Paulo ficou triste. Foi para dentro da barraca, chamando Júlio para se juntar a ele na condição de confessor.

— Aos meus 7 anos — disse Paulo-, estávamos sentados numa lanchonete, em frente à rodoviária de Joinville, a pequena Emily e eu.

Júlio se admirou pelo amigo ter pronunciado o nome da irmãzinha que falecera aos 5 anos, num trágico acidente.

Tainha continuou:

— Íamos comer aquele pastel de vento que ela amava. A mãe me pediu para olhá-la só uns minutos porque precisava ir ao banheiro. Emily começou a comer e do nada cismou que queria mostarda. — Tainha expressou um sorriso contrariado e um olhar úmido de saudades. — Levantei e fui ao balcão para atender ao pedido dela. Cheguei a subir em um daqueles bancos mais altos para não ser ignorado pelo atendente. Uma cigana que estava no entorno do local buscando quem aceitasse seu talento de ler mãos, veio até mim mais rápido que o sachê de mostarda. Com uma das mãos cobertas de pulseiras tilintantes, empurrou levemente minha cabeça para frente para poder ver essa minha mancha, que poderia estar mais bem escondida, e pronunciou uma palavra: "Trisk". Pedi licença e expliquei que eu só precisava da mostarda. Não tinha a menor ideia do que ela estava falando. Ainda assim, ela continuou: "Trisk. Ela te protege. Você é um espírito protetor". Não fui atendido. Servi-me de um punhado dos sachês e fui ter com minha irmã. Vi quando seu balãozinho fluorescente de gás hélio flutuava na rua e um carro descontrolado, que nunca foi identificado, acertou em cheio o corpinho frágil de Emily e fugiu. Minha mãe retornava do banheiro naquele mesmo instante. Ouvi os gritos desesperados dela.

Paulo começou a chorar.

— Entrei em estado de choque. Minha irmã morreu sorrindo, certa de que alcançaria sozinha a corda do balão que eu mesmo havia prendido ao bracinho dela antes de me levantar.

— Eu não conhecia esses detalhes da história — comentou Júlio, tomado de extrema compaixão.

Ninguém conhecia, talvez nem mesmo o próprio Paulo, até aquele momento de desbloqueio na memória.

— Ninguém, cara, ninguém. Criei uma verdadeira aversão ao dito sinal de nascença. Queria cobri-lo com tatuagem, mas ainda muito novo, não podia. No inverno era fácil escondê-lo com golas altas e cachecol. Aos 15 anos começaram a nascer meus primeiros fios de barba. Isso me deu um novo ânimo. Era só ir deixando crescer e cuidar. Para isso eu tinha permissão.

— E as mulheres juram que esse é o seu charme!

— Verdade. E a barba, que serviu de disfarce perfeito, ainda ficou bem em mim, por isso acabei deixando de lado a ideia de fazer tatuagem. Sabe que eu não lembrava mais a aparência do desenho?

— Porque você sempre quis esquecê-lo

— E consegui.

— Tem duas coisas que eu ainda não entendi. Primeiro: como foi acontecer esse estrago na sua barba tão asseada e bem cuidada. E o que representa esse símbolo? Que diabos quer dizer "trisk"? - Dito isso, Júlio expressou um sorriso descontraído e tentou se corrigir: — Acho que não sei contar. As dúvidas são três, né?!

— As duas últimas perguntas fazem parte de uma mesma dúvida. Começo pelas derradeiras. A cigana me falou apenas esse nome e disse que representava proteção. Com certeza ela mentiu porque ninguém me protegeu, nem eu pude proteger minha irmã. E se mentiu sobre o significado também deve ter inventado esse nome esquisito.

— Não sei o que pensar, mas podemos pesquisar juntos se você tiver interesse.

— Se eu não tiver interesse você vai pesquisar sozinho, certo?

— Acho que sim.

Ambos riram.

Paulo concordou com um movimento de cabeça:

— Vamos descobrir então.

— E o... — Júlio fez um gesto com o indicador, fingindo riscar com o dedo o próprio pescoço.

O amigo entendeu a deixa e iniciou o relato, contando cada detalhe, desde o momento em que acordara na madrugada até sua malsucedida luta contra o sono.

— Foi esse, então, o símbolo desenhado na pedra?

Um movimento de cabeça serviu de confirmação.

Paulo saiu da barraca, oferecendo a mão ao outro.

Ouviram vozes.

Era um grupo de aventureiros que se aproximava.

Recolheram suas coisas, certificaram-se de deixar tudo limpo. Antes de saírem, Júlio se deu ao cuidado de apagar com os pés o desenho feito no chão.

Pegaram suas mochilas e trilharam o caminho de volta.

36

DE CUMPLICIDADES E SEGREDOS

Quando estavam juntos, Helen podia ser ela mesma e amava a liberdade que ele lhe oferecia. Enxergava-se no espelho sem ressalvas, sem arestas para reparar, nem motivo para se envergonhar.

Ia além.

Helen imergiu na parcela do cosmos que lhe era pertinente e que foi reservada a ela por meio de uma onisciência atemporal. Reconciliou-se com sua porção divina, apaixonou-se pela sua própria pessoa, sua natureza bruxólica. Começou a se impor:

— Quando vou ser apresentada à sua mãe?

— Você ainda está com medo. Eu a levo até ela quando você quiser, mas, uma vez feito, não há como recuar. Tem que chegar na frente dela sem se encolher, sem se abaixar, de outra forma você terá que fazer isso sempre, ou fugir da presença dela, e nenhuma das duas opções dignificam a rainha que você é. Não pode vacilar e não engole nada, mas minimamente nada que não seja do seu gosto. Eu me humilho para tentar conquistá-la desde que nasci. Você não se chama João Pedro e eu amo isso em você. — João Pedro fixou nela um resoluto olhar de tabelião conferindo firmas.

— Entende o que eu digo?

— Eu posso fazer isso, mas não na casa dela.

— Tem que ser. É no primeiro contato que ela vai saber quem você é e para que veio. Isso não vai acontecer num terreno neutro. A intimidação não pode ficar no ar, suspensa, deixar tempo ou frestas pra ela ficar te alfinetando, dar um troco em outra oportunidade, manipular o seu psicológico.

— Ela manipula você?

— Sempre. Até agora, nas minhas palavras.

— Sabia que você também é manipulador?

A seriedade do olhar dele carregava um pedido de desculpas que, apesar de sinceras, não superavam o sentimento de gratidão pelo comentário despido de julgamento, como se ela fizesse referência a um hábito inocente, como sua preferência de cor de camisa. Nas entrelinhas das palavras dela ele se permitiu ler: "Eu aceito você e o amo como você é".

— Eu sei. Que bom que você me olha no fundo dos olhos e me enxerga.

Aquele ratificar dela, tão simples quanto gostoso, fê-lo resgatar uma sensação que havia tido há alguns meses, num banho de mar que tomaram juntos, no fim de semana em que ela o aceitou por namorado, na Praia Bonita, em Penha.

Olhou-a de um jeito maroto, deixando escapar um sorriso que não dizia tudo, mas ansiava por revelar algo interessante, e a deixou instigada.

— Que foi?

— Vamos agora pra Enseada — disse Pedro — tomar um banho de mar?

O convite dele poderia parecer desconexo, mas pelo tanto que já compartilhavam em tão pouco tempo, davam-se a saltos no escuro, cumplicidades e segredos com os quais adquiriam a propriedade de ver o inesperado de um ao outro, como uma resposta aos anseios de cada alma.

— A praia deve estar lotada. Você sabe...

— Sim, eu sei. Você não gosta. Podemos ir de madrugada.

— À meia-noite, pode ser?

Apesar de ainda não estarem no verão propriamente dito, o dia tinha sido quente. Entraram juntos na água.

— Está sentindo, Helen?

Estavam de mãos dadas. A água estava mais para fria do que para morna.

Helen olhou a expressão dele. João Pedro era parte do mar.

Amavam-se, ele e a imensidão daquele habitat líquido de incontáveis vidas e espécies.

Os olhos dele se fecharam como ele fazia, religiosamente, cada vez que ela o beijava. A diferença é que ela lhe esgotava o ar, já a águas em concentração, pareciam fomentá-lo no essencial elemento.

A brisa já não oferecia perigo como em outros tempos.

Na companhia dele, Helen não sabia o que era frio.

Abrindo os olhos lentamente, Pedro se encantou com o brilho acetinado que a luz do luar purpurinava nas gotas de água sobre o corpo dela.

Sob o efeito hipnótico daquele reluzir, ouviram claramente o sussurro do vento:

"A genitora não é a mãe... Mãe é a divindade que tudo governa".

— Quem falou isso? Helen, que voz foi essa?

Helen sorriu maravilhada e o beijou.

— Você também ouviu? Tá de brincadeira! O que foi que ouviu?

— Algo sobre mãe, genitora, divindade... Não estou certo, Helen. Fui apanhado de surpresa. Parecia até você e seus beijos.

— Às vezes eu ouço essa voz falando comigo.

— Por que nunca me contou?

— Medo de ser julgada.

— E agora? Tem medo ainda? Consegue entender que estamos juntos nessa? Conta mais sobre isso.

— Acho que começou quando eu tinha uns 8 anos. As falas são repetidas, como uma reza de benzedura. Às vezes são vários versos, outras vezes um ou outro verso, ou, ainda, como agora, frações de versos. Eu não entendia antes, mas agora...

Ela era toda euforia e satisfação.

— Pode contar.

— Já sei o que fazer. É sobre a sua mãe. Você tem algo pra me contar, mas ainda vamos descobrir o que é. Podemos sair daqui?

— Acredito que há quarto disponível no hotel. Vamos.

— Toma banho comigo? Os olhos dela o capturavam com malha fina.

Tentou retribuir o olhar, mas as astúcias dela eram feitas sob medida para ele. Não era conveniente à presa ressarcir à armadilha que a cativava.

— Que escolha eu tenho?

No hotel, depois do chuveiro, sentaram-se no chão, ao lado da cama para conversar. Ela tinha mais esse capricho. Pedro gostava daquelas pequenas excentricidades.

— Por que seus pais ainda vivem o casamento?

Os olhos de João Pedro brilharam. "Como ela faz isso?", pensou antes de falar.

— Por ventura, vossa alteza sabe iniciar alguma coisa pelo começo? Às vezes tenho a impressão de ter pego a conversa pela metade.

Helen sorriu. Estava claro que ele gostava daquilo. Nenhum olhar reluziria daquela forma sem espontaneidade. O sorriso dela falava tudo que interessava a ele, e o tendo conquistado, Pedro deu-se por satisfeito e respondeu à pergunta com a qual ela o atropelou:

— Eu acredito que no fundo meu pai ama Ângela. Atração não sente, mas é como se ele fosse responsável pelo bem-estar dela. Além do mais, ele se importa com julgamentos moralistas sobre a pessoa dele. Se fosse comigo, se eu fosse homossexual, ele enfrentaria o mundo para me defender. Quando o assunto sou eu, ele se transforma. E é por isso que ele ama você.

Os olhos dela estavam atentos, Helen era uma investigadora, buscava algo. Pedro aproveitou a receptividade para sublinhar uma mensagem.

— Ah! Ele a ama porque espera que você dê netos a ele.

Helen não pôde evitar o sorriso.

— Tô bem arranjada na mão de vocês. Ele tem algum namorado?

— Tem. Em Foz do Iguaçu.

— Nossa! Que bacana! Você nunca falou!

— Não tinha porque fazer isso.

— Entendo. Seu pai é muito discreto. E a sua mãe, por que não se divorcia?

Pedro sorriu com um movimento sutil dos lábios, mas os olhos ficaram sérios, sugerindo que ela adivinhasse a resposta.

— Tô esperando.

— Um bebê? Já?

— Otário! Vamos, responde.

— São casados sob o regime de separação total de bens, com pacto antinupcial.

— Caraca! Puta que...! — exclamou Helen num estatelar dos olhos.

— Olha a boca, menina! — Pedro não a deixou concluir.

— Seu pai foi esperto e prático, hein! É aquele casamento: o que é meu é meu, o que é seu é seu?

— Esse mesmo. Meu pai alega que foi bem assessorado. Nos negócios e na vida pessoal.

— E a sua mãe não tem nada no nome dela?

— Bem... Ela herdou muitas dívidas que foram saudadas, honrosamente, uma a uma, por Guido Manfredo. Com o casamento, Angel se dedicou ao trabalho de esbanjar. Ainda assim, ela tem o suficiente pra viver uma vida digna, mas não pra manter o luxo e o padrão de vida a que está acostumada.

— Vocês não acreditam que ela poderia providenciar a morte dele caso fosse ameaçada por um possível divórcio?

— Eu sim. Mas certa vez, em uma das nossas brigas, quando eu ainda era adolescente, joguei na cara dela que se alguma coisa acontecesse ao meu pai, no dia seguinte ela estaria trancafiada na cadeia. Como ela sempre teve medo dos meus dons e nunca tentou entendê-los, Angel pensa que de alguma forma sobrenatural, eu poderia provar a participação dela num possível crime e garantir a sua prisão.

Helen impôs um olhar de superioridade, erguendo levemente o queixo e empinando o nariz.

— Pode marcar o jantar para este fim de semana.

— Estou com medo de você e não posso fugir. Lembra que eu não leio pensamentos. Explique-me.

Ela se levantou ainda despida. Pegou o vestido que descansava com os lençóis e o colocou no corpo, a começar pela cabeça. Depois de eclipsar parcialmente sua nudez, sentou-se à beira da cama e foi vestindo a calcinha, num jogo de mostra e esconde, no qual ela era a regra e as peças do jogo eram suas pernas, coxas, a cúmplice lingerie, as mãos e as unhas compridas realçadas pelo branco do esmalte, e o indesviável olhar enxadrista dele, que numa posição privilegiada de submissão assistia a cena de baixo para cima.

Helen pegou a chave do carro que estava sobre o balcão e a sacudiu, produzindo um tilintar ao contato com as outras peças do chaveiro.

— Confia em mim?

— Nossa! — Pedro desobrigou o fôlego que nem sabia ter encarcerado no peito: — Com a minha vida. Mas... — deu uma vacilada na fala enquanto se erguia para sentar ao lado dela: — Cuidado com os segredos que não nos pertencem.

— Apenas confia.

Ele confirmou com um aceno de cabeça.

Na sexta-feira à noite, Pedro chegou em casa acompanhado da namorada. Em seus mais de 27 anos, era a primeira vez que fazia isso. Sentia-se uma criança e previa em seu íntimo as reações do pai e da mãe.

Apreensivo, Guido veio recebê-los. Sorria por todos os poros. Seus olhos brilhantes alternavam a direção entre o filho e Helen.

Pedro voltava a ser um menino responsável, detentor de um potencial incompreensível para o pai.

Helen parecia uma fada, trazendo vida para suas vidas, enriquecendo sua pobre mansão com seu jeito simples e adorável de ser, seu vestido vermelho de tecido esvoaçante, o braço ornamentado por excessivas pulseiras na justa medida da energia que a acompanhava. Deixava escaparem olhares magnéticos, a maquiagem era discreta, cabelo de medusa com cachos vivos, prontos para hipnotizar e matar.

Após abraçá-los e beijá-los com extremo afeto, o anfitrião os convidou a sentarem-se e lhes ofereceu algo para beber.

— Pai, deixa que eu faço isso. Certifique-se de que Angel se faça presente no jantar.

Mesmo aflito, Guido assentiu com a cabeça. Vinte minutos depois, retornou acompanhado.

João Pedro adiantou-se na direção de sua mãe, cumprimentando-a:

— Boa noite, Angel. Esta é a Helen, minha namorada. Minha futura esposa. — Foi irresistível para ele falar a última frase.

Como a mulher à sua frente não se manifestava, Helen estendeu a mão.

— Boa noite, dona Ângela!

Ângela olhou-a de cima a baixo.

Negra, periférica, uma escrava do sistema, subalterna, herdeira de uma genética de subclasse servil, coberta por tecidos baratos de cestos de oferta de lojas do povão, sandálias sem nome próprio, ornada de bijuterias, provavelmente recicladas ou reaproveitadas, maquiagem de quinta, era provável que o material do batom fosse até cancerígeno. Cabelo selvagem e bolsa falsificada. O perfume era parcialmente aceitável, mas com certeza um produto similar com no máximo 25% da essência original. Para os seus critérios seletivos, a figura lhe causava asco, e a forma com que Pedro a apresentou, tomou por uma afronta pessoal. O asco se tornou um repúdio incontornável. Forçou um sorriso que não saiu. Imaginou ter sentido ânsia de vômito. A reação resgatou nela os horrores da gravidez e ainda que o olhar do marido estivesse cravado nela, não conseguiu retribuir o gesto cordial da moça.

Helen não se fez de ofendida.

Por um instante, Pedro remiu de seu inferno um menino, capacho de sua genitora, e que se acostumava a viver das sobras de um carinho implorado.

Foi um lampejo.

Olhou para a namorada e a vislumbrou impassível como uma Atena nascida adulta. Uma deusa nanica que de seus 1,55 cm agigantou-se, estabilizando-se em 12 m de colossal estatura.

Helen se virou, desprezando a presença de Angel.

— Então seu Guido, vamos jantar? Não sei vocês, mas eu vim com fome.

— Sim, querida. Já solicitei que o jantar seja servido. Vamos nos sentar à mesa. Só uma coisa... — direcionou a ela um olhar que, se Helen não soubesse da opção sexual dele, poderia arriscar que estivesse apaixonado por ela. Era o tipo de olhar que não passaria despercebido a nenhuma mulher.

Angel também percebeu a luz exacerbada no rosto do marido. Nunca tinha recebido dele uma expressão tão calorosa. Apenas João Pedro tinha aquele dom, e agora Helen. "Deve ser dada à feitiçaria de negros" pensou. Lembrou-se do infeliz depoimento de uma amiga que passara por semelhante situação e já a tinha alertado sobre a companhia de João Pedro. Essa amiga de Angel alegava ter perdido o marido para as artimanhas ocultistas de uma negra suburbana. Perdeu o marido, mas não a fortuna, uma vez que se beneficiava de um belo acordo pré-nupcial. A incontestável prova de que o ex-marido fora contaminado por ardiloso e demoníaco sortilégio é que na audiência do divórcio ele se manifestou feliz e realizado, vivendo uma vida de classe média.

A recordação da experiência que lhe fora testemunhada a fez sentir uma brisa que a arrepiou dos pés até a nuca, porém a escultura dourada feita profissionalmente, com os fios de cabelo sobre a cabeça, permanecia impecável. Angel olhou para o rosto do homem ao seu lado. Não reconhecia naquela pessoa ao Guido Manfredo, seu companheiro de longos anos.

— Me chame apenas de Guido, por favor!

Guido estava tomado de uma sedução por Helen, mas obviamente não da mesma categoria que cativara seu filho. Seduzia-se pela promessa de felicidade que ela irradiava e o contagiava.

João Pedro via esse sentimento no pai como qualquer ser humano veria.

Angel notou que a senzala se atrevia a dar ordens na casa grande. Era o momento de cortar o mal pela raiz:

— Ah! Guido é sempre generoso e gosta de alimentar os famintos. Só não concordo que comece a trazê-los para o nosso teto.

João Pedro teve ímpetos de esganar a mãe com as próprias mãos. Tinha que ser com as mãos nuas, com força, para vê-la sufocar lentamente e fazê-la implorar por um perdão que ele não lhe daria, porque caberia à sua amada a decisão sobre a extensão ou extinção daquela vida abjeta. Mas sabia que por não ser dado a tais rompantes, não saberia onde ativar o próprio freio e a oportunidade lhe nutriria de um prazer inédito que seria explorado até seu ápice, e, de um orgasmo transloucado, desfrutaria o glorioso prazer que só poderia ser saboreado por uma fêmea. Assim, depois de ver morta sua genitora, deleitar-se-ia na visão de Helen a escarrar e cuspir em sua face fria e pálida, e acompanharia de perto a secreção escorrer pelas marcas arroxeadas imprimidas por ele naquele pescoço que o fazia lembrar-se do corpo de uma naja.

Percebendo a expressão incomum nos olhos do namorado, Helen segurou a mão dele e o beijou na boca, fingindo ignorar os demais presentes. A estima elevada dela o tonificou e ele sentiu-se um homem, em pé, diante de sua mãe, preenchido por um amor tão pleno e tão feminino que o revestiu contra os ataques vindos da precariedade da alma materna.

Helen cochichou no ouvido dele:

— Lembra da sua teoria sobre a liberdade de pensamento?

O namorado lhe sorriu carinhosamente, como se pudesse afagá-la com os olhos:

— Minha adorável bruxinha, eu estou quase acreditando que você lê mentes. Aquilo entre Angel e eu não foi um pensamento, foi uma imaginação.

Ao sorriso dela, foi ele quem a beijou levemente nos lábios.

Sentaram-se à mesa.

Até para andar e se sentar Helen tinha um gingado que irritava Angel.

Toda sua colocação, seus gestos e trejeitos à mesa pareciam ofensivos e ameaçadores à mãe de Pedro.

— Vou ao toalete. Só um instante, pois não me sinto bem. Espero que vocês me entendam.

Todos entendiam e sabiam qual era a intenção dela.

Se não fosse a de irritá-los de forma a ganhar a oportunidade para exprimir todo seu parecer sobre a pessoa de Helen e seu redondamente deturpado propósito de fazer parte da família, só poderia ser a de escorraçar a invasora, contaminando-a com o amor-próprio, digno de um verme.

Assim que ela se ausentou, Helen se dirigiu ao namorado.

— Onde fica o banheiro? Esse que ela foi.

João Pedro e o pai entreolharam-se.

Ambos indicaram o caminho e pagaram para ver.

Helen entrou no banheiro e a viu lavando as mãos.

— Boa noite, dona Ângela.

— Me desculpe, eu lhe conheço? Acho que você está perdida. O banheiro dos serviçais fica nos fundos da residência.

— Que bom que já sabe o caminho porque em breve será o único banheiro da casa onde a senhora poderá cagar se continuar falando merda em público.

— Ah! Como ousa, sua negra nojenta? Favelada atrevida! Feiticeira imunda!

Helen arregalou os olhos e deitou a mão sobre o peito, fingindo-se de ofendida.

— Sou negra, disso me orgulho. Sou favelada atrevida, graças a Deus! Oxalá todo pobre neste país tivesse a metade do meu atrevimento. Nojenta e imunda é a criatura que a senhora vê quando se olha no espelho. Agora, sobre ser feiticeira, ainda há um debate sendo estabelecido sobre o assunto. O João Pedro comentou algo a respeito? — Helen respondeu, num tom recheado e coberto do mais puro sarcasmo.

— Sim, feiticeira. Já estou bem informada dessas práticas de submundo. Joga essa sua macumba de preto sobre a minha família querendo uma ascensão social, uma vida de luxo. Conheço esse tipinho. — Assim dizendo, ergueu o dedo afrontosamente na cara da moça.

A força centrípeta dos olhos castanhos sobre os olhos amargurados e ressentidos da outra asseguraram a Helen a necessária tranquilidade e determinação:

— Se eu fosse uma pessoa como a senhora descreve faria um feitiço para forçar o Guido a se divorciar dessa alma triste e mal-amada com quem ele se casou sabe-se lá por qual motivo. Não sei. Talvez ele se decidisse pelo divórcio por amor ao filho que, ainda talvez, eu digo assim, numa suposição, talvez já estivesse enfeitiçado. Mas não. Não mesmo. Isso seria impossível. O Guido não ama tanto assim o filho a ponto de mandar pastar a esposa por quem é apaixonado. É apaixonado, não é mesmo? Então fique tranquila. Ele não dispensaria assim, de repente, com uma mão na frente e outra atrás, uma mulher tão sedutora, uma mãe tão afetuosa... Mas isso tudo é só suposição.

Angel, tomada pelo ódio do qual era autodependente, conseguiu, enfim, desvencilhar-se daquele olhar que ressoava nela sua própria imundície.

Helen virou-se para o espelho, retocou o batom, conferiu o esplendor dos cabelos e saiu erguida sobre os saltos dos sapatos sem nome, nem sobrenome. Elevou o posicionamento do queixo e os ombros, enaltecendo a robustez dos seios e os contornos arredondados do nariz e dos lábios.

Num caminhar mais ritmado que o costumeiro, saiu deixando seu rastro, sem tocar a superfície da porta, que se abriu e fechou para sua passagem, concedendo-lhe ares de majestade, fazendo com que Ângela se sentisse traída até mesmo pelo renomado arquiteto que planejara os confortos da casa.

A última a deixar a mesa foi a primeira a retornar.

Seu ar de tranquilidade trouxe alívio aos dois, que aguardavam apreensivos, sem condições de saborear o que comiam.

Mas se Helen estava viva e inteira, como estaria a outra mulher?

Ainda no banheiro, Angel chorou, degustou e engoliu o próprio ódio. Lavou o rosto, enxugou e retocou a maquiagem importada e voltou à companhia dos demais à mesa de jantar.

Pai e filho vidraram os olhares na tão aguardada figura nefasta.

Helen quebrou o silêncio.

— Esse jantar tem o dedo do João Pedro, certo?

Ângela, que ainda detinha as atenções masculinas, respondeu prontamente:

— Que bom que você gostou, Helen querida. Foi o Guido quem escolheu o cardápio e passou para cozinheira.

— Ah! Que gesto atencioso. Não esqueceu minhas preferências!

— Mas Helen, por favor, somos quase parentes. Se não for pedir muito, gostaria de ser chamada apenas de Angel, tudo bem? Esqueça o "senhora" e "dona".

Guido e o filho olharam um para o outro sem entender nada. Qual seria o motivo e o propósito da trégua na hostilidade?

— Angel. Sim, bem melhor. Combina com seus olhos angelicais.

Angel sorriu. Lembrou-se que há mais de meia hora havia deixado a visitante no vácuo quando se negou a recepcioná-la. Estendeu uma das mãos sobre a mesa, na direção de Helen, que alcançou-a, apertando-lhe os dedos com uma intimidade fingida. Assinavam ambas, assim, um pacto de preservação das aparências, ao menos diante das duas testemunhas as quais encontravam ligadas por laços feitos de diferentes matérias.

— E como ela se chama? A cozinheira — perguntou Helen.

Angel deu uma desengasgada no tempero que passava pela garganta. Não gostava de alimentos carregados nos condimentos, mas, pelo visto, a opinião dela pouco importava, era voto vencido entre os presentes. Aproveitou para tentar reavivar a memória ou ser socorrida na busca por resposta à pergunta que lhe foi dirigida. Para decepção dela, nem o marido, nem o filho, estavam em condições de falar, eram plateia estarrecida naquela inédita encenação.

— Acho que é Maria — chutou.

— Não, Angel. — Guido por fim conseguiu se manifestar. — A Maria você demitiu durante a semana, lembra? No mesmo dia em que eu lhe contei do jantar de hoje. A senhora que preparou o jantar se chama Lucelena.

— Ah, sim, que lapso! — Ângela dissimulou um constrangimento. — Fiz confusão. Vocês não me interpretem mal, mas fiz questão de contratar uma profissional bem mais qualificada para atender a este momento tão especial.

Guido olhou para Helen com um sorriso cúmplice, movimentando a cabeça de forma a desmentir as escusas da esposa. Levou a mão direita ao peito, inclinou a cabeça com sutileza e encarou a futura nora com carinho, movimentando os lábios numa fala que não emitia som, mas que João Pedro fez mentalmente a leitura labial: *"Grazie mille!"*

PAGA-SE O PREÇO

Helen e seu casamento eram assuntos proibidos na presença de Júlio César.

Um colega da Estiva viu a foto numa rede social e fez um comentário:

— Vocês conhecem o João Pedro, filho do dono do hotel? É gente daqui. O pai dele nasceu na Vila da Glória. Viram com quem o rapaz se casou?

Júlio não estava assim tão próximo, mas teve a atenção capturada.

Não queria ouvir. Ia sair. Pressentiu que preservaria mais a saúde na companhia de um cigarro do que permanecendo ali e ouvindo o que o tal estava prestes a dizer, mas não foi tão rápido em sua fuga e ouviu o sujeito concluir a fala:

— Esses filhinhos de papai só fazem negrice! - Começou a gargalhar sozinho, achando-se o gênio do trocadilho preconceituoso.

Mas para quê?

— Repete isso se você for homem. — Apesar da firmeza nas palavras, Júlio aparentava tranquilidade.

O outro riu e sentindo-se desafiado e confiante na costumeira impunidade de sua fala, não só repetiu, como ainda enfatizou o que a ele parecia ser mais engraçado:

— Só fazem merda, trabalho de negro, negrice. Entendeu agora?

Calou-se o sorriso debochado cheio de dentes desgrenhados. Foi nocaute. De três socos bem dados, um acertou em cheio o queixo do cidadão, deslocando a mandíbula, e deixou-o inconsciente com o corpo estirado no chão.

— Racista filho da puta! — bradou Júlio, como um urso com a boca cheia de mel e cuspindo gotículas de salivas que voaram na direção do outro como se fossem abelhas vivas. — Levanta pra apanhar mais, seu merdinha!

A turma do "deixa disso" não teve nem o trabalho de separar, só de socorrer.

A ambulância do sindicato levou o desmaiado direto para o hospital de Joinville.

Na ausência do agressor, explicaram-se a situação e nunca mais falaram sobre o tal casamento, nem o nome de nenhum dos consortes.

A atitude de Júlio foi enaltecida entre estivadores e terrestreiros. Diziam que o cretino pagara foi pouco pelas ofensas que costumava destilar, até então impunemente, visto que um mês depois estava de volta ao trabalho, mas não se ouvia mais emitir opiniões.

Parece que o pessoal estava farto dos comentários asquerosos do dito-cujo.

O próprio Tainha relatou ter se indisposto com o mesmo fulano, que certa vez, enquanto preenchiam uma ficha no trabalho, achando-se na condição de bom conselheiro, comentou que ele não deveria se declarar negro, pois era moreno e tinha olhos verdes.

— Cara, a declaração étnico-racial é de escolha de cada um.

— Mas você não precisa se diminuir.

Paulo ficou tão estupefato que quase não encontrou resposta.

— Não me envergonho de minha ancestralidade. Nem dos brancos, nem dos negros, nem dos indígenas.

A mãe de Tainha sempre lembrava que era descendente dos valentes indígenas Xavantes, conhecidos por "povo morcego", da região montanhosa do Roncador, no Mato Grosso.

— Mas por ter essa riqueza étnica, negros e indígenas por ascendência materna e europeus pela ascendência paterna — explicou tranquilamente —, posso optar e escolho dizer que sou negro.

Mais absurdo que o primeiro comentário que lhe foi feito foi a resposta que veio depois de sua explicação e que lhe deu a certeza de ter desperdiçado seu melhor latim não com o santo do pau oco, mas com o excremento da larva que o consumiu.

— Tainha, você tem parentesco com bugre? Mas não dá pra dizer. Você é tão trabalhador e vaidoso. Esses índios são fedidos e preguiçosos.

— Ele falou isso pra você, cara? — perguntou Júlio, inconformado com a calma do amigo durante o acontecimento e ali, no momento em que narrava, pois sabia que Paulo tinha um soco de direita que argumentava muito bem com tipinhos como aquele.

— Tô lhe dizendo... Mas deixa pra lá, esse escroto não merece o nosso tempo. Olha só. — Mostrou uma imagem no celular, fruto de uma pesquisa rápida no Google. — Triskle! Esse é o nome certo. — E seguiram lendo silenciosamente enquanto Tainha passava o dedo sobre a tela. — "Relação animista"... Já tinha ouvido falar nisso?

— Animista... — A resposta de Júlio foi uma negativa com a cabeça.

— Olha o que diz aqui. Parece que é coisa de mulher.

— Essa animista?

— Não, mano. O símbolo. Por mim tudo bem. Eu não tenho problema com isso. Mas qual seria a minha participação nessa história? Se não fosse o óvni e a imagem que eu vi, poderia dizer que esse símbolo no meu corpo é só uma coincidência.

— Não é coincidência, cara. Tem coisa de misticismo. Lê aí.

Júlio arregalou os olhos, direcionando-os ora para o rosto do amigo, ora para o texto na tela do celular.

— Já li algumas vezes, não só esta, mas em outras fontes também. Não pensei que eu fosse lhe dizer isso, mas a gente vai ter que voltar naquele lugar.

Só de pensar no translado obrigatório Júlio sentiu as tripas revirarem.

— Preciso comer alguma coisa. Ainda estou de estômago vazio.

Concordaram que teriam que voltar ao lugar, mas não conseguiram decidir quando seria.

A pesquisa, contudo, não terminou. Meses mais tarde, Tainha ficou sabendo de uma cigana que atendia no Verde Teto.

Foram juntos. Paulo não se sentia confortável em encarar uma cigana. Tinha a sensação de que eram emissárias de más notícias.

Ficaram parados em frente à casa que lhes foi indicada. Um sobrado de alvenaria. O jardim parecia um mundo encantado de contos irlandeses: muito verde, flores, dois chafarizes, miniaturas de gnomos e fadas.

Tocaram a campainha.

Enquanto não eram atendidos, Júlio resolveu descontrair a tensão do amigo com uma conversa:

— E o curso de mergulho? Era o que você esperava?

— Tô amando. Acho que me encontrei. Nasci pra isso.

— Vai mesmo sair da Estiva?

— Vou sim. O certificado de mergulhador tem validade internacional. Quero viajar um pouco por esse mundo que me espera.

— Legal! Você merece. E tem muita gente que precisa conhecer você também. Só não sei como eu vou me virar sem você.

— Nem se preocupe. Deus tem tudo planejado, não vai te desamparar. E eu volto a tempo pro seu casamento.

Júlio riu, entretanto balançou a cabeça negativamente.

Uma senhora veio à frente da casa para atendê-los.

— Boa tarde! Madame Aurora?

— Sim. Entrem.

— Nós somos Júlio e Paulo César.

Tainha olhou contrariado para o amigo, pois não julgava sensato que clientes em potencial de uma suposta vidente entregassem de bandeja seus nomes numa apresentação convencional.

Júlio percebeu que Madame Aurora se expressou de uma maneira diferenciada ao toque das distintas mãos. Olhou para o amigo para ter certeza de que não imaginava coisas.

Paulo o fitou com um dos olhos entreabertos, sinal de que também tinha notado algo estranho.

A senhora os convidou a entrar em sua sala de atendimento.

Sentaram-se sob o olhar fixo e minucioso da mulher.

Madame Aurora não se parecia com a imagem da cigana que Tainha trazia de infância. Era uma mulher comum. Deveria ter uns 60 anos. Pele branca, cabelo claro e olhos negros. Não usava saia colorida. Vestia uma calça jeans e camisa preta. Ornamentava-se com pulseiras e correntes, mas boa parte delas ficavam escondidas pela camisa. Um detalhe não passou despercebido. Dentro da argola do brinco havia um pequeno pingente na forma do objeto sobre o qual desprendiam investigação: o triskle.

Aurora também se mantinha atenta ao olhares de ambos.

Antes que dissessem a que vinham, ouviram-na comentar:

— O fogo e o protetor na minha casa. Deu uma risada. Não do tipo assustadora, mas de satisfação.

— A senhora é cigana mesmo?

— Não. Não sou. Na verdade eu era prostituta.

— E uma coisa impede a outra, é?

— Acredito que não, mas o que eu quero dizer é que não venho a uma linhagem de ciganos. Agora, a senhora a quem eu dei acolhida e que me passou muito dos seus conhecimentos há mais de vinte anos, ela sim, era cigana.

— E ela, onde está? Morreu?

— Seguiu o caminho dela. Madame Cristala se dizia imortal.

A dita cigana do Verde Teto fez uma pausa para ler as expressões e os gestos dos dois e em seguida comentou:

— A matéria dividida com amor não traz subtração a ninguém. O conhecimento quando compartilhado com alguém que o busca só tende a se expandir.

— Então, não precisamos pagar em espécie pelo conhecimento que viemos buscar, não é? — comentou Paulo, que ainda sentia-se desconfortável naquele local,

— Os poderes que carrego são de espiritualidade cigana. O uso precisa ser cobrado e pago para que não se converta em maldição. De um jeito ou de outro, paga-se.

Paulo se arrepiou com essas palavras. Em pensamento, viu um carro aparecer do nada e tirar a vida de sua irmãzinha. Cochichou no ouvido do amigo. Queria sair dali no mesmo instante. Júlio o advertiu que o medo era desnecessário, pois tinham dinheiro para recompensar as habilidades místicas que lhes seriam prestadas.

— Por que a senhora nos chamou daquele jeito, fogo e protetor? - Questionou Júlio.

— Ora, ainda carece explicação? Você é a personificação do fogo. Já o Apolo é de natureza protetora, um mediador e que, se eu não me engano, tem uma força física além do normal, mas não controla essa manifestação super-humana.

— Paulo, a senhora quis dizer — Júlio corrigiu o nome do amigo.

— Pode ser. Só que o Apolo é pacífico, porém, para azar dos adversários, o pé de encrenca foi treinado pelo melhor.

Os dois se olharam com vontade de rir. O parecer da mulher sobre o que eles mesmo já sabiam estava certo, mas o nome do Tainha ela insistia em trocar.

Júlio precisava de respostas pragmáticas e não de vagos pareceres.

Rebuscou os bolsos à procura de um pedaço de papel, que carregava muito bem dobrado, e foi abrindo-o aos poucos, dobra por dobra. Deixou a folha sobre a mesa e, por fim, passou a mão em sua superfície com força, como se passasse a ferro quente um tecido amarrotado de puro linho.

Deu-se por satisfeito no alisamento do material e permitiu que se vissem os detalhes do símbolo que ali se encontrava, delineado com traços firmes, uma vez que era cópia, feita à mão, de um livro da biblioteca pública.

— Por favor! O que a senhora pode nos contar sobre esse símbolo? Mas não queremos as patagaiadas que já encontramos na internet e nos livros. Queremos saber na prática o que esse símbolo tem a ver com a vida do Apolo ali.

— Papagaiada — Paulo corrigiu.

— Do que você está falando?

— Não se diz patagaiada. O certo é papagaiada.

A ocultista achou graça dos dois.

Tão infantis para suas responsabilidades.

Estava certa de que eram personagens fundamentais no desenrolar da profecia, cujo cumprimento se aproximava. Apesar do aparente despreparo, não os subestimava em suas divinas missões.

Uma vez que a deusa elegia seus emissários não se questionava a decisão, pois a suprema mãe conhecia todas as vidas, todos os espíritos gerados neste planeta.

— Esse símbolo indica que você, Apolo, é uma energia treinada e aperfeiçoada para guarnecer outras energias que seguem os planos superiores, garantindo, assim, que se cumpram as designações supremas, resguardando o ser humano de si mesmo e da ameaça que representa a outras manifestações vitais, como vegetação, espécies animais, a água e tudo que depende dela.

— Poxa vida! Onde eu estava quando se extinguiram os dinossauros? — ironizou, indicando com o principiar de uma ofegância, que a austeridade no falar da mulher o estava deixando apreensivo.

Aurora conhecia a profecia de cor e salteado, sua mentora a fazia repetir quase todos os dias, mas, ainda assim, não pretendia decepcionar as expectativas de seus ilustres clientes. Colocou um turbante colorido na cabeça, retirou o tecido que cobria sua bola de cristal e perguntou ao objeto como se ele fosse alguma ferramenta de pesquisa:

— Ó, instrumento de infinita sabedoria, ajude-me a esclarecer às vivas almas presentes, sobre suas questões existenciais.

Falando isso, pressionou com um dos pés, coberto pela toalha da mesa, um dispositivo elétrico, acionando a luz multicolorida da bola "mágica". Com as duas mãos abertas se movimentando um pouco acima do objeto e os olhos fechados, dando a entender que captava mensagens de um plano transcendente, Aurora arregalou os olhos de forma abrupta e bateu palmas duas vezes, desligando, em seguida, o interruptor que acionara recentemente e disse as seguintes palavras em tom de declamação :

"O homem destrói a vida do homem,

Na iminente extinção de uma espécie,

Entre humanos reencarna a própria mãe que é filha

Reencarnada mediante o retorno

Do filho que é pai.

Da água viestes, para água voltarás".

Júlio mostrou-se desconfiado:

— Que estranho!

— Que parte? — Quis saber a cigana.

— Esses versos... Não deveriam ser rimados?

— Tudo bem. Vou lhes falar o que eu sei. Vocês conhecem o morro do Canta Galo, na Vila da Glória?

Os dois se olharam, entendendo que estavam sendo feitos de bobos e acreditando ambos que, agora, a conversa estava ficando séria.

— Sim — responderam juntos, de imediato.

— Nas rochas do Canta Galo — disse ela — há uma porta de entrada para um mundo existente no centro da terra. Um reino de hiperbóreos.

— Você leu alguma coisa sobre isso na sua pesquisa, Tainha?

— Sim, mas não levei em consideração, pois dizia respeito a povos do hemisfério norte. Li também que um pesquisador, um colono alemão, dedicou seis anos da sua vida nessa pesquisa, mas não conseguiu comprovar nada.

— Somente aos eleitos da deusa-mãe é permitido o acesso e o conhecimento. Não se distribui preciosidades a quem não lhes dará bom uso. Essa divisão da terra é passível de imprecisões se considerarmos que há milhões de anos toda porção de terra sobre as profundas águas formava apenas um continente. Vocês podem ter acesso a esse portal, mas não conseguirão adentrar ao mundo interior porque ainda não são seres evoluídos nem criaturas míticas, mas podem descobrir lá registros antigos que desvendam mistérios sobre o símbolo e a profecia.

— Registros antigos? Aposto que não estão em português.

— Não. Não estão em nenhuma língua moderna. Vocês vão precisar de um exímio linguista. O mais indicado seria um dos filhos de Heumac. Seres mestiços, filhos de um ser divino com mulheres humanas.

— Onde? Onde encontramos um desses? — questionou Tainha.

— Com certeza, pelo litoral, em qualquer lugar do mundo banhado pelos oceanos. Nesse caso, um do Atlântico seria mais plausível.

— Nossa! Não tem uma bússola, um GPS, um endereço de e-mail aí pra gente?

Assim que Tainha terminou de perguntar, uma luz irradiou da marca no seu pescoço. Do pescoço, a incandescência vibrou para as pontas dos dedos. Ele olhou para bola de cristal. Aurora pediu que ele tocasse o objeto com as mãos.

Tainha encostou apenas a ponta do dedo indicador e a bola de vidro começou a girar sem qualquer interferência da cigana, que não conseguiu disfarçar o espanto.

Dessa vez, os três puderam visualizar a imagem projetada na superfície do vidro e que vinha de seu interior. Mostrava uma mulher sentada em frente a um moço de chapéu. Ela parecia ser uma vidente a ler a sorte ou coisa do tipo. A luz da lâmpada se acendeu sobre o rosto da senhora e Júlio pronunciou em voz alta:

— É a vó Felicidade. Só que está bem mais jovem.

— A avó da...

Paulo não terminou a frase.

Júlio balançou a cabeça afirmativamente e ele mesmo concluiu.

— Da Helen. Caramba!

Passou as duas mãos no rosto, questionou a si mesmo dez vezes em um segundo se tinha condições de voltar a tal lugar, aquela rua sem saída, numa travessa da Avenida Barão do Rio Branco, onde há tempos deixara pra trás parte de seu coração.

245

Agradeceram a senhora, pagaram o preço estipulado e seguiram.

Paulo não chegou a abandonar completamente suas buscas, mas não tocava no assunto com o amigo, porque sabia que ele se sentia impotente, incapaz de enfrentar as agruras que o esperavam nos próximos passos daquela trilha.

RAÍZES, SEMENTES E FRUTOS

O plano era visitar nos três meses de viagem pelo menos cinco países do Espaço Schengen. Começariam pelos Países Baixos para ele poder pagar uma dívida feita a ela e a si mesmo três anos antes.

Ficaram uma semana em Amsterdã.

Apesar de ser um bom estrategista, João Pedro mudava seus planos para satisfazer as vontades da esposa, o que também era uma estratégia.

Por isso, em razão da força maior, foram para Lisboa, onde Helen fez questão de conhecer a Igreja de São Domingos, local de partida dos autos de fé. Caminharam pela Praça do Rossio, em reverência às vítimas do massacre de abril de 1506.

— O que diz ali?

"Em memória dos milhares de judeus vítimas de intolerância e do fanatismo religioso, assassinados no massacre iniciado a 19 de abril de 1506, neste Largo".

— Iniciado? Quanto tempo durou esse massacre?

Esse tipo de desinformação era algo atípico para João Pedro, por isso Helen respondeu com certa estranheza:

— Oficialmente três dias: de 19 a 21 de abril. Mas se acredita que a violência se estendeu para além desse período.

— Entendo. O assunto é delicado. Não dá espaço para informações imprecisas.

— Pensei que você fosse um sabe-tudo.

Ele sorriu em resposta ao comentário. Não posso lhe explicar esse detalhe, estimado leitor. Coisa dos dois.

— Não tinha visto ainda esse memorial. É coisa recente. Sinceramente, não conhecia essa ferida na história de Portugal e acho de uma grandiosidade o reconhecimento como um pedido público de perdão.

Viver aquele trajeto de dor e morte significava muito para Helen. Era como se pudesse lembrar de vidas que nem chegou a conhecer. Para ela, era a forma mais direta de entender os valores ancestrais, encontrar a si mesma e aos descendentes ainda não encarnados, mas cujas energias e inteligências divinas já existiam.

Um singelo memorial junto ao Largo de São Domingos, em plena movimentação de turistas, impedia o apagar total do fato de mais de três mil almas: homens, mulheres e crianças terem, naquele espaço, sofrido horríveis torturas e mortes.

Por alguns segundos, a visão espiritual de Helen devaneou. Olhou para o chão e viu o sangue que chegou a talhar nos calçados daqueles que pisavam as mesmas pedras sobre as quais ela caminhava.

As vidas ainda se agarravam ao sangue cuja viscosidade representou a única resistência e o desconforto que a turba ensandecida teve que sobrepujar quando, em plena Semana Santa, dedicaram-se à sacra atitude de improvisar fogueiras para alimentá-las com corpos de pessoas, muitas delas ainda em vida, muitas já mortas e esquartejadas.

O povo se bestializava motivado pelos representantes do cristianismo, que lhes acenavam com uma imperdível promoção de absolvição dos pecados. Um tipo de *black Friday*, só que iniciado num domingo, e a correria era por holocaustos de seres humanos. Se suas oferendas fossem aceitas, também se beneficiaram com o fim das estiagens, fomes, pestes e terremotos.

Helen gelou e seus lábios rosados perderam a coloração.

O marido não podia compartilhar da visão dela, apenas a dor que se expandia da esfera cósmica para o plano físico. João Pedro previu que ela estava prestes a perder os sentidos, segurou-a e guiou-a para juntos se sentarem à beira do chafariz.

João Pedro não tinha nenhum tipo de satisfação nisso. Levar sua esposa ali e saber exatamente o padecimento que aquela tragédia causava em seu espírito sensitivo o fez até antever que ela seria acometida por moléstias físicas e emocionais caso ele não tomasse uma providência.

— Essa viagem deveria ser para a gente se divertir, curtir, se amar e não para se torturar.

— A história dos meus ancestrais é a minha história e dos nossos descendentes. Faço questão deste resgate e desta conexão. Da mesma forma, sinto em minha alma um forte clamor de meus ancestrais africanos, dos quais não pude ainda encontrar registros com dados específicos deles na condição de seres humanos. E não havendo registro físico, é certo que, seja por mim ou por nossos descendentes, essa conexão e esse conhecimento deverão se estabelecer por outra via de acesso.

Apesar da aflição que captava dela, João Pedro se sentiu animado por ouvir Helen falar em descendentes e ensaiou um sorriso:

— Quer dizer que em breve você e eu teremos uma bruxinha pra chamar de nossa?

— Se está insinuando que eu possa estar grávida a resposta é não.

João Pedro não desanimou com a resposta. Ainda tinha tempo para trabalhar melhor a ideia na cabeça de Helen. Para o momento, faziam-se urgentes outras providências.

— Em vez de deixarmos os Açores para o final do *tour*, podemos antecipar a visita às ilhas e mais tarde vamos aos outros países. Já vim algumas vezes a Portugal, mas nunca visitei o arquipélago, porém sei que lá há tratamentos naturais que vão equilibrar suas energias. Vai lhe fazer bem e você não deixará de se conectar com sua ancestralidade.

O sorriso dela mostrou que ela aceitou a proposta.

— Porém, antes quero conhecer alguns lugares mais próximos.

João Pedro já contava com essa condição e concordou com um sorriso e um aceno de cabeça.

Estavam hospedados num hotel na região do Chiado, de onde podiam ir a pé a alguns lugares, mas para outros pouco mais distantes optaram por recorrer a um carro alugado.

Foram às regiões de Algave, Alentejo e Coimbra. Em Évora, visitaram às ruínas de um templo romano que a despeito de outras definições, Helen se referiu ao lugar como sendo um templo de homenagem e culto à deusa-mãe.

Da visita a Évora voltaram a Lisboa e de lá voaram para as Ilhas dos Açores.

Começaram por São Miguel. Permaneceram na ilha por uma semana. Foi lá que Helen tomou seu primeiro banho de águas termais.

As belezas naturais, multicoloridas das águas, e a vegetação e a atmosfera celestial intensificaram as boas energias e os sentimentos mais sublimes dela, o que por tabela renderam dividendos para o marido.

Helen tinha percebido que desde que eles haviam chegado a Portugal, João Pedro tinha deixado de tomar seu tradicional uísque, trocando-o pelos vinhos locais. Já ele também não deixou de reparar uma mudança nos hábitos dela a partir do momento em que chegaram aos Açores.

— E os frutos do mar? Enjoou?

— Nunca. Mas fiquei curiosa pelos sabores daqui.

Bife à regional com vinho e manteiga, cozido das furnas e chouriço picante, preparado embaixo da terra, carnes, verduras, temperos e queijos. Helen passou boa parte do tempo saboreando alguma coisa. João Pedro não ficou atrás. Saboreavam-se por causa e consequência. O apetite e o paladar dela alimentavam uma inexplicável atmosfera entre os dois.

A energia das Ilhas vulcânicas, natureza diversificada, vida a brotar no solo de lava petrificada e a constante e eterna relação impetuosa entre o fogo e a água a deixaram maravilhada.

De uma ilha a outra podiam fazer o translado ora por embarcações, ora por voo.

As batidas musicadas das ondas do mar nas rochas, na areia e nas superfícies da embarcação vibravam no coração dela como um sufixo diminutivo masculino de origem latina: um *"im"* a harmonizar em sua essência multicontinental as dessemelhanças culturais clamadas por bandolins e tamborins.

Areias e rochedos eram diferentes do que até então ela tinha conhecimento. Eram frutos da relação impulsiva de sedução e de repulsa estabelecidas entre o mais ardente fogo, ejaculado do íntimo da terra, provocando um frenesi nas águas do Atlântico, vaporizando o ar com a ofegância desenfreada desses elementos passionais a exigirem seus direitos de procriação e herança ao fôlego da eternidade.

De todos os encantos do arquipélago, o que mais fascinou o casal foi a simpatia e a receptividade das pessoas, dos moradores das ilhas que conseguiram conhecer: São Miguel, Faial, Terceira, Pico, Flores e Ponta Delgada.

Faltou tempo para visitar ainda três ilhas.

Cancelaram a visitas a outros países.

Portugal esvaziou-os das necessidades que *a priori* julgavam mais urgentes, preenchendo-os com os nutrientes tão essenciais, absorvidos e potencialmente contidos por suas raízes e distribuído a ambos.

Sim, falei certo, a ambos, pois a íntima relação entre Helen e a invisível presença de sua progênie fizeram germinar em João Pedro também um anseio por se apresentar aos seus ancestrais maternos.

— De Miranda Coutinho. Nunca pensou nisso?

— Nunca me interessei. E não creio que com o passar de tantas gerações, num país tão miscigenado quanto o nosso, um sobrenome possa servir de indicação para uma pesquisa séria.

— Apelido — Helen corrigiu com bom humor, lembrando algumas confusões dentro de um mesmo idioma.

— Verdade, apelido.

Certo ou errado, a sério ou na brincadeira, Pedro amava ser corrigido por ela. Se Helen sublinhava, destacava ou reescrevia suas palavras, isso representava uma atenção minuciosa a tudo que advinha dele, e ele não se lembrava, nem mesmo em sua infância, de ter recebido tamanha atenção de forma tão espontânea e duradoura por parte de uma mulher.

Não fazia questão de estar certo tanto quanto de ser correspondido.

De volta ao Brasil, João Pedro se dedicou à empreitada de convencê-la a ter um filho.

— Não antes de eu terminar a faculdade.

Chegaram a um acordo. Quando faltassem seis meses para a conclusão do curso, iniciariam a realização do projeto descendência, abrindo mão dos métodos contraceptivos.

Faltando quatro meses para a graduação, Helen engravidou.

Criaram toda uma expectativa.

Guido transbordava de felicidade, queria a todo custo que o casal fosse morar com ele, pois não perderia o crescimento do neto ou neta. Sobre assuntos como esse, a opinião do casal não divergia:

— A gente pode até passar uns tempos aqui, pelo senhor, mas morar não tem como.

Guido aceitou a contraproposta, trocou a mobília do quarto do filho para melhor conforto do casal e iniciou a construção do quarto do bebê, reformando um espaço ao lado do primeiro, após doação de móveis e outros objetos que ali se encontravam.

Na décima segunda semana de gestação, desabou o pilar mais importante da reforma na residência dos Blandinis: Helen sofreu o primeiro aborto espontâneo. Cinco meses depois, uma segunda gravidez interrompida no mesmo tempo de gestação da anterior. A voz do médico ecoava nos ressentimentos da paternidade frustrada: "Espontâneo".

O que poderia haver de espontâneo na interrupção de uma vida tão desejada?

Pedro passava as mãos no colo da esposa, tentando dialogar com o útero, pois não aceitava a expulsão do filho como algo sincero, verdadeiro e nem natural.

Vira com seus próprios olhos durante sua passagem aos Açores que a força da energia vital abre a própria passagem, mesmo por entre rochas. Pensou que, se ele, João Pedro, tivesse se precipitado do útero materno como um anjo caído enquanto ainda era um feto, isso, sim, poderia ter sido uma expressão de liberdade para a mãe e para seu corpo vaidosamente bem cuidado, e possivelmente até para o próprio.

Algo estava errado e tinha quase certeza de que era com ele. Ele era o esquisito, o infértil, a criatura, um corpo estranho na natureza. Amargurou-se e, ainda assim, precisava confortar sua esposa. Tinha que ficar ao lado de Helen e dizer a ela que estava tudo bem, que o sentimento entre eles superaria aquele momento difícil, que naquela lacuna ele ainda poderia lhe ofertar tudo.

João Pedro se levantou antes do sol. Da residência do casal, no Ubatuba, ligou para a avó Felicidade e a buscou para que fizesse companhia à neta, que ainda dormia.

Nem se despediu dela.

Queria ilhar-se em todos os sentidos.

Nada de istmos.

Dirigiu sem premeditar um destino, mas os instintos levaram-no à Floripa, à casa de onde nasciam seus anjos e demônios.

Foi no chão do quarto que estava em reforma para acolher o bebê que Guido encontrou o filho acuado, sentado num canto, com a cabeça baixa e o corpo em posição fetal. Sentou-se ao lado dele, acariciou-lhe o cabelo castanho, que num breve período pueril pareciam dourados como os da mãe.

Pedro ergueu o rosto. Não tinha como negar, havia chorado, e não tinha sido por pouco tempo. Os olhos estavam inchados.

— A Helen está melhor?

— Sim, pai.

— Você está aí desde cedo. Deixou-a sozinha em casa e fez essa viagem. Não entendo. Você nem gosta daqui.

Longe de uma e tão próximo da outra, Pedro se deixou arrastar para o odioso calabouço do útero materno, onde nunca encontrou calor nem conforto, e do qual uma força depressiva o convencia de que era merecedor de sua sentença.

— Talvez tenha sido um erro, pai. Eu não mereço. Seria demais pra mim. Não agi certo ao trazer Helen para minha vida execrável e amaldiçoada.

— Isso não é verdade, meu filho. Você não fez nada de errado.

— Então me conta de uma vez por todas, qual é verdade. O que me falta saber? Para que tanto segredo? Qual é o mistério?

Guido se viu tomado por uma comoção transbordante. Tinha que abrir mão dos seus medos para socorrer a vida do filho, mesmo que, para isso, comprometesse a razão da sua própria, que era o amor que os sustinha.

— A avó paterna da sua esposa.

João Pedro tornou a erguer os olhos, ainda pouco esperançosos, na direção do olhar daquele que sempre fora seu herói. Que fôlego de esperança ele poderia lhe oferecer se tudo que fazia era desconversar?

— Dona Felicidade? O que tem ela?

— Vocês sempre se referiam a ela em suas conversas, mas eu nunca poderia imaginar que a conhecia.

João Pedro estava sério, comprimiu o cenho e aproximou as sobrancelhas, demonstrando estranheza e pouca receptividade à fala do pai, embora estivesse, por outro lado, cobrando que ele lhe pagasse com urgência todas as devidas palavras.

— Fala, pai, por favor!

— Quando eu a vi no casamento de vocês a reconheci na hora. Eu a conheci quando jovem, na Vila da Glória. Desde menino, para ser mais específico, mas sempre pelo nome de Maria. Dona Maria.

— Sim, o nome da vó é Maria da Felicidade dos Santos.

— Há alguns anos eu te falei que havia uma mulher que poderia te falar mais sobre seu pai.

— Isso foi há mais de dez anos e o meu pai é o senhor.

— Então meu filho... Sei que você esteve na Vila da Glória procurando por ela e não conseguiu nenhuma informação. É ela, a dona Felicidade, que você adotou como sua avó e pelo destino se revelou ser a terceira mulher na sua vida.

Pedro ficou pensativo.

— Uma vez ela me contou que conheceu o senhor e que também sabia algo sobre o meu progenitor, mas deixou subentendido que não falaria mais nada, ao menos não naquela circunstância. Helen e eu nem namorados éramos ainda.

— Com certeza ela não te contaria. Eu sou uma pessoa de segredos, você bem sabe disso. Então essa senhora é a pessoa a quem se pode confiá-los.

— Como vou conseguir que ela se abra comigo?

— Espere aqui um pouco.

Guido saiu por instantes. Foi à biblioteca e voltou com algo. Abaixou-se, estendeu a mão e a abriu diante do olhar interrogativo do filho.

— Era com essa cédula que eu pretendia pagá-la pelos serviços místicos.

João Pedro olhou para o papel antigo, muito bem preservado, que estava na mão de seu pai. Uma nota de dez cruzeiros, com a efígie de Dom Pedro II.

— Por que não pagou?

— Ela não quis receber. Disse que tinha aprendido algo com aquela experiência, que não venderia mais o dom dela e que se Deus um dia me concedesse remissão, eu precisaria desta mesma cédula.

João Pedro não pôde deixar de associar a palavra remissão com pecado. Não tinha o direito de julgar o pai, a quem devia a vida, mas algo nele clamava por culpados, pela dor de ter perdido dois filhos e pelo sofrimento da esposa, a quem o ventre conheceu dois óbitos consecutivos.

Guido ficou olhando, apreensivo com a reação do filho, que pegou o pedaço de papel antigo, dobrou, colocou no bolso, encarou-o com uma sobriedade torturada e após se colocar em pé em frente à idolatrada figura que permanecia sentada, encerrou ali a sua visita e a conversa.

— Tchau, pai. Obrigado.

Era a primeira vez na vida que se despedia do pai sem beijos, abraços, nem declaração de amor.

O DÉCIMO PRIMEIRO

Paulo começou a ter sonhos recorrentes com os filhos de Júlio Cesar.

No sonho, as crianças atravessam a balsa sobre a supervisão dele. Num segundo de desatenção, Andriel cai no mar e de imediato a irmãzinha se atira na água no instinto de salvar o irmão. Desesperado, Paulo vai atrás deles, mas quando mergulha para buscar Andriel, um vendaval se aproxima e um redemoinho se forma no mar. Sem encontrar Andriel, os olhos dele buscam por Alice. Só então ele percebe que o mar se transformou em fogo. E é sempre nessa parte que ele desperta do sonho, sentindo uma ardência no local do seu sinal de nascença.

Dominado pelo medo que Paulo estivesse de alguma forma sendo avisado sobre algo ruim e, pior do que isso, algo de ruim com seus filhos, Júlio tomou a decisão de dar continuidade à pesquisa que haviam interrompido há anos.

Tainha foi à porta da casa chamar pela benzedeira. Os sobrinhos jogavam vôlei no quintal do vizinho e saíram correndo ao verem a chegada do tio.

André Luiz, de doze anos, destacava-se na prática do Taekwondo. Ele aproveitou a oportunidade para convidar o tio para assistir à cerimônia de troca de faixa que aconteceria em uma semana e na qual ele passaria da faixa amarela ponta verde para faixa verde.

— O pai vai e a vó também — Comentou o rapaz irradiando felicidade.

— Com certeza. A mãe tá muito orgulhosa do netinho guerreiro.

— Vai, tio?

— Não perco por nada.

Marcela, ainda uma menina de 8 anos, só queria abraços, beijos e elogios do tio, e Paulo César não a decepcionou. Encheu-a de atenção, carinho, elogios e promessas.

— A vó Felicidade?

— Olha lá! Ela já está vindo.

— Boa tarde, Paulo! Vamos entrar!

O tio das crianças começou a frequentar o local depois da recaída do irmão, no acidente da fumaça, quando teve que ir buscar a ex-cunhada e os sobrinhos em Paranaguá. Dali quatro anos se passaram. O irmão tinha se reerguido, seguiu firme o tratamento e os encontros em grupos de abstinência, terapeuta e psiquiatra por um tempo, mas há um ano tinha se deixado entregar de novo pelo vício. Foi quando Raquel começou a namorar, a refazer a vida.

Porém, graças a Deus, o irmão estava cansado de se destruir e voltou a buscar ajuda, três meses depois da segunda recaída, depois de tantas outras anteriores, e desde então retomara o tratamento e a diária luta pessoal.

— Aconteceu alguma coisa com o Joaquim?

— Não. Graças a Deus ele está bem. Vim aqui por causa do meu outro irmão.

A senhora sabia perfeitamente a quem ele se referia.

— Como ele está?

— Ele precisa vir aqui conversar com a senhora. Na verdade, nós dois, mas ele não quer se encontrar com... a senhora sabe quem.

— Sim. Eu entendo. Vocês podem vir hoje ou durante a semana. É só ligar antes. Amanhã já é mais arriscado. Às vezes, eles aparecem aqui de surpresa, no domingo.

— Vou lá já, então, buscar ele.

Paulo saiu e meia hora depois estava de volta e acompanhado.

Dona Felicidade já os aguardava.

Eles entraram no espaço sagrado de rezas e bênçãos.

Estar de volta aquele lugar causou a Júlio uma sensação de desconforto, como se os olhares do mundo pudessem transpassá-lo. Sentia-se nu, como se promovesse uma exposição pública na qual seu paraíso e seu inferno ocupavam o mesmo plano espiritual. Sentia-se mais do que despido: Despido diante de Deus em ato pecaminoso. Não fazia nada errado. Queria se convencer disso, mas o divino supremo que habitava nele o acusava de atentar contra o décimo primeiro dos dez mandamentos mosaicos, porque tudo naquele ambiente o induzia a desejar intensamente a mulher do próximo, mesmo em sua ausência.

A cobiça estava nele. Tinha sentimentos tão platônicos quanto passionais. As duas forças coabitavam em si numa relação simbiótica, não se desgastavam entre si e ainda assim o consumiam como parasitas.

— Sentem-se!

Como os dois permaneciam quietos, a benzedeira iniciou a conversa.

— Imagino que o assunto deva ser de suma importância, pois já faz algum tempo que não te vejo por estes lados da cidade. — A direção do olhar dela era para Júlio.

— Estamos tentando desvendar mistérios. Temos este símbolo, que é um sinal de nascença, aqui no pescoço do nosso amigo. Fomos orientados a buscar respostas num portal para outro mundo, nas rochas do Canta Galo, mas de antemão já sabemos que encontraremos escritos antigos que raras pessoas podem traduzir.

— Linguistas — completou Paulo.

— Um doutor levaria meses pra decifrar as palavras e lhes custaria caro. Mas isso não é o pior. Apenas um ser tem a habilidade natural, o interesse e a autorização para chegar onde vocês precisam e desvendar esses códigos — esclareceu a senhora.

— Quem seria esse ser?

Olhando para os dois, dona Felicidade respondeu, sem rodeios:

— João Pedro Blandini.

— Puta Merda! — Júlio explodiu numa alteração lacerante da voz enquanto os poupava de sua presença.

— Perdão, dona Felicidade! — Paulo se desculpou pelo amigo, que deixou a sala repentinamente para não descarregar sua fúria em solo sagrado, agravando seus pecados. — A senhora aguarda um pouco, por favor?

— Eu não vou a lugar nenhum — respondeu dona Felicidade, com um sorriso de sábia matriarca que compreendia com amplitude cada ação e cada reação presenciadas.

Paulo agradeceu com um movimento de cabeça e foi em busca do amigo.

Júlio estava sentado na escadaria com um cigarro entre os dedos; fumavam-se. Consumiam-se no prazer de cada tragada. Mesmo com a cabeça abaixada, sabia que era Tainha quem se aproximava. Júlio largou a bituca sobre o chão de concreto, espremendo-a com o solado do sapato de EPI portuário, pisando com ódio e desprezo aquele resto inútil de tabaco e nicotina pelo qual ele pagava para se iludir. Buscava em seus lábios a ilusória sensação de imunidade oferecida pelo filtro, por onde lhe adentrava uma satisfação momentânea repleta de toxinas.

— Não é aquele cuzão! - Desabafou Júlio, ainda contrariado — Não é. Lembra que a cigana falou que era um linguista, parte humano, parte divino, e filho de sei lá quem?

— De Heumac.

— Então... A gente sabe o nome do pai dele e não é esse. O cara não tem nada de sobrenatural nem coisa do tipo. Só tem pose e um pouco de estudo.

— Dinheiro também.

—Tô cagando pra tudo isso!

— Ele tem algo estranho. Você, que já esteve com ele, cara a cara, sabe bem disso.

— Sangue de peixe é o que ele tem. Ele me disse que nem sabe se é humano. Sangue frio dos infernos!

Prestando atenção à antítese provocada pela internalização da cultura cristã perante a expressão "frio dos infernos", Paulo sentiu vontade de rir, mas não o fez. Respeitava a dor do amigo, que continuou desabafando suas confusas conclusões:

— Depois daquela porrada que eu dei na cara dele, o simples ato de limpar e cortar um peixe já me dá enjoo. Sério. O cheiro do sangue do peixe é idêntico ao dele.

Paulo nem considerou esses comentários de Júlio sobre o rival. Júlio estava fora de si. Tinha sido até desrespeitoso com dona Felicidade.

— Vamos lá, falar com a dona Felicidade. Ela está esperando a gente.

— Vai você. Conversa com ela, explica esse detalhe aí da filiação. Diga a ela que peço desculpas. Eu espero no carro.- E saiu na direção do automóvel. Já ia procurando outro consolo entre o fogo e o filtro quando ouviu a voz firme de Tainha:

— Não fuma no carro!

— Beleza!

Tainha voltou para junto da benzedeira, que o aguardava, e passou a ela as apreensões do amigo sem deixar de fora o nome que ouvira da cigana.

— Não sei quem é Heumac.

— E se soubesse diria?

Com a boca fechada e os olhos fixos em seu interlocutor, a senhora meneou a cabeça negativamente e seguiu reiterando sua fala anterior.

— Sei que a pessoa que vocês procuram e precisam é ele mesmo, o João Pedro. Sei outras coisas também que não posso contar, mas ao que parece, em algum momento, Júlio e João Pedro precisarão se unir.

Dona Felicidade estava bem certa do que dizia.

Sendo João Pedro uma pessoa fundamental para que desvendassem aquele mistério, então, o mais provável é que a concretização do propósito maior acontecesse só no Dia de Não Nunca. O assunto deveria morrer ali, mas não foi bem assim.

40

A CRUZ CELTA

João Pedro voltou para casa e por mais de um mês guardou consigo a informação da conversa que teve com o pai, em Florianópolis.

Iria, sim, à casa da avó Felicidade para terem uma conversa franca. Primeiro, esperou com paciência a plena recuperação, ao menos física, da esposa. Helen tinha o direito de estar presente. Era parte interessada. Quando julgou apropriado, explicou a ela os detalhes do último encontro que tivera com o pai e foram juntos à casa da avó.

João Pedro pediu que dona Felicidade o libertasse da angústia que o torturava e entregou a ela o papel que trouxera da casa do pai.

A benzedeira, após segurar a cédula que há décadas caíra em desuso, pediu ao casal para se sentar à mesa no seu quarto de benzedura e orações e começou a narrar:

— Dos meus 20 aos 45 anos, morei do outro lado da baía, na Vila da Glória. Tinha uma casinha simples, onde vivia sozinha, pois meu filho, Raul, vivia pro lado de cá da cidade e foi criado pelos meus pais. Na Vila, eu era conhecida apenas por dona Maria e era bastante popular pelos serviços que oferecia de cura espiritual e orientação de assuntos místicos. Explorava os meus talentos de diversas formas, do jeito que fosse mais rentável: tarô, búzios, quiromancia...

— A recriminada simonia de que a senhora fala — interrompeu a neta com ares de indignação.

João Pedro atinha-se à narrativa, não lhe importavam questões semânticas ou morais. Direcionou a Helen um olhar sério que suplicava para não a interromper mais.

— Muita gente me procurava — continuou a senhora -, homens ou mulheres, de adolescentes à idade mais avançada, buscavam em mim aconselhamentos diversos: questões financeiras, espirituais e, na maioria das vezes, assuntos do coração. — Fez uma pausa na narrativa para um comentário descontraído: — e vou lhes contar, quando o assunto é amor, em algumas situações, o homem consegue se colocar numa condição de desamparo que não se vê entre as mulheres. Seja por alguém do sexo oposto ou do mesmo sexo. Podem acreditar.

— Vó Felicidade, até aqui eu acredito em tudo que eu estou ouvindo — falou Pedro.

— Pois bem. Todos os anos faziam festas de quermesse para ajudar a igreja. A mais popular era a de agosto, no aniversário da capela de Nossa Senhora da Glória...Aconteceu que por uns três ou quatro anos consecutivos, sempre na mesma época do ano, percebi que algumas belas jovens da região me procuravam para buscar elucidação amorosa sobre uma mesma pessoa: um rapaz moreno, alto, muito bem-vestido em roupa social branca, bem alinhada, sempre de chapéu. Todas elas faziam a descrição dos olhos dele: íris dourada. Houve até quem descrevesse que na íris de um dos olhos havia um pequeno sinal semelhante ao formato de uma chave.

A senhora fez outra pausa, mas dessa vez não foi interrompida.

Helen reconheceria essa descrição em qualquer lugar ou condição. Tinha em sua memória todos os pormenores dos dois olhos do marido, a diferença era o formato da coloboma da íris.

Pedro tinha a tal imagem gravada em alguma caverna, soterrada em si. O personagem descrito era tão real para ele quanto qualquer uma das pessoas ali presentes. Ainda assim, sentia-se abalado. Buscou em sua fiel confidente alguma manifestação de apoio ou de simples aceitação para lhe confirmar a sanidade em toda aquela loucura em que se enxergava nitidamente, como se estivesse diante de um espelho. Tinha ciência, contudo, de que o reflexo visualizado desenhava-se para ele com invertidos traços narcisistas, pois reconhecia em si muito daquele personagem. Mas a imagem não se fazia plausível de maior admiração, uma vez que Pedro se julgava incapaz de magoar suas conquistas, entendia-se uma figura melhorada em relação a imagem refletida.

Da mesma forma que fizera a leitura anterior da expressão do marido quando este solicitou sem palavras que ela não interpelasse a história, Helen entendeu claramente que aquele olhar era a deixa para dizer alguma coisa.

Dona Felicidade, que podia enxergar até o invisível, percebeu a troca de olhares e a mudança na feição do rapaz que, mudo, passou a interrogá-la com os olhos coloridos e pidões.

— Elas o chamavam de Agenor — Falou dona Felicidade.

Pedro ficou impressionado. Não só seu instinto confirmava aquela história, mas o nome era o mesmo que extraíra de seu pai. Não havia coincidência nem combinados.

— Ele me procurou em casa — continuou a avó. — Quando adentrou a minha sala espiritualizada, toda vibração do local ficou altamente energizada.

— Como assim? Que tipo de energia?

Dona Felicidade já conhecia qual era a relação de João Pedro com o tal homem misterioso e entendia sua preocupação.

João Pedro rogava às forças cósmicas que a tal energia não fosse de origem maligna, visto que passara parte de sua juventude recriminando o mau-caratismo e as atitudes insensíveis da própria mãe. Seria ele uma criatura como a mãe lhe julgava ou ainda mais maligno do que ela? Refletiu levando em conta que Angel descendia de seres humanos, enquanto ele ignorava a própria natureza.

— Não era um ser humano normal. Foi o que ficou visível pra mim. Tratava-se de uma criatura miscigenada, entre o humano e algum ser místico ou divino. Sua aura — falou a avó, gesticulando com as duas mãos ao entorno da cabeça e ombros de Pedro, sem o tocar — tem a mesma tonalidade da dele, uma túnica branca com irradiações violetas. Mais tarde fui saber que são raros elétrons, que os místicos chamam de Aura Eu Sou, porque tem poderes divinos.

O silêncio se fez entre os três por alguns segundos que alimentaram a inquietação do rapaz:

— O que ele queria? O que ele era?

— Disse-me que era uma toninha encantada, não um homem transformado em criatura do mar. Por algum motivo, ele mesmo quis ressaltar esse detalhe. Uma toninha que, em algumas luas cheias específicas, que ele não escolhia nem controlava, recebia a forma humana. Ele esclareceu também que só tinha tomado aquela forma porque fora incumbido de uma missão. Precisava impedir a extinção da própria espécie. Falou-me sobre uma criança, que seria descendente dele e de uma humana, e que seria a esperança de sobrevivência das toninhas na nossa baía.

— O que fez a senhora acreditar que ele realmente era quem dizia ser? Pensa com carinho, vó — apelou afetuosamente João Pedro após segurar uma das mãos de dona Felicidade — É muito importante pra mim.

— Entre uma palavra e outra, eu ouvia um som sibilado, próprio da comunicação desses seres. Pra provar o que dizia, ele tirou o chapéu e me mostrou que tinha a cabeça totalmente lisa com um orifício no centro. Há ainda outro motivo que lhes contarei mais adiante. Então... O Agenor queria que eu usasse meus poderes para lhe indicar onde ele encontraria a moça cujo ventre era compatível para gerar esse descendente. "Quem elege a genitora é a deusa-mãe", disse-me ele.

João Pedro e Helen se entreolharam. A avó percebeu que a fala não era desconhecida no universo deles e continuou:

— Agenor trazia consigo, ao pescoço, uma corrente com um pingente que era um símbolo que eu já conhecia.

— Um símbolo? — perguntaram os dois.

— Uma cruz celta.

Pedro ficou sério, concentrado em alguma reflexão.

— Há algumas sutis variações nas representações desse símbolo. A senhora se lembra dos detalhes do objeto?

— Posso fazer melhor, meu querido. Só um instante.

Dito isso, dona Felicidade se levantou com paciência e visível segurança em cada movimento. Serena, caminhou na direção de um armário rústico, de cedro rosa, com duas portas embaixo e duas na parte superior, com pequenas dobradiças em formato triangular, de aço, parafusadas na parte externa, como se fosse um objeto do passado capaz de transportar viajantes do tempo a um simples vislumbre, como "Em Algum Lugar do Passado" filme estrelado por Cristopher River.

Foi essa a viagem no pensamento de João Pedro naquele momento de angustiante suspense, pois era um de seus filmes favoritos, uma vez que tinha consigo a indelével impressão de que por um verdadeiro amor seria capaz de atravessar fronteiras humanamente invisíveis.

No espaço central da mobília havia uma prateleira na qual estavam potes, velas e imagens de santos. Entre as prateleiras e as portas de baixo viam-se duas gavetas, que traziam no centro, cada qual, uma pequena argola em aço, que saíam de um suporte triangular feito da mesma matéria, trabalhado em detalhes rebuscados como miniaturas de antigas aldrabas.

Uma vez defronte à mobília, a senhora abriu uma das gavetas puxando-a pela argola. Ignorou papéis e pequenos badulaques que, depositados no espaço frontal, venciam os olhares enxeridos pelo aspecto desinteressante que causavam. Colocando a pequena mão enrugada no mais secreto interior da gaveta, pegou uma caixinha retangular de madeira envernizada, abriu a tampa da caixa e retirou dali um objeto reluzente que descansava sobre uma delicada almofadinha que ela mesma tinha costurado. Aproximou-se da mesa e depositou em seu tampo de apoio, em frente ao jovem, o aguardado objeto. Chamando-o pelo nome, dirigiu-lhe uma ordem carregada de ternura:

— João Pedro... Vamos, menino, pode pegar!

O objeto parecia ser um simples pingente.

Tratava-se de uma cruz de prata, devia ter de 7 a 8 cm. As hélices que formavam a cruz se sustentavam por uma esfera dourada que as unia ao centro pelas bases internas que tinham um formato pontiagudo. Tinha, ainda, um círculo dourado que transpassava as quatro hastes da cruz.

Como João hesitou em atendê-la, a avó repetiu:

— Vamos, filho! Pode pegar. É seu.

Pedro fixou o olhar na senhora e depois no rosto de Helen, que o encorajou com um sorriso e um aceno de cabeça.

Enquanto Pedro segurava o objeto observando atentamente seus detalhes, a narradora deu continuidade à explicação dos fatos:

— Ele me pediu que usasse esse pingente para encontrar a resposta que precisava. Seu olhar era triste e implorava por socorro. Tive dó. Não tinha certeza se podia ajudá-lo, mas aceitei o desafio. Sob a orientação dele fiz um furo com a ponta de uma agulha no meu dedo, e com o sangue desenhei um círculo na mesa e coloquei o pingente no centro do desenho. Concentramo-nos e com vozes de muitas águas ele pronunciou palavras que não compreendi. Num certo momento, percebi que uma energia de luz e paz começou a emanar de sua mão direita e me cobriu completamente.

João Pedro deu um sorriso e soltou um suspiro aliviado. Estava emocionado. Helen conhecia essa expressão do marido. Voltou a atenção para a vó.

— Uma luz irradiou de sete pontos diferentes: dos quatro pontos extremos das hastes da cruz e dos três pontos conclusivos das espirais do Triskle que ele trazia tatuado em alto-relevo, na palma da mão que confrontou a uns 30 cm da cruz. A conjunção das informações projetou uma mensagem que eu não fui capaz de interpretar, mas ele sim. Ele explicou que eram coordenadas para este mundo, mas que a compreensão era transcendente e exigia um poder divino que não me era lícito naquele momento devido à condição em que me encontrava, em habitual prática de simonia, o que ele definiu como corrupção de coisas sagradas. O comentário tinha o propósito de me alertar sobre as minhas escolhas. Depois, ele me agradeceu e me pediu para guardar o amuleto até que chegasse o momento de confiá-lo a outra pessoa.

Dona Felicidade pronunciou as últimas palavras de forma mais prolongada que a necessária, fixando seu olhar nos olhos de João Pedro, que perguntou:

— Eu?

A senhora balançou a cabeça num gesto de confirmação.

— Se ele detinha a capacidade de interpretar os sinais e as ferramentas, por que procurou a senhora?- Questionou Helen.

— Por um acordo estabelecido entre a deusa-mãe e sua principal sacerdotisa: Simus Anatlã. Ele me explicou que o círculo principal do sangue da sacerdotisa representava o elo entre a terra, os seres humanos e o mundo dos superiores. Agora, o terceiro motivo que lhes fiquei devendo. Quando Agenor saiu da minha casa eu o segui. Ele andava muito rápido. Parecia deslizar. Por pouco não o perdi de vista. Mas vi com meus próprios olhos, tão nítido quanto vejo vocês agora, o exato instante em que a calça dele escorregou do seu corpo, como se uma criança usasse a calça de um adulto. Nisso, apareceu nele uma calda, no lugar onde instantes antes estavam as pernas, e ele se lançou ao mar.

Helen e João Pedro, estupefatos, deixaram escapar um forte suspiro, como se já estivessem há um certo tempo com o ar suspenso no peito.

— Pois bem. Naquela mesma semana fui procurada por Guido, que na época era apenas um jovem na casa dos seus 18 anos e que já enfrentava perdas e desafios na vida. Seus pais tinham falecido e ele resolvera tornar a casa da sua família uma fonte de renda: a Pensão da Mama.

Raras vezes em sua vida, Pedro conseguia se sentir de tal maneira pertencente a qualquer coisa neste mundo, como se encontrava na atmosfera que ali estava formada.

— Meu pai sempre diz, que perdeu os pais ainda jovem e que os irmãos, de maneira gradual, contudo determinada, deixaram para trás o local em que nasceram.

Pedro parou por alguns instantes a narrativa que havia assumido. Uma ideia repentina atravessou como um lampejo sua mente:

— Esse Agenor e o meu pai tiveram um relacionamento amoroso?

— Não, minha criança — respondeu com ternura a benzedeira àquele homem feito, que numa condição emocional suscetível lhe conquistava o mais profundo afeto maternal. — O Guido, que na época ainda não era seu pai, já era bastante reservado quanto à vida íntima dele, mas eu era sua confidente e o assunto que o fizera me procurar era de caráter profissional e um tanto ocultista.

João Pedro se ajeitou na cadeira. Inclinou ainda mais o rosto para frente. Sua atenção quase devorava dona Felicidade. Ele apoiou os cotovelos sobre os relevos da toalha branca de renda de bilro no centro da mesa, cuja superfície fria da fórmica era percebida entre as frestas. As mãos brancas de dedos alongados serviam de apoio para o queixo que, já há algum tempo, parecia estar prestes a se precipitar do rosto.

Dona Felicidade assumiu o ar austero e respeitoso que era exigido pela circunstância e pela importância do assunto e disse:

— Guido foi me pedir conselhos sobre uma importante decisão que estava prestes a tomar e que poderia mudar toda a vida dele nos campos afetivo e financeiro.

41

O PACTO

No dia seguinte, ou melhor, na noite seguinte à comemoração do Dia da Padroeira da paróquia local, Guido estava na recepção da hospedaria que outrora fora a residência da sua família.

Nostálgico, recordava o tempo em que os familiares eram em número suficiente para preencher todo o espaço com os mais controversos e similares sentimentos inerentes à vida: alegrias acompanhadas de riso, choros, gritos e correrias.

Assim que a mãe foi morar com Deus, nada mais passou a ser como antes.

No ano consecutivo à passagem da mãe, o pai se despediu da família. Uma despedida em grande estilo, elegante como um *uomo innamorato* deveria ser. Em breve estaria junto ao grande e único amor de sua vida.

Dali em diante cada qual seguiu seu rumo na vida. Foi tudo tão de repente que parecia que já estavam com tudo preparado. Guido, o caçula, ficou e se arriscou no empreendedorismo, a Pensão da Mama.

Dez quartos e apenas dois hóspedes, sendo que um deles nem pagava em espécie a estadia, mas com alegria e serviços prestados. Em plena festa da igreja, Guido esperava que aumentasse o movimento, mas não...

Absorvido em suas lembranças e inquietudes, quase lhe passaram despercebidos os passos sutis no assoalho de madeira rústica e bem encerada. O peregrino desconhecido já se acomodava, sentado em uma poltrona da sala de recepção.

— Pois não? — Puxou assunto com o sujeito. — O senhor deseja se hospedar conosco?

O homem, vestido de branco e usando chapéu, apontou para uma poltrona mais próxima, ciceroneando ao proprietário:

— Sente-se, por favor! Não posso passar a noite aqui. Tenho uma proposta de negócios a fazer.

Guido sentiu algo estranho naquela presença inusitada. Era de uma família com tradição católica, mas tinha dúvidas e inquietações que a catequese não dava conta. Acomodou-se conforme foi indicado e deu início a conversa:

— O senhor é do ramo do turismo? Hotelaria?

O desconhecido se vestia com elegância. Era de uma beleza incomum. Parecia um estrangeiro. Tez morena, nariz angular, olhos dourados... Mudou de impressão: "brasileiro", pensou. Não tinha sotaque estrangeiro.

Apesar da beleza física e da estranha atração liberada na simples troca de olhar, Guido soube resistir aos seus encantos.

O personagem de branco fez uso da palavra e estendeu a mão para cumprimentá-lo.

— Chamo-me Agenor.

A primeira impressão de Guido sobre o tal sujeito não o induziu ao engano. A voz dele vinha carregada por uma atmosfera de mistério.

— Prazer. Eu sou Guido Manfredo.

— Vou ser direto e, na medida do possível, sincero. Sei que você é o único da sua família que se interessou pelo ramo da hotelaria. Também sei que os motivos que o retém neste lugar são: o apreço pela natureza e o apego a uma família que já não existe.

As afirmativas eram confirmadas com acenos de cabeça.

— Pensa em ter filhos, Guido?

— O que isso tem a ver com a sua proposta de negócios?

O visitante misterioso não se importou com o fato de Guido ter se esquivado da resposta.

— Posso ver que sim, mas não os terá pelo método tradicional de procriação humana. Sabe disso, não é?

— Por que não? Até poderia.

— Verdade. Poderia, mas não vai. Concorda?

Mais uma afirmação confirmada.

— O que você acharia de fazer com que essa pensão se transforme, em apenas sete anos, numa grande rede de hotéis? Você também poderá viver o seu sonho de paternidade.

Como se daria esse crescimento nos negócios?

— Não se preocupe. Bons contatos. Temos as pessoas certas nos lugares necessários.

— Nós quem?

— Isso você não vai saber. Não está na proposta. Há três exigências: o nome, os locais de instalação dos hotéis e o propósito social.

Guido ficou pensativo. Já tinha ouvido histórias desse tipo. O número sete não trazia bom agouro. "Sete anos de fartura e sete anos de vacas magras". E se recebesse uma maldição ou coisa do tipo? Sua perplexidade parece ter sido lida ou ouvida por Agenor, que disse:

— Não há previsão de falência nos negócios, apenas prosperidade.

— Então como devo entender essa passagem de sete anos? O que isso significa?

No pacote para resposta a essa pergunta, Agenor expressou um sorriso sutil e um movimento quase imperceptível dos lábios para o canto esquerdo do rosto. Era a sua maneira de elogiar a astúcia do rapaz.

A reação foi uma afirmação enfática, com impressão de cláusula inegociável:

— É quando eu lhe mando a conta.

A resposta seca e breve foi o prenúncio do silêncio que seguiu por alguns segundos:

— Quando o momento chegar, você conhecerá uma moça que estará esperando um filho biologicamente meu, mas ignore esses detalhes da ciência. Sua missão, digamos assim, será casar com essa jovem e se tornar oficialmente o pai da criança. Um menino, a propósito. Devido à miscigenação, não herdará toda a minha beleza. — Dito isso, o estranho esboçou um sorriso simpático e incrivelmente sedutor. — Não lhe faltarão encantos, tenho certeza. Faço questão de ressaltar que o preço não será o menino. Esse é um bônus. Seu sacrifício será o casamento de aparência com alguém do sexo oposto.

Guido já tinha entendido essa parte do acordo, mas dito assim, em circunspecto destaque para a expressão "sexo oposto", causou-lhe mal-estar. A intenção, certamente, era proporcionar a ele uma avaliação mais sóbria do que o esperava caso o alvitre fosse aceito.

— Isso, infelizmente, não é tudo. Eu lhe adianto que a fêmea é um ser humano detestável. Não me culpe. Não foi escolha minha. — Mostrou uma expressão de sincero pesar, isento de ironias, deixando explícita a sua dor particular e profundo desprezo a tal estirpe de ser humano. — Foi difícil encontrá-la. É que tenho algumas disparidades biológicas com os da sua espécie. A jovem escolhida só estará pronta para me conhecer daqui a sete anos. Ainda é uma menina de 11 anos.

— Se ela é ainda tão jovem, como pode lhe conhecer o caráter? — Guido tentou defender a menina que ainda nem conhecia, mas seu interlocutor estava firme no parecer.

— Alguns seres não evoluem. Não progridem. Até as plantas venenosas harmonizam no bioma em que habitam e exercem função. Mas humanos venenosos são um desperdício da natureza. Esse em questão, ao menos terá uma utilidade.

Agenor estava sendo direto e sincero, como prometera logo no início, contudo temia ter assustado ao eleito oblato. A aceitação deveria ser de livre-arbítrio, sem influência de encantos.

— A boa notícia é que casamentos humanos podem ser desfeitos. Fica a seu critério. O que importa a mim e aos que eu represento é que não a deixe contaminar a natureza sublime do menino.

— Você coloca em ideias distintas a espécie humana e a sua espécie. Afinal, que tipo de ser é você? Algum deus?

— Não fique apreensivo com isso. Façamos o seguinte: não me responda agora. Pense com carinho, aconselhe-se, reze, se você for de rezar. Amanhã eu retorno no mesmo horário para saber sua resposta.

O prazo para decisão era curto, mas já era mais do que ele pensou que teria.

Agenor levantou-se e ajeitou o chapéu na cabeça.

Guido teve ímpeto de acompanhá-lo até a saída, mas não o fez. Assim que a figura lhe desapareceu da vista, um nome a quem recorrer lhe veio à mente.

—E foi nessa condição – concluiu dona Felicidade —, que o jovem Guido me procurou. E esses os detalhes da história que ele não teve coragem de lhe contar pessoalmente.

A expressão de João Pedro era cautelosa. A esfinge de Tebas a suscitar uma atmosfera tensa, pois nem a consanguinidade bruxólica, nem a convivência com a pessoa dele, capacitaram nenhuma das duas a decifrá-lo naquele momento.

Em silêncio, dona Felicidade deixou o recinto para garantir a privacidade que os dois precisavam.

Pedro, que ainda segurava o objeto, colocou-o na mão da esposa, solicitando com um olhar que ela se encarregasse de guardá-lo.

Com o símbolo seguro, encostou o rosto na altura do ventre dela e chorou copiosamente como uma criança.

COMPATIBILIDADE

— Vai procurar o seu pai? Ele deve estar aflito, afinal vocês são muito ligados.

— Eu sei. Nunca foi minha intenção magoá-lo, mas o sentimento de culpa impregnado nele, o suspense que ele fez com a minha vida... Tudo isso me quebrou, me confundiu. Achei que o segredo que ele guardava poderia de alguma forma ter poupado a sua saúde e a vida dos bebês que perdemos. A apreensão é pior do que a morte. Enquanto me mantinha equilibrado para poder te apoiar, sofri esse tormento.

— Você captou esse sentimento?

— O sentimento me atravessou como lâmina afiada, fez um corte conciso no meu peito no instante em que percebi a presença dele no quarto onde eu estava. Cheguei a sentir cheiro de sangue humano. A propósito, esse é o cheiro da culpa. Foi involuntário — João Pedro explicou, mas tinha ciência de que a esposa entendia tudo como uma metáfora e não havia como ela saber que apesar de ele não ter as cicatrizes físicas para comprovar o que dizia, suas palavras eram literais e retratavam a realidade compreensível além do plano físico.

— Então... Agora é a vez de remir seu pai.

Não retornaram para casa onde moravam no Ubatuba. Dali, Helen dirigiu direto para Florianópolis. João Pedro não se sentia bem. Os novos fatos descobertos sobre si mesmo o fizeram refletir sobre detalhes que talvez tenha passado despercebido para a esposa, mas não para ele, que tinha um raciocínio meticuloso.

Pedro sentiu medo de confabular sozinho, cair em alguma artimanha da própria mente e estabelecer barreiras entre a esposa e ele, por isso puxou o assunto:

— Você se atentou para o detalhe de compatibilidade e eleição?

— Ouvi, mas não achei importante.

— Mas é. Tentamos duas vezes e nas duas fomos incompatíveis.

— O que você tem em mente?

— Não é uma simples incompatibilidade sanguínea.

— Nós fizemos todos esses testes.

— Sim. Está entendendo? Não é uma reação biológica, é química.

— Ah! Isso é impossível.

Helen conquistou dele um merecido sorriso.

— Eu a amo, rainha de toda a minha vida.

— Então está resolvido. Nossa química é 200% compatível.

— E o fator elegibilidade? E se a tal deusa que determina essas questões não me aceita como seu eleito ou não aceita você como minha escolha?

— Tá pensando em me trair?

— Não fala isso.

— Você tem uma fixação por filhos. Somos jovens ainda. Vamos procurar especialistas, fazer os tratamentos que forem necessários. E há muitas crianças aguardando por adoção.

— Quanto tempo?

— Prazo de novo, João Pedro?

— Desculpe. É que desde os meus 20 anos eu sou obcecado com a ideia, principalmente por causa do meu pai, que eu tenho medo que fique sozinho. Angel não é companhia para ninguém.

— E o namorado?

— Se eles se assumissem... — Ao dizer isso, ele entristeceu o olhar e comprimiu os lábios, demonstrando que lamentava não poder interferir diretamente em prol da felicidade alheia. — De qualquer jeito, quanto mais crescia em mim a certeza da minha anormalidade, mais eu me sentia só. E embora, às vezes, eu perceba a proximidade do fim, também sinto a necessidade de permanecer.

Helen sentiu um calafrio e parou o carro no acostamento.

— Do que você está falando? — Faltava-lhe coloração na tez.

— Perdão. Não fique assim.

— Tá falando de morte? Vai me deixar? Você está doente? Está sofrendo? Quer que tenhamos um filho pra depois me abandonar?

Ele segurou as mãos dela e encontrou coragem suficiente para lhe penetrar o olhar castanho e perder-se na força de atração desmedida que dele provinha. Helen, enfim, conseguiu sentir, ainda que por rápidos instantes, um pouco do sentimento dele.

Enquanto tinham esse contato, uma luz se acendeu no interior da bolsa que ela tinha carregado durante o dia e que, ao assumir o volante, deixou no colo do marido. Pensaram que fosse o celular, mas quando Helen abriu o fecho viram que a luz vinha da cruz prateada.

Ela pegou o objeto e colocou na palma da mão dele, e deitou por cima a sua mão aberta.

Um turbilhão de sentimentos a invadiu.

Helen se assustou.

Deixou cair a cruz.

Teve tremores no corpo por alguns segundos e, em seguida, com os nervos aflorados, desatou em lágrimas.

Sem pensar em mais nada, João Pedro tirou uma corrente que trazia guardada na carteira, colocou no pescoço dela e envolveu Helen em seus braços.

— Não consigo abandoná-la nem vou deixá-la sozinha. Isso que você sentiu é só uma fração do que eu carrego todos os dias.

— Fez de propósito?

— Eu queria que você pudesse entender meus sentimentos e aceitá-los melhor. Não fazia a menor ideia de que o amuleto fosse interferir no processo.

— O objeto ampliou o que você sente?

A resposta do marido foi negativa.

— Não o que eu sinto, mas a parcela que eu pretendia lhe transmitir. Por isso eu sempre perdoo. O perdão me alivia, é um analgésico para mim, entende? Quando perdoamos a nós mesmos e a todos, arrancamos tumores e liberamos a divindade que habita em cada um de nós.

Os nervos e a pulsação de Helen foram se normalizando. Só então ela se lembrou de que Pedro havia pendurado uma corrente no pescoço dela.

Sentiu o frio atrevido do pingente tocar sua pele, contrastando com o calor do seu corpo levemente febril. Reconheceu o objeto, mas preferiu conferir com olhar minucioso os detalhes da inscrição interna: "Júlio César".

— Como?

— Você não viu? No dia em que ele me acertou o nariz jogou a aliança no chão. Acho que ele pretendia reatar o relacionamento de vocês e eu estraguei tudo.

— Como assim?

— João Pedro relatou a conversa que teve com Monique e voltou a pedir desculpas.

— Não tenho nada a perdoar. Já conheço esse seu lado e nunca lhe recriminei por isso.

Helen contou a ele a outra versão daquela conversa.

A rodada de risos entre Monique e ela, à custa dele.

— Tudo bem... Essa eu mereci.

— E de qualquer jeito, eu e o Júlio não daríamos certo. Já lhe contei. Nós dois tentamos muito, mas algo em mim o incomoda.

— Repele e atrai.

— Sim. Mas não dá pra suportar.

— Isso só acontecia porque ele sentia a minha presença em você. Ele a olhava e via a sombra da traição. Preciso ajudá-lo a superar isso. Quando a raiva desaparecer, mediante a um sentimento mais sublime, Júlio estará pronto para amá-la.

— Você viu isso nele?

Num aceno afirmativo de cabeça, Pedro entregou a ela um olhar receoso.

Helen tinha muitas perguntas. Era mulher, cientista e apaixonada. Dissecaria o marido vivo se possível fosse.

— Eu e Júlio, você não sente ciúmes?

— Não quero você com ele, quero comigo. Mas estou evoluindo e aprendendo a amar o amor que flui de você. Helen, você é uma força da natureza, a sua plenitude não é propriedade particular de ninguém. Quanto mais eu recito esse mantra, mais me reconcilio comigo mesmo.

Pedro parou de falar, afagou os cachos dela e a amou ternamente num olhar.

— Deixa-me dirigir?

Tinha que deixar. Ele sabia a alma e o estado emocional dela.

Apesar de estarem cada vez mais unidos, Helen não tinha esse dom, precisou perguntar:

— Você está melhor?

— Melhor do que você.

Eles inverteram as posições no carro e voltaram para estrada.

— Guardou a aliança por todo esse tempo... Por que decidiu me entregar agora?

— Foi um teste de compatibilidade de essências. Eu já temia isso.

O olhar de Helen se mostrou mais confuso com a explicação. Para ela, era como se estivesse no pico das montanhas açorianas e olhando para baixo tentasse enxergar o azul-esverdeado das águas, porém com a visão turva pelo encanto das brumas.

João Pedro queria descomplicar sem magoá-la e explicou:

— Nós dois combinamos, somos essências um para o outro, mas não nos completamos de forma suficiente para dar conta do grandioso poder que está tentando vir ao mundo por nosso intermédio e se desenvolver no seu útero.

— Ainda não temos certeza. Você está desistindo fácil. Isso não combina com você.

— Minha rainha, os universos surgem de explosões, as galáxias, os planetas e cada vida... tudo é fruto de explosão. Eu já sei. E bem no fundo você também sabe... Água e ar se complementam, mas nem ao menos se chocam. — O olhar de Pedro era tranquilo, porém o dela se agoniava. — Eu não desisti, mas percebi que diferentemente de outras pessoas, talvez precisemos de uma energia inflamável para provocar essa explosão. Não é mais por mim nem por você. Essa vida que está por vir tem suas próprias necessidades vitais.

— Tô percebendo qual tem sido o teor das suas conversas com minha avó.

— Nossa avó, você quer dizer — Pedro corrigiu de imediato, com um leve sorriso que foi suficiente para endossar a suspeita da esposa.

— Você vive me aconselhando a descomplicar a vida, mas dá voltas com as palavras.

Ele sabia exatamente o que pretendia dizer, mas queria apenas lançar insinuações para fazê-la refletir e amadurecer certas decisões dolorosas, contudo inevitáveis, que mais cedo ou mais tarde teriam que tomar.

— É impossível para um ser humano comum suportar as energias alheias que eu absorvo. Você é poderosa e seu olhar é dominador, ainda assim, eu só não perdi você porque a energia do Júlio, concentrada nesse pequeno círculo de metal, ao entrar em contato com seu corpo, devolveu-lhe o equilíbrio vital que desvanecia em você.

— Você não precisa de objeto nem de energias alheias. Já fez isso uma vez, lembra?

— Quer dizer que eu já estou em você, e mesmo assim, você não resistiria.

— E o que tudo isso quer dizer na prática?

— Guarda as perguntas no seu coração. Encontre as respostas por si mesma. Você já as tem.

João Pedro não tocou mais no assunto.

Helen ficou pensativa o restante da viagem. Entre outras reflexões, não pôde deixar de perceber o quanto o marido estava assimilando facilmente os conhecimentos e até os trejeitos da fala da vó Felicidade.

Em Florianópolis, chegaram transbordantes de uma alegria postiça. Angel os recebeu com o dobro da mesma. Não era ingênua. Era espontânea quando não se sentia ameaçada. Fora desse contexto, virava-se bem.

Abraçou a negra oportunista, digo, a nora. Até beijou o rosto da criatura que expeliu do próprio útero há trinta anos, quando não viveu o luto dos pais, que a cobriam de mimo e a abandonaram abruptamente, afundando-a em dívidas.

João Pedro se desmontou com o gesto inusitado da mãe. Um beijo materno, ainda que fosse o prelúdio para o calvário, oferecia um breve e ilusório conforto a centésima parte de suas dores.

Se um dia Angel o recebesse como fazia o pai, Pedro aceitaria o mal por bem e mentiras por verdades, mas enquanto isso, era mais razoável acreditar que ela se rejubilava em saber que havia um trincado na relação dele com o pai, que julgava Helen incapaz de segurar no útero um herdeiro de Guido Manfredo, ou pior, que pressentisse a iminência de algo vantajoso para ela.

João Pedro se reconciliou com o pai. Uniram-se com um sentimento mais pleno e sublime que antes, pois já não tinham segredos nem assuntos proibidos entre os dois.

Passariam a semana em Floripa. Helen tinha compromissos e uma entrevista de mestrado.

João Pedro precisou ficar a semana fora. Viajou para o Uruguai. Estavam prestes a fechar um acordo visando anexar mais três hotéis à rede Toninhas: dois em Montevidéu e um de Punta del Este.

Na ausência física do marido, a amizade com o sogro se estreitou ainda mais. A oportunidade reiterou nela a impressão de que pai e filho compartilhavam da mesma essência. Se não olhasse, confundia a presença. Além disso, Guido tinha passe livre na confiança dela.

Após um breve aviso, Guido adentrou a porta do quarto, preocupado com o bem-estar da sua estrela favorita.

— Não vai descer pra jantar?

— Não, obrigada. Estou sem fome.

Helen se ajeitou, sentada no chão ao lado da cama e com o olhar convidou-o a se aproximar.

O sogro sentiu falta do brilho nos olhos dela:

— Saudade?

Helen confirmou com um sorriso que continha tristeza. Guido fez do gesto uma leitura mais ampla:

— É, minha querida, o João Pedro faz isso com a gente. Quando estiverem juntos venham pra cá mais vezes. Mas tem mais coisa aí te chateando.

— Está tudo bem, tudo normal, até a menstruação.

— Ah, entendi.

Helen contou a conversa esquisita que tivera com Pedro dias antes. Refletia sobre o assunto com frequência desde então.

— Guido, parecia que ele estava se despedindo de mim.

— Há anos que João Pedro faz isso. Sabe, todos nós vamos partir desta vida algum dia, mas apesar de acreditar na imortalidade da nossa energia vital, ele quer que as pessoas que ama estejam preparadas para lidar com a ausência dele. João Pedro não se importa mais com a própria dor tanto quanto com a sua ou a minha. Ele quer que nos façamos companhia e que envolvamos outras pessoas para amar em nossas vidas para consolo e transferência de energia.

— Posso estar enganada, mas tive a impressão que ele quer me jogar nos braços de um ex-namorado.

— O que você acharia disso? — A pergunta de Guido saiu de forma natural, como se ele já estivesse preparado para essa conversa. Mas Helen sentiu certo desconcerto por dentro.

— Sinto-me mal só de pensar.

— Aprenda como as coisas funcionam para o João Pedro: Quer que ele se sinta mal? Então se sinta mal. Quer que ele aceite bem? Aceite bem. Ele planeja as coisas, ainda que sofra. É o que ele faz de melhor e não faz por interesse próprio, faz para servir, pelo outro. Desde pequeno Pedro é assim.

Guido segurou as duas mãos dela com extremo afeto, de forma idêntica à que Pedro costumava fazer. Beijou com delicadeza cada uma delas e fazendo dela refém de seu charme, aconselhou-a:

— Seu vínculo com o transcendente não pode ser menosprezado porque você é uma mulher da ciência. Ciência e misticismo não estão em lados opostos como algumas pessoas pensam. Ainda mais no seu ramo de conhecimento. Ore, busque conselhos e, sobretudo, ouça as vozes divinas que o vento lhe traz.

— Como você lidaria com um neto de cabelo ruivo?

Guido bem entendeu que a questão nada tinha a ver com cor de cabelo e respondeu sem vacilo:

— Sabe o amor que tenho a João Pedro? Eleve ao infinito.

Helen, que tinha abaixado os olhos para formular a pergunta, olhou nos olhos do sogro, certificando-se da origem da resposta: vinha do coração.

Ao amanhecer, Helen dirigiu para São Francisco do Sul. Precisava conversar com a avó, benzer-se, tomar um banho de descarrego, colocar os pés descalços na terra que melhor a conhecia e respirar o ar que a aconselhava com intimidade.

No dia seguinte estaria de volta a Floripa para receber o marido onde ele a deixou aos cuidados do pai.

Contou para a avó toda situação numa conversa sigilosa. Foi recebida como precisava. A avó até se ofereceu para ler as cartas para ela, desempoeirar o antigo tarô, mas Helen não aceitou. Contudo não recusou os búzios, pois eles pareciam para ela menos agourentos que o tarô.

Não descobriu nada que já não soubesse: que os dois a amavam, que os três estavam ligados e, por fim, que a decisão cabia a ela.

— Por que João Pedro não prefere a adoção?

— Talvez a relação dele com a mãe o tenha ferido mais do que ele deixa transparecer. Ele quer, pelo que eu entendi, que você tenha um filho com alguém que te ama tanto quanto ele e por quem você tenha idêntico sentimento. Também quer que o filho seja amado e se sinta amado desde a concepção. O amor nunca falha, diz o santo livro, e eu digo, não pode ser jogado fora porque ainda que transborde, ele não sobra. Já ouvi pessoas falarem "amei à toa". Mentira! Isso não existe. O amor nutre a pessoa que o sente, ainda que não seja correspondido pelo outro. O próprio sentimento se corresponde. Sabe que tudo que eu estou falando é verdadeiro, né?

— Sim, vó. Eu sei. E o João Pedro? Como pode saber tanto, sentir tanto e administrar tudo isso?

— O marido é seu. Você me conta.

Riram.

Dona Felicidade tinha outros conhecimentos a compartilhar caso a neta tomasse uma decisão.

— A sua menstruação está no ciclo da lua branca.

Helen não entendeu. A avó a recriminou com o olhar por ela ter relegado esses conhecimentos.

— Começou na lua nova, o que significa que seu período fértil será na lua cheia.

— Sim, vó. Sei quando é meu período fértil.

— Você não prestou atenção para o principal. Lua cheia. Já tinha reparado nisso? Ou seu ciclo menstrual é inconstante?

— A segunda opção.

— Estranho. Era tão regular.

— Lembra quando João Pedro me despertou de um sono depressivo? Então, dali em diante meu ciclo ficou assim.

Antes de o sol se pôr, ventos fortes, tomados de vapores de água, começaram a impulsionar ao céu sua umidade. A luz que clareava o azul já sofria um bloqueio de espaço pelas camadas de nuvens com um acúmulo de tonalidades cinzas a se sobreporem, formando uma bigorna que ameaçava esmagar a península no intervalo de uma convulsão lacrimal. O ar marítimo que subia soluçando, com uma corrente refrescante, continha-se para desaguar ao comando da mãe natureza.

Helen previu que aquele dia seria mais curto e se despediu da vó, da irmã e dos sobrinhos:

— Preciso ir. Depois de amanhã estamos em casa de volta. Daí eu venho com mais tempo.

Antes de entrar no carro, um vento frio a alcançou com força, lançando sobre ela um envelope natural fibroso, caído do pé de guapuruvu que ficava no terreno atrás da casa da avó. Helen sabia que os envelopes de guapuruvu carregam uma semente cuja área interna é cor de café com leite e as extremidades são mais escuras, quase da cor do café puro. Era com essas sementes que brincava de moedas quando criança.

Helen tirou o envelope que havia se prendido entre os seus cabelos e o abriu, como fazia na infância, e ficou admirada ao se deparar com uma semente fora do comum. A semente era dourada no interior e seu contorno se destacava ainda mais pela coloração laranja avermelhado, como o pôr do sol no horizonte.

Guardou-a consigo.

O vento a invadiu por segundos transcendentes de arrebatamento, habilitando-a a compreender uma voz inaudível:

"O pai tem que ser eleito pela deusa,

A vida pede amor e dele se alimenta.

A vida faz escolhas, quem decide é você".

Nem olhou ao seu redor. Não perdeu tempo, mas enxergou em si uma imagem do passado. Lembrou-se de quando tinha 15 anos e no frio, à beira da praia da Enseada, Júlio se aproximou, e antes de aquecê-la com a sua jaqueta, Helen ouviu fragmentos dessa fala: "... *eleito pela deusa... Quem decide é você*".

Achou ter esquecido isso.

O vento achou seus esquecidos.

É que na época nada disso fazia sentido pra ela.

À noite, de volta à casa dos sogros, na intimidade do quarto com o marido, comentou sobre seu dia e destacou esse detalhe, que ele já deixara claro que fazia questão de saber.

Entregou a semente na mão de João Pedro, que comentou:

— Sabe que tudo isso é sobre o Júlio César, né?

— Mas me decidi quando escolhi você.

— A eleição não diz respeito à união entre casais.

43

ECLIPSE TOTAL

Os astrônomos previram para aquele mês o fenômeno da lua de sangue, pois na fase em que ela estaria cheia ocorreria um eclipse total, no qual o Sol, a Terra e a Lua estariam em um perfeito alinhamento.

Por motivo de força maior, Helen e João Pedro decidiram passar uns dias no hotel da praia de Paulas.

Os fins de tarde estavam reservados para as caminhadas dela.

No primeiro dia, sua presença foi muito bem percebida. Não foram poucos os que encontraram Júlio por um acaso natural ou provocado e lhe passaram todos os detalhes da majestosa aparição e até cortejo: a roupa, a cor dos fones de ouvidos, o itinerário, parada para apreciar o pôr do sol e alongar pernas e braços, se cumprimentou, estava linda e simpática, se não, então era esnobe e metida.

Júlio não perguntava nada a ninguém, não queria ouvir detalhes, mas os amava e não se desvencilhava até que os fofoqueiros se dessem por satisfeitos.

No dia seguinte, foi ele quem premeditou o acaso. Ao entardecer, como a caça que procura a isca, foi para praça em frente à praia e não arredou pé de lá enquanto não a viu. E quando a viu não pôde escapar. Paralisou onde estava. Helen sorriu e veio ao encontro dele.

Tomou um pouco de água da garrafa que carregava consigo e se preparou para iniciar o alongamento, não sem antes cumprimentá-lo.

— Boa tarde!

Ele sorriu.

Mudo.

Ela insistiu.

— Quanto tempo! Como vai? Soube que casou. — Ela jogou verde.

— Soube o mesmo de você. Pena que só um de nós tem bons informantes. Tá morando por aqui agora?

— Moro no Ubatuba. Um pouco no Ubatuba, um pouco em Floripa. Tô estudando e às vezes fico na casa dos meus sogros. João Pedro e eu estamos hospedados uns dias no Toninhas. Alguns compromissos do próprio hotel.

— Que bom saber que seu marido está bem. Se falar pra ele de mim, diga que mandei um abraço — ironizou, para lembrá-la de que João Pedro era assunto dispensável enquanto estivesse falando com ele.

Helen se abaixou num alongamento de pernas, permitindo que a aliança presa a corrente se desvencilhasse dos seus seios e saltasse para fora do top.

Os olhos dele brilharam. Seu coração palpitou com força e sentiu a boca ficar seca. Aproximou-se dela e pediu permissão para olhar os detalhes internos do pingente. Olhou-a com dor no peito e perguntou:

— Usa isso sempre ou só quando vem se alongar perto da minha casa?

— Todos os dias, desde que... Desde que ele me devolveu.

— No dia seguinte àquele maldito dia do seu aniversário, fiquei das 6h às 7h abaixado naquele local procurando por isso.

— Quer de volta?

— Que pergunta! É lógico que não. Eu tenho a minha ainda.

Dizendo isso, Júlio tirou a corrente e mostrou o objeto pra ela. Helen não esperava por aquilo e conteve sua admiração para perguntar:

— Usa isso sempre ou só quando vem ver mulheres se alongando à beira da praia?

— Tem pra mais de dez anos que eu só vejo uma mulher.

Outro baque. Helen tinha se esquecido de que Júlio fazia isso; declarava-se. Engoliu em seco a resposta que lhe gelou por dentro e rebateu:

— Será que posso vir aqui mais vezes sem ser assediada?

— Se for uma indireta, só pra lembrá-la, eu estava aqui parado e você me assediou. Não que eu esteja reclamando.

— É isso que você chama de assédio? Eu posso fazer melhor. Que tal vir aqui comigo às dez da noite pra gente apreciar o luar e conversar um pouco? À noite não tem ninguém por aqui. Já vim ontem.

— E ficou sozinha? Não faz isso.

— Não tem perigo nenhum. Venho de novo hoje. Você me fazendo companhia ou não.

Com essa, ela praticamente o obrigou a ir ao encontro dela. Em hipótese alguma a deixaria na praia sozinha à noite. Às 9h45 ele estava no local, com medo que algum mal intencionado a abordasse.

Fizeram o mesmo por três noites consecutivas. Olharam a lua cheia e conversaram. Gostavam da companhia um do outro.

Júlio narrou para ela a experiência que tinha vivido com o amigo no Morro do Canta Galo.

— Óvnis? - Ela interessou-se.

— Sim. O Tainha que viu. Eu estava dormindo. Naquela noite, ele me contou sobre o seu casamento e eu fui dormir chorando feito um bebê.

O comentário machucou fundo o coração dela.

Júlio não gostava de fazê-la sofrer, mas sentia como se uma parte dele se satisfizesse com isso. Era o mínimo que esperava dela, em compensação ao que ele sofreu.

— Você acreditou nele?

— Você está casada. O que há de inacreditável nisso?

— Não isso. Tô falando sobre os óvnis.

— Ah, sim! Com certeza.

Júlio descreveu a trajetória deles como pesquisadores e desvendadores de mistérios, passando pela morte da irmã de Paulo, o símbolo, a prostituta aposentada que virou cigana e que falou coisas estranhas para eles.

— E o sinal do Tainha fez acender a bola de cristal, então nós três vimos a imagem da vó Felicidade, só que mais jovem. Ela conversava com um cara de branco e chapéu.

Helen sabia do que se tratava. Era assunto da história de vida de João Pedro.

Júlio percebeu que ela ficou séria e a expressão no rosto dela a denunciou.

— Pera aí. Você sabe do que eu estou falando.

Helen assentiu com a cabeça.

Ele insistiu:

— Não vai me contar?

— Não, Júlio. Não vou porque não posso. Não ainda.

— Precisa da autorização do marido pra isso?

— Sim. É uma coisa que não me diz respeito. É sobre a vida dele.

— E os meus filhos?

— O que tem eles?

Júlio se lembrou de que não tinha contado ainda sobre os sonhos recorrentes do amigo e explicou para ela.

Helen se atreveu a opinar:

— Então faça o que você faz de melhor. Cuide deles. Fala com o João Pedro. Ele tem um dom. Vamos juntos descobrir os mistérios da tal caverna, ou seja, lá o que for.

— Sua avó me deu o mesmo conselho.

— Minha avó? Como assim?

— Ela disse que o seu excelentíssimo esposo era a pessoa escolhida de quem a cigana tinha nos falado, que ele entende de tradução e tudo mais.

Helen queria concordar e tecer elogios ao marido, mas tateava com as palavras para não o magoar. Júlio não conseguia nem mesmo pronunciar os nomes "João Pedro" nessa exata ordem sequenciada.

— Júlio, me deixa então fazer esse meio de campo entre vocês. Não espere acontecer alguma coisa pra depois você se remoer pensando que poderia ter evitado.

Júlio ficou pensativo. Na frente dela ele era só um menino, mas quando o assunto envolvia João Pedro, o orgulho masculino corrompia sua razão.

Helen se lembrou do que o marido lhe havia dito sobre poder curar essa mágoa na alma de Júlio.

— Os sonhos do Tainha pararam?

— Infelizmente, não.

— Então, seu cabeçudo teimoso! É um aviso, não é um sonho. Não precisa ser nenhum feiticeiro egípcio pra ver isso.

Ela pegou na mão dele. O toque dela sem aviso prévio provocou uma neblina no raciocínio dele e ele sentiu um arrepio percorrendo sua espinha.

Júlio puxou a mão, apavorado, afastando-se um pouco.

— Tudo bem. Faça isso. Eu te agradeço.

Na terceira noite, ela disse que o marido havia concordado e com data e hora marcadas. João Pedro já estava até estudando escritos celtas, pois a simbologia envolvida indicava que esse seria o código da escrita.

— Seu marido deixa você sair à noite sozinha e se encontrar com o ex-namorado?

— Por isso mesmo ele deixa. Ele sabe que você está comigo.

Júlio arqueou as sobrancelhas e arregalou os olhos, admirado.

— Tá de brincadeira? Isso não o incomoda?

— Não. Ele confia em mim.

— Em mim também?

— Sim. Ele sabe que você me ama, que me quer bem e que não vai deixar nada de ruim acontecer comigo.

— Ele deve é pensar que eu sou bicha. Sabia que ele jogou na minha cara que a gente nunca transou?

— Acho que não foi bem assim, Júlio. Quando você fica alterado distorce um pouco a realidade.

—Pode me chamar de maluco, ignorante, sei lá do quê, mas se você prestasse bem atenção ia ver que seu marido não é normal.

— Esquece isso! Não tem nada a ver. Vocês são diferentes, é só isso. Você não deveria ter raiva dele. Ele não guarda rancor de você.

— Não precisa. Eu faço isso muito bem. Não careço da colaboração dele pra sentir mais raiva, até porque eu só dei uma ajeitada na cara dele. Agora ele... Ele roubou um pedaço do meu coração e só não roubou a minha vida porque eu tenho os meus filhos. Então você pode até não entender, mas ele me deve.

—Tudo que você acha que ele lhe deve, um dia ele vai ressarcir. João Pedro é muito correto. Sempre acerta as contas com elegância.

— Ah, sim! Ele é o elegante. Eu sou o bruto, o homem das cavernas que esmurra os outros. Por isso o cara não fez questão de vir. Você o representa!

— Pelo amor de Deus, Júlio César! Não vamos brigar. Por favor!

O vulcão que despertava nele se abrandou ao ouvi-la pronunciar seus dois nomes com voz de fada.

— Desculpa! — respondeu de imediato. — Eu também não quero isso. Só quero passar um tempinho ao seu lado, falar com você, falar da minha vida, dos meus medos, dos meus filhos, do quanto senti saudade de você, de ter a chance de sentir o seu cheiro pertinho de mim.

Júlio se lembrou de algo que ela havia dito:

— Pera aí! Você disse que tinha vindo sozinha aqui e eu fiquei preocupado. Era mentira então.

Ela sorriu.

— Você viria de outro jeito?

— Com certeza. Não precisava nem falar que viria. Eu ficaria a noite toda esperando você aparecer aqui.

Dito isso, Júlio fez um gesto indicando a ela que se sentasse na frente dele. Ela se sentou e ele a envolveu com seu abraço.

Na quarta noite estava marcado o encontro para ver a lua de sangue. Helen avisou que levaria um biquíni para tomar um banho de praia sob a luz daquela lua excepcional e receber as energias positivas que seriam emanadas.

Júlio não levou a sério, mas foi forçado a acreditar quando a viu chegar de carro e, na frente dele, tirar a calça e a blusa, ficando apenas de biquíni.

Ela entrou na água e o convidou a acompanhá-la.

Júlio recusou-se. Sentou-se sobre uma pedra, à beira da praia. Evitava olhá-la em roupas de banho, naquele mísero biquíni.

O dia havia encerrado o expediente há horas, mas a luz não estava totalmente apagada. A energia da lua se intensificou.

Júlio acendeu um cigarro. Deu a primeira tragada.

O ar que entrava em seus pulmões o envenenava de lembranças sinestésicas dos momentos vividos com ela. Um tempo em que ela o agarrava e largava um tempero cítrico e adocicado em todo seu sentido gustativo, odores e gostos que anos de abstinência não o fizeram esquecer. Estava tudo no mesmo lugar. Do jeitinho que ela desprezara.

Ainda não tinha terminado de se servir do objeto do qual era quimicamente dependente e ouviu os gritos de Helen. De repente, os gritos foram abafados pela água. A agonia começou a se comunicar de forma mais intensa em uma linguagem corporal. A parte inferior do corpo dela parecia ter sido agarrada.

Um lagamar, talvez?

Numa luta desleal, os braços de Helen se debatiam contra a tensão líquida nem tão superficial e Júlio ignorou o fato de não saber nadar. Lançou o que lhe restava do cigarro na areia e disparou em direção ao mar. Cego de tudo que não fosse a vida dela.

Nesse momento, dentro do Hotel Toninhas ali próximo, João Pedro sentiu a aceleração descontrolada dos batimentos cardíacos de Júlio.

Na praia, quando a distância entre Helen e Júlio desapareceu, ela pareceu ter feito as pazes com as águas. Só então Júlio se deu conta de que na altura em que estavam, dava pé até para alguém num corpo pequeno e frágil.

Júlio olhou nos olhos dela.

Teve medo.

Não sabia do que ela era capaz.

Não queria acreditar no que parecia mais óbvio.

Era um brinquedo nas mãos dela.

A briga se tornara injusta.

Sentiu-se indefeso.

Helen continuava fixando nele seu castanho redemoinho.

Com graciosos movimentos de mãos e algumas palavras que ele não compreendeu, Júlio a viu comandar o vento, que começou a se movimentar com fúria, atraindo-o para direção dos olhos, do corpo, do exato local, do tempo, da essência e do espaço pertencentes a ela.

Tocaram-se.

Helen o beijou.

As mãos dele percorreram o corpo dela, sentindo a completa nudez.

O pequeno biquíni estava enrolado no braço, entre as pulseiras.

Ela desprendeu da corrente a aliança de compromisso que ele lhe havia dado anos antes sob jura de amor eterno. Numa seriedade de sacerdotisa a cumprir um sacro ritual, Helen beijou o objeto perante os olhos azuis ancorados na presença dela.

Helen o introduziu com delicadeza ao lado da outra aliança em seu dedo.

Júlio despedaçou todas as pedras mosaicas com cada um dos seus malditos mandamentos. Dispôs-se a aceitar qualquer condição, sublime ou satânica, para não ser privado do prazer único que ela lhe oferecia, ainda que desconfiasse ser ele próprio a oferenda.

Jorrou nela uma extensão de sua energia represada, do seu amor, de sua vida...

Sua.

No quarto do hotel, João Pedro aguardava aquela que o invadia mesmo a distância e cujo êxtase liberava uma energia invisível e radioativa. Fatal. Com pulsão tanto de vida quanto de morte, que percorrendo ar, água e terra o alcançava com a metódica e paciente aflição de uma contagem regressiva em Cabo Canaveral.

Antes de sair da água, Helen vestiu o traje de banho, ou o que quer que fosse aquilo.

Júlio a acompanhou até o carro dela.

Ninguém devia nada a ninguém. Eram dois adultos que tinham feito uma troca justa.

Foi um ato inédito entre os dois e, sem a realização do qual, não teriam permissão nem mesmo para deixar esta vida.

Sob a supervisão da lua cheia e vermelha, as divindades femininas aceitavam o presente, retribuindo Júlio César com a superação de um antigo trauma.

Antes de sair da água, Helen se declarou:

— Eu amo você, Júlio César.

— Eu sei, sempre soube — respondeu sério e circunspecto. — Nunca duvidei disso, só você.

Ela dobrou a toalha de praia, colocou no assento do carro e saiu.

Quem pensou ter ido junto, acompanhou-a pelo reflexo do retrovisor. Seu corpo, porém, aguardava-o ali, em pé, na areia, parado ao lado da bituca do cigarro.

Helen chegou ao Toninhas Mar, na suíte onde o marido a desejava. Ao abrir a porta, o olhar dela se expandiu num amplo alcance, mas não se encontrou com os olhos dele.

— Assim não! - disse ele — Levanta esse rosto lindo e olha para mim.

Após ser atendido, João Pedro a beijou e a suspendeu em seus braços até a cama, onde não a deixaria dormir tão cedo.

RAPAZES EDUCADOS

Dois meses depois, na data combinada, dois carros seguiam para o mesmo destino: primeiro o *ferryboat*, na localidade de Laranjeiras, e por fim o Morro do Canta Galo, na Vila da Glória.

— O remédio contra enjoo... Tomou? — Tainha perguntou ao amigo antes mesmo de chegarem à balsa.

— Não precisa. Tô tranquilo.

Júlio passou a encarar o mar como um templo e considerava que tinha participado de um ritual tão sagrado que nem mesmo chegou a confidenciar ao amigo.

Helen pisou na barcaça sentindo ânsias de vômito.

Eles saíram do carro, vestiram os coletes e se sentaram.

Antes do meio do translado, Helen começou a empalidecer.

Júlio não queria olhar para ela, pois temia que a troca de olhares pudesse de alguma forma revelar um segredo que poderia comprometê-la mais do que a si. Contudo, não se conteve e expôs sua preocupação:

— Ela está passando mal! — Comentou em voz alta.

Helen suava frio. Tripas e estômago reviravam-se.

À beira da balsa, segura pelos braços do marido e vigiada pelo olhar do outro, Helen começou a despejar sobre o mar o que tinha e o que não tinha para ser vomitado. Era certo que fígado e bílis tinham entrado na insana coreografia visceral, pois quando parecia ter esvaído a vida de seu corpo, uma força exorcizou dela um líquido esverdeado, deixando de recordação em seu paladar um amargor de puro fel.

Ambos, marido e o outro, entendiam seu padecer. A diferença é que um tinha permissão oficial para acalentá-la em seus braços e outro só podia olhar de longe, devorando o maço de cigarros, numa tentativa descomunal de autocontrole.

O desvario de Júlio pregava mais cravos na alma de João Pedro que o mal físico da esposa.

— Ela está melhor. Acalme-se.

— Não peça pra eu me acalmar! O que você sabe dela? Helen nunca ficou assim! Melhor, não fala mais comigo se não for uma emergência ou a menos que eu lhe pergunte algo.

João Pedro não se ofendeu.

Entendia-o e sabia como o colocar em seu devido lugar.

— Conheço bem minha esposa. Ela já teve isso. Foi assim nas duas vezes em que ficou grávida.

Enquanto Helen recuperava a cor e os sinais vitais se normalizavam, quem pareceu estar prestes a desmaiar com a suposta gravidez foi Júlio César. Ele ficou quieto. Ainda inquieto no espírito, mas sentado. Nada na boca nem entre os dedos.

Tainha, que estava em pé, olhou para o amigo, que observava o mar. Não queria se envolver nas loucuras dele.

O azul dos olhos fingia admirar o horizonte. Mas sozinhos seus olhos não podiam. Precisavam dele, entretanto Júlio se ausentou do próprio corpo por alguns instantes. Conseguiu encontrar os olhos de Tainha apenas quando o *ferryboat* atracou.

— Não tô te entendendo, Júlio — cochichou para o amigo. — Faz tempo que eles estão casados. Mais hora, menos hora, a gravidez iria acontecer. Pra que esse chilique todo? Será que agora, finalmente, você vai decidir seguir adiante com a sua vida?

— Arrumar uma mulher, você quer dizer? Não se esqueça de que você também está solteiro.

— Mas não tenho problema com isso.

Pela primeira vez, Júlio sentiu que estava sozinho com um problema. Não receberia conselhos. O assunto era exclusivo entre Helen e ele.

Pedro queria se abster disso, mas não podia. Precisava que Helen o ajudasse a serenar a aflição daquele que o tinha por rival. Pediu à esposa que conversassem.

— E o que eu digo? Ele vai querer saber se o filho é dele.

— Diga a verdade. Que você não sabe.

— E se eu disser que não é filho dele e acabar logo com isso?

— Mentira sobre paternidade? Essa é uma situação com a qual eu não compactuo. Se for pra fazer isso deixa como está.

Quando foram estacionar os carros no quintal do morador local que alugava o espaço, Helen pediu para ir ao banheiro. Júlio foi atrás, de imediato, sem dar satisfação a ninguém.

Paulo e João Pedro se olharam, ficou evidente que Júlio ia atrás dela.

O banheiro ficava nos fundos da residência. Júlio ficou plantado à porta, esperando.

Quando ela saiu, abordou-a:

— Helen!

— Oi, Júlio. Algum problema?

— Tá melhor?

— Sim. Não foi nada.

— O seu marido falou que você está grávida. É verdade?

— Não foi bem isso que ele falou. Mas é possível, sim.

— Como não foi o que ele disse? Vocês dois se combinam com esses jogos de palavras? Não brinque comigo. Tá de quanto tempo?

— Não sei. Não tenho certeza. Ainda não fiz o ultrassom.

Júlio chegou a segurar o maço de cigarros no bolso, mas resistiu à tentação do vício.

— Ele disse que você já engravidou duas vezes. O que aconteceu?

— Perdi os dois bebês. Parece que meu útero não segura.

— É meu?

— Do que você está falando?

Júlio encurtou a distância entre eles, o mais próximo que podiam chegar um do outro sem se beijarem. Segurou a aliança na corrente dela e friccionou o objeto com a ponta dos dedos.

— Eu já pedi, por favor, não brinque. Esse bebê é meu? Tem chance de ser meu?

Como ela poderia mentir? Impossível.

O estado emocional dele era de cortar o coração e ela ainda o amava, sabia disso.

— Devo estar na oitava semana de gestação. Se seguir o caminho dos irmãos, devo perder esse em breve.

Júlio cobriu o rosto com as duas mãos e rompeu a chorar. Era isso ou um ataque cardíaco.

Sentou-se no chão.

Não expunha o rosto.

Tinha muita coisa para desabafar.

Começou a soluçar e a tentar enxugar o rosto com as mãos. Helen não saiu de perto dele. Queria se abaixar, tomá-lo em seus braços como se fosse seu filho. Consolá-lo. Dizer que tudo ia ficar bem, mas não podia. Sabia que o marido estava ali perto e que captava seus diferentes tormentos.

— Eu não disse que era seu.

Júlio se levantou e parou na frente dela.

— Você não sobe com a gente!

Helen ficou perplexa.

— Tá maluco? Eu vim aqui pra isso. É claro que eu vou subir.

Júlio a encarou. Não ia discutir com ela. Seu poder argumentativo perante ela era como o de um inseto com a teia de aranha. Mas nem por isso tinha desistido da ideia.

Caminharam até onde estavam os outros dois participantes da excursão. Paulo ficou assustado com a expressão no rosto do amigo. Júlio estava com o rosto vermelho, as veias nos olhos pareciam que estavam num processo hemorrágico, os olhos e o nariz inchados.

Para João Pedro, a única situação inusitada foi Júlio tê-lo chamado para uma conversa reservada:

— Ela não pode subir. Você mesmo falou que ela está grávida. Tem muito musgo limoso nas pedras, ela pode escorregar, pode passar mal na subida...

Enquanto Júlio tentava solidificar seu argumento, João Pedro se perguntava onde estaria o orgulho de macho latino. O valentão cheio de raiva que não podia olhar em sua cara sem ter o desejo de esmurrá-lo? Onde estava aquele que não conseguia conversar com ele civilizadamente? Parece que o leão selvagem se transformara num gatinho de estimação.

— Eu entendo, mas ela insistiu em vir. Não creio que haja algo que eu possa dizer a ela para dissuadi-la da ideia.

— Ah, qual é? Ela escuta você. Faz as suas vontades.

— Isso não é verdade. E também não é o problema. Ela fez questão de vir porque tem medo que nos desentendamos. No fundo, Helen tem esperanças de que eu e você possamos nos tratar como dois adultos.

Júlio enxugou com o antebraço o nariz, que ainda escorria. Sabia que entre os dois era ele quem Helen tinha na condição de maduramente incapaz, afinal, o marido, como ela mesma lhe jogara na cara, resolvia tudo com elegância.

— Não sou esse bruto que ela pensa. Posso fazer isso. Vamos falar com ela.

João Pedro sentiu que a possibilidade trazia um alívio no peito do outro.

Conversaram com Helen na frente do Paulo, que não fazia a menor ideia do que estava acontecendo.

Foi Júlio quem iniciou a fala:

— Helen, quero que você saiba que eu e o João Pedro fizemos as pazes. Vamos subir numa boa, resolver esse mistério com maturidade e elegância.

— Ah, que legal! Vou gostar de ver isso.

— Não, não. Você não entendeu. Você pode ficar num hotel ou numa hospedaria, não sei, o seu marido vê isso com você. Subiremos apenas nós, os rapazes educados.

João Pedro achou graça, mas não podia rir.

— Podemos nos falar a sós? — ele pediu para a esposa.

Os dois Césares se afastaram para que o casal tivesse espaço.

— Fica, Helen, por favor, eu lhe peço, senão ele vai me matar de angústia e vai chateá-la o caminho inteiro, escuta o que eu estou te falando. Ele não está no normal dele. Está transtornado.

— João Pedro Blandini, você já assistiu a um show de marionetes?

Ele ficou quieto, havia ultrapassado um limite e ela estava realçando a demarcação. Ele baixou os olhos e movimentou a cabeça afirmativamente.

A resposta visível a arremessou para próxima pergunta:

— Acha que me pareço com um?

Pedro a encarou esbugalhando seus olhos de gato:

— De forma alguma. Perdoe-me.

— Não me ofendeu. Nós combinamos as coisas, lembra? Não fazemos descombinados por motivações de terceiros. Fazemos as coisas juntos, então não insinue que podemos nos separar num momento deste. Estamos acertados?

— *Si, mia regina, amore mio.* — Ele admitiu o erro e lhe respondeu, afagando-lhe os ouvidos, com o idioma que conhecia o melhor atalho para o coração dela.

Antes de interceder pela vontade de Júlio diante dela, Pedro já imaginava qual seria a resposta. A diferença é que agora estava vencido e excitado.

— Queria que ele entendesse também.

— Se ele me entendesse eu estaria casada com ele, não com você.

João Pedro teve o ímpeto de sentir dela mais do que o olhar e as palavras. Sempre que essa demanda surgia com tanta intensidade, ela parecia lhe ouvir os desejos e voava para os lábios dele. Nesse condicionamento ele ficou parado, esperando sua recompensa como um cão em adestramento.

— Não vai me beijar por causa dele? — perguntou com as mãos nos bolsos e sem desviar dela o olhar. Helen confirmou com um movimento afirmativo de cabeça.

Júlio olhava de   longe, atento. Queria compreender a conversa pelas expressões e gestos dos dois.

Paulo estava cheio de perguntas, mas não encontrou brecha na atenção de Júlio.

— O que tá rolando, cara. Pode me explicar?

Júlio viu quando Helen balançou a cabeça. Deu um suspiro aliviado, fechou os olhos, uniu as mãos na frente do rosto e passou rapidamente no céu para agradecer a Deus.

— Ela tá dizendo que sim. Vai ficar por aqui.

— É o que parece. Mas porque isso te afeta tanto? Até ainda há pouco você queria moer o cara na porrada e jogar o corpo dele no mar.

— Isso foi antes de eu saber da gravidez dela.

— Ah, sim. Isso explica tudo. Quer ser o padrinho. Quando tudo isso acabar, você me conta a parte da história que eu perdi se não for inconveniente.

45

TEUS SEGREDOS

Paulo César mostrou o local exato que foi indicado pelo óvni.

— Mas não tem nada aqui. — Júlio apressou-se na conclusão.

João Pedro se aproximou para olhar os detalhes da pedra mais de perto. Os musgos cobriam a superfície dela. Ficou na frente da rocha, que parecia imensa e amedrontadora para os outros. Pediu a Helen que alcançasse a cruz celta que estava na mochila, dentro de uma caixinha. Helen pegou a corrente e colocou no pescoço dele. Posicionado em pé, diante daquela que ele ainda precisava conquistar, João Pedro começou a encará-la e a acariciar sua superfície limosa, esverdeada e úmida, deixando transmitir uma atmosfera enigmática entre ele e o minério. A cruz no pescoço dele acendeu, iluminando-se na esfera central.

Tinha estabelecido uma comunicação.

Ela o conhecia e queria conversar com ele.

— Ela está magoada.

Paulo não se conteve em fazer um comentário acotovelando Helen discretamente:

— O cara é foda.

De sua interlocutora, Paulo ganhou um sorriso, do amigo, um olhar de censura.

— O quê? Virou fã dessa ameba agora?

— Acho que fiz bem em ter vindo. Cadê o menino educado?

Júlio baixou os olhos.

A teimosia de Helen em seguir caminho com eles fez com que ele percorresse todo o trajeto na expectativa, com o espírito em suspense, atento a cada passo, a cada movimento dela, e até ali sem colocar um único cigarro na boca.

Com as pontas dos dedos, João Pedro tateou uma marca que até então não parecia estar ali. A marca, que foi se mostrando ao delicado contato das digitais de João Pedro, foi formando um círculo visível a todos os presentes.

João Pedro tirou a cruz da corrente no pescoço e a encaixou de ponta-cabeça, na parte inferior do círculo, formando um símbolo de vênus. Em seu interior, desenhou-se uma marca idêntica ao sinal de nascença de Paulo.

João Pedro gesticulou, pedindo que Paulo se aproximasse. Primeiro transmitiu a instrução:

— Você precisa colocar a palma da mão aberta bem no centro.

Direcionou ao outro um olhar criterioso e continuou:

— Já magoou uma mulher, Paulo César Schneider?

Paulo olhou para ele com extrema seriedade. Sem entender a relevância da pergunta, mas confiante nos predicados já explícitos pelo outro, respondeu com a mesma honestidade que se requer de um paciente ao psicanalista.

— Espero que não.

— Eu também.

Júlio lançou um olhar interrogativo para Helen.

— Por que usar o nome completo do cara? Parece um juiz de paz. O que ele quis dizer com "eu também"?

Helen ergueu os ombros, eximindo-se da responsabilidade de interpretar as colocações alheias.

João Pedro seguia a orientação.

— Seja delicado. Você não pode ofendê-la.

Conforme a mão aberta de Paulo ia se encaixando no local indicado, irradiava-se a luz no pescoço dele. Paulo sentia queimar.

— Aguente firme. Não tire a mão enquanto ela não der o sinal que se está pronta para se abrir para você.

Júlio e Helen voltaram a trocar olhares. Júlio ficou numa posição em que a encarava bem de perto e ficava de costas para João Pedro. Ele cochichou:

— Esse teu marido é um pervertido.

— Você é que é — respondeu, piscando um dos olhos, e de quebra deixou um sorriso insinuante.

Helen fez o comentário considerando que o marido não tinha feito nem dito nada que justificasse tal observação, e que a interpretação fora motivada por algo que habitava no próprio acusador.

Júlio entendeu que ela estava o lembrando do ato extraconjugal do qual ele não apenas não tinha se arrependido de participar como desejava repetir.

A atenção voltou a quem de direito.

Paulo começou a sentir o coração acelerar e foi afastando, aos poucos, sua mão da superfície da rocha. Quando, por fim, desconectou-se, uma fenda foi abrindo-se no meio da rocha, convidando-os a entrar.

— Vocês vão entrar aí? — perguntou Júlio, atemorizado e se fazendo de precavido — E se a pedra de repente se fechar e engolir a gente?

— Eu já perguntei isso para ela.

— E daí?

— Ela disse que não prende humanos em fase gestacional. João Pedro disse isso e olhou apontando para barriga da esposa.

Helen sorriu para o marido. Ela não acreditou nisso, mas entendeu como mais uma jogada dele para acalmar os ânimos exacerbados do outro.

Júlio César olhou para ela como se pedisse desculpas por ser desse jeito. Contentou-se com o sorriso e o olhar de absolvição que recebeu.

Adentraram no espaço.

Caminharam por mais de 100 m e viram pontos luminosos na parede, muitos deles, e o espaço foi ficando cada vez mais iluminado, até parecer que estavam ao sol do meio-dia.

A rocha fechou sua entrada. O olhar de Júlio para João Pedro cobrou uma explicação.

— Não precisamos mais da luz externa. Ela é recatada, guarda segredos. Outros aventureiros podem querer entrar.

Paulo César estava maravilhado com as luzes.

— Que tipo de energia é essa? De onde vem?

Helen visualizou os escritos na parede e disse:

— Talvez os registros nos respondam essas e outras perguntas.

— Olha, Júlio, deve ser o idioma antigo que a cigana falou.

— Cigana barra prostituta.

— Não é nada disso. — Paulo assumiu a defesa da citada ausente — Era uma senhora aposentada. Já prestou seus serviços à sociedade, fez tipo um curso de mística com uma cigana de verdade e está ganhando uma graninha extra.

João Pedro e a mulher se olharam e trocaram um sorriso. No entender de Júlio, João Pedro se desfazia dele diante de Helen, por isso falou em tom de cobrança:

— Vai ali, fodão! Tira umas fotos daquele amontoado de letras e desenhos e leva pra estudar em casa.

João Pedro chegou mais perto da parede, visualizou atentamente os registros e não se conteve.

Riu sozinho.

Helen ficou curiosa.

Não menos que os demais.

Não entendeu a piada.

Os outros dois também se aproximaram, ficando atrás dela.

O que se pode entender é que os escritos não tinham sido feitos em língua portuguesa, inglesa ou castelhana, mas também não era código oriental nem inscrições celtas, como as que Helen tinha visto o marido pesquisando por mais de um mês. Reconheceu até bastante similaridade com o latim.

— Isso é latim?- Ela questionou.

— Não, meu amor. Quer dizer... É latim também. Essa língua se chama esperanto.

Helen e Paulo já tinham ouvido falar, mas na cabeça de Júlio não foi feita nenhuma conexão e perguntou:

— De que época é essa língua?

— Final do século XIX, foi criada por um médico polonês - Explicou João Pedro

— Século XIX? Pra mim isso é coisa antiga.

— Nada. Essa língua é um bebê.

— De proveta — completou Helen.

— A tal cigana de vocês estava enganada ou mentiu. Esses textos podem ser traduzidos com um aplicativo de celular.

— Teríamos que ler ou digitar tudo isso? Sem chance. Sabe ou não sabe ler?

— Sim. Acho que dou conta.

— Onde você aprendeu? — Paulo e Helen perguntaram juntos.

— Aos 17 anos fiz parte de uma comunidade de esperanto. Fiquei quatro meses de mochila pela Europa, na casa de outros membros da comunidade. Entre nós, só falávamos nesse idioma.

— Uma mochila e um cartão de crédito internacional. Muitas línguas, mulheres, línguas de mulheres, lugares diferentes, línguas de mulheres em diferentes lugares... Você é tão irresistível. Por que não traduz essa merda toda de uma vez pra gente?

Júlio estava pilhado.

Quase quatro horas sem fumar e se mordendo de ciúmes da devoção que Helen e Paulo dispensavam a João Pedro.

Ué! Afinal, o cara não era nenhum semideus.

— Alguma vez já te falei que você parece uma namorada ciumenta? Fica quietinho, meu ruivo preferido. Não se esquece de que você ainda me deve uma apalpada, seu gostoso!

Helen e Paulo César se olharam e riram.

Júlio não esperava ouvir algo assim. Tomou um golpe do tipo que não sabia se defender e se calou.

João Pedro procurou o início do texto. Precisava de concentração, não de um palhaço nervoso para pressioná-lo. Era autodidata, mas não fazia milagres. Considerava a linguística mais do que uma ciência: era ciência, cultura, sincronia, diacronia e, em seu entendimento pessoal, até transcendência.

A ordem da escrita estava um pouco fora dos padrões ocidentais. Corriam em três círculos no sentido anti-horário. Para fazer sentido, a sintaxe precisava fluir do centro para a extremidade. Os três espirais de palavras juntavam-se num ponto em comum, formando um triskle.

— *"En la centro de la tero estas suno, kiu nutras mi lojan da vivoj per energia"*. Alguém vai ter que bater as fotos e outro escreve a tradução.

Helen pegou a câmera fotográfica na mochila do marido e entregou na mão de Paulo e se encarregou de ficar com a caneta e o caderno.

— Fala da existência de um sol no centro da Terra e que há uma população que vive da energia desse sol.

Olhou repentinamente para Júlio, que estava quieto de palavras e até de seus costumeiros dor, raiva e ciúme.

— Vamos fazer um teste. Você se afasta um pouco da gente, como se fosse voltar ao local por onde entramos.

Júlio ficou desconfiado, olhou para a mulher que amava e para o melhor amigo. Eles esperavam isso dele. Reclamavam sua coragem. Ele atendeu ao pedido. Conforme foi se afastando, o local foi perdendo a iluminação, até se tornar um breu completo, diminuindo também a temperatura.

— Volta, Júlio! — gritaram os três praticamente juntos.

— O que foi isso? O que aconteceu?

— Os fios condutores da energia que emana luz e calor são responsáveis por ativar todas as ferramentas, meios de transportes e de comunicação, e alimenta a vida neste reino existente no interior da Terra. Esses condutores são os corações pulsantes de milhares de seres que foram, vamos dizer assim, batizados com o fogo.

— Eu sou a fonte da energia?

— Não, Júlio. A energia principal nasce desse sol do centro da Terra. Você é um condutor, carrega e distribui essa energia.

— E por que a luz não o acompanhou?

Precisa de dispositivos. Corpos recebem a energia e a transformam em algo. Essas pequenas pedras, misturadas ao material da parede interna da rocha, no local em que estamos, são como lâmpadas que pedem e emitem iluminação. Para tudo existe uma demanda diferente. Inclusive, pasmem, diz aqui que a energia e a ciência desse povo lhe possibilitam viajar a outros planetas em infinitas galáxias e trocar conhecimento com inteligências extraterrestres.

— Você tá explicando um pouco aqui, um pouco ali, não tem como seguir uma sequência? — Helen queria organizar os registros que fazia.

— Tem sequência, mas não é o nosso jeito de ordenar. São três círculos, e vejam como no percurso do texto os traços da caligrafia mudam. Então, quando isso acontece, eu tenho que sair de um círculo porque o fluxo semântico foi interrompido. Daí, pela forma da letra identifico em outro conjunto onde se dá a continuidade do texto anterior. Pelo que eu estou entendendo foram feitas explicações de diferentes assuntos. Vou tentar fazer um apanhado geral. Depois, em casa, com calma, vejo as fotos e analiso os detalhes.

Pedro falou isso e nem mexeu o pescoço para ver os pontos de interrogação nos rostos dos ouvintes. Continuou ditando o que compreendia para que fosse anotado:

— Neste reino existem seres divinos: masculinos e femininos.

— Homem e mulher?

O tradutor meneou a cabeça:

— Não é bem isso. Não tem a ver com características físicas ou fisiológicas. É como se fossem essências.

— Como cheiro? — Júlio foi quem compreendeu com mais facilidade.

— Por aí. Como uma enorme cartela de amostras de inúmeras essências femininas e da mesma forma inúmeras e distintas essências masculinas.

— Mas tem corpo?

— Sim. À semelhança do que temos na Terra. *"Vira kaj ina dia essenco"*. E tem mais *"Rilati sekse per inokulado"*, ou seja, a relação sexual deles se dá num processo de inoculação de essências.

— Como se o cheiro de um se prendesse ao espírito, à essência, de outro?

João Pedro sabia bem do que Júlio estava falando, pois suas palavras retratavam um sentimento verdadeiro e poderoso. Mas ele não quis responder com palavras. Não seria justo. Palavras não dariam conta.

Parou de olhar para os registros na parede, e se arriscando a perder a concentração do trabalho que desempenhava, convergiu seu olhar nos olhos do outro, como se pudesse conversar com aquele espírito de pureza intempestiva, e numa expressão séria movimentou a cabeça em resposta afirmativa.

— Você definiu muito bem. Nem tenho o que lhe falar... Música! Uma boa música acompanhada de uma reação motora. Essa linguagem vai te ajudar.

— Pelo amor de Deus, Helen! O que ele está falando agora? É comigo isso?

João Pedro admirava as reações de Júlio; abruptas e desprovidas de artifícios e da forma com que ele se intimidava quando não se sentia seguro em algum assunto ou lugar.

Voltou a se concentrar nos registros.

— Superdesenvolvidos em ciência e evoluídos em empatia e amor. Uma relação animista.

Paulo e Júlio reconheceram a palavra, mas preferiram ficar em silêncio e ouvir.

— O governo geral é feito por uma entidade feminina chamada apenas de deusa-mãe, que estende seu sistema nervoso por toda a nossa Terra.

— A deusa da Terra! — Helen atraiu a atenção dos três, afinal, todos ali já tinham, em pelo menos, alguma circunstância, escutado ela falar dessa personagem. — Vocês também são lindos! - foi como Helen retribuiu a atenção recebida — Obrigada! Pode continuar, Pedro. Estou anotando.

— Inteligências diversas: biológica, física, química, linguística, matemática, psíquica, tecnológica, filosófica e metafísica. Há milhares deles vivendo entre nós, na superfície da Terra. Divinos, descendentes, reencarnados e miscigenados com seres humanos.

João Pedro parecia procurar algo. Seus olhos corriam e mudavam de direção.

— Olha só, a continuidade da mensagem segue pra essa espiral de cima. Estão na Terra com a missão de tentar salvar a espécie humana de si mesma. Em todos os continentes há aberturas para esse reino interior: Ásia, Europa, África, nas três Américas e Oceania. Inclusive, fala de um deus que os povos antigos do nosso continente tinham na condição de profeta.

— Devem ser os Maias e os Incas.

— É provável, mas no Brasil também: no ponto mais central do Brasil, a 700 m de altitude, há uma entrada protegida há anos por gerações desses guardiões.

— Eu sei do que se trata — Adiantou-se Paulo César -. Eu descendo desse povo. Minha mãe é neta de Apoena, guerreiro Xavante que viveu e morreu na região da Montanha do Roncador, em Mato Grosso do Sul.

— Daí sua espiritualidade evoluída — observou Helen.

Como a única cientista acadêmica e genealogista por prática, reconheceu nele os traços indígenas, Paulo ficou entusiasmado e quis presenteá-los com mais conhecimento de sua ancestralidade:

— Os Xavantes cultuam o equilíbrio das belezas física e espiritual.

Os três olharam Paulo ao mesmo tempo, de cima a baixo. A beleza era inquestionável.

— Acho que nisso todos nós concordamos — comentou João Pedro.

Júlio não queria dar confiança, mas seu sorriso o traiu.

Sob o olhar de aprovação da esposa, João Pedro voltou a percorrer os olhos pelos escritos, juntando orações e formando frases entendíveis.

— Esse deus viveu em diferentes pontos do nosso continente. Nosso escrivão explica que os habitantes desses lugares o chamavam de Quetzalcóati ou Heumac.

Os dois Césares se olharam. Não era a primeira vez que ouviam esse nome.

João Pedro fez uma pausa, voltava e seguia com os dedos em pontos específicos:

— Aqui o texto está em primeira pessoa. A pessoa que faz o registro diz que é um reencarnado. O último círculo gira em torno desse símbolo.

— É um triskle. — Júlio quis mostrar que não era nenhum desinformado. — Pesquisamos sobre isso.

— Esse é o símbolo da deusa-mãe. Indica três forças femininas: a idosa, sabedoria; a mãe, amor divino e fertilidade; e a virgem: a pureza física. Diz aqui que as energias dessas três personagens envolvem na Terra a existência dos filhos de Heumac.

— De novo esse nome? — Paulo voltou a atenção para si com essa fala. — Desculpa, Júlio, mas eu vou falar o que a gente sabe e que já deu pra entender aqui.

Júlio baixou a cabeça e a balançou negativamente. João Pedro e Helen direcionaram ao interlocutor, seus olhares curiosos.

— É você, João Pedro — afirmou Paulo.

— Eu? Tudo bem. Eu, o quê?

— Você é o filho de Heumac. Você é o linguista e, pelo que eu vejo, não é só isso. Você deve ter outros atributos que eu ainda não sei, mas esse personagem é você, ou você é um deles. Devem ser muitos.

João Pedro ficou pensativo.

— Eu nem conheci minhas avós, não tenho irmãs e praticamente nem mãe. A única mulher na minha vida é a Helen.

— Quem eu seria nessa equação?

— A mãe. Você representa a maternidade — Pedro falou isso porque estava confiante de que o terceiro bebê viera para ficar.

— Minha avó é a sua avó. É ela quem nos orienta e nos aconselha.

305

— E a virgem? — Paulo ficou curioso. — Uma virgem seria, assim, tipo uma santa?

João Pedro se lembrou da conversa que teve com a mãe há mais de dez anos. "Paixão de uma noite", ela disse. Nem sabia o que estava falando. Sempre naquela competição com o próprio filho. Conseguia entender agora que essa paixão poderia ser a forma como ela conseguiu explicar o inexplicável, que nem ela sabia dizer. Engravidou sem participar de um ato sexual, pelo menos não nos padrões humanos de concepção. Não soube lidar com a própria anormalidade. No inconsciente, sua real aversão era a si própria.

— Quanto a isso ninguém se engane: a virgem não é santa! Precisa é de um bom analista e de alguém que a faça ascender ao céu.

— Quanta blasfêmia e mau agouro! Tá falando de morte? — Ao acabar de falar, Helen já estava começando a entender a linguagem mascarada do marido, que insistia em colocar sexo e morte em termos afins.

— Ah, sim...

O olhar felino de João Pedro buscou os olhos da esposa e se encontraram num espaço que lhes pertencia.

Júlio e Paulo ainda estavam confusos.

— Como assim?

— Pode explicar?

João Pedro, que trocava um sorriso malicioso com a esposa, balançou a cabeça em negativa e disse:

— Digo-lhes que uma contradição me atinge como uma ofensa ao afirmar que a virgem é a senhora minha mãe.

Júlio e Paulo continuaram confusos, mas não insistiram.

— Ouçam só isso! — João Pedro mudou de assunto. — De tempos em tempos, quando é previsto que o ser humano causará alguma catástrofe contra a natureza, Heumac, que é o deus supremo de todas as águas, transporta sua essência vital e divina a seres dos mares. Essas criaturas marinhas, eleitas por uma sabedoria suprema, uma vez tomadas dessa energia divina, adquirem a forma humana.

— Se os divinos, evoluídos, já têm forma humana, por que misturar suas essências a corpos de animais marinhos para depois pisar sobre a terra? — Helen estava registrando e não queria deixar brechas.

— Já tinha encontrado essa resposta. Foi há uma espiral e três voltas antes, ou depois, só não sabia ainda onde encaixar. Os corpos divinos têm forma humana, mas não são de carne e ossos, são corpos celestiais e intangíveis. E os animais marinhos são escolhidos porque seu habitat, o oceano, é um "ligilo", uma ligação entre os dois mundos.

— Mais um antagonismo — observou Helen —. A ponte, ou istmo, é o próprio oceano. O que nos separa enquanto humanos nos liga ao mundo interior.

João Pedro concordou com a reflexão e deu sequência:

— Ele, o próprio Heumac, seduz mulheres e homens, mas só cumpri o seu desígnio quando encontra o útero das fêmeas que foram eleitas pela deusa suprema para assumirem a missão de trazer para a Terra os genes divinos, que formam pessoas com capacidade de interferirem positivamente no desenrolar dessa catástrofe. Devido à extrema ganância e ao ódio dos seres humanos, muitos desses seres superiores não conseguem cumprir seu propósito sagrado.

— Deve ter sido o caso do inventor do esperanto. Tinha um objetivo sublime, mas faltou adesão.

— Adesão quer dizer interesse econômico.

— Boa tradução, Paulo. Basicamente era isso. Mas ficaram outros detalhes e assuntos que eu dei uma salteada. Vou examinar outra hora de forma mais apropriada.

Então eles regressaram para o local por onde entraram e a pedra tornou a abrir ao contato de Paulo. Na saída, João Pedro retirou a cruz e pediu que Helen voltasse a guardá-la.

Quando Helen pretendia devolver a mochila para marido, Júlio se intrometeu:

— Deixa que eu levo.

Paulo meneou a cabeça.

Era evidente que depois de saírem da caverna, o amigo se sentia apagado. Tornara-se dependente da atenção dela e desde que soube da gravidez não era só isso, tinha também perdido o limite do zelo, transformou-se na personificação dos reflexos de cada movimento dela.

Helen entregou a mochila nas mãos dele. Paulo aproveitou o momento e perguntou a João Pedro num sussurro confidencial:

— Isso não incomoda você?

— *Chi ama, se ne frega*! Ele ama a quem me importa e me importa que alguém além de mim se importe com quem amo. Não sou onipotente, onipresente, muito menos imortal, mas o amor, sim.

A resposta superou as expectativas de Tainha. Deu o que pensar.

Helen quis fazer mais uma visita à na cascata. Inventou de pisar mais próximo à fonte e escorregou, mas não chegou a cair porque estava bem escoltada.

Pedro e Tainha só conseguiram acompanhar com os olhos, já tinham visto o pior acontecer. Suspiraram fundo. O suspiro de João Pedro veio acompanhado de um lamento, como se tivesse sido golpeado na alma.

No gesto abrupto que fez para segurar Helen, Júlio, que trazia a mochila num só lado do ombro, deixou-a cair sobre as pedras. No susto, quase não perceberam o barulho seco e estridente que o objeto emitiu ao se chocar contra as pedras e escorregar para um mergulho, tornando-se uma mochila ensopada.

Paulo abriu a mochila e constatou que a câmera estava perdida e as anotações, escritas à caneta, tinham se transformado num grande borrão.

— Já era! - Concluiu Paulo César.

João Pedro correu para abraçar e beijar a esposa, e antes que Júlio César reabastecesse sua carga de ciúme, foi surpreendido por João Pedro com um forte abraço e um mais do que inesperado beijo nos lábios. Um beijo tão espontâneo e impetuoso que deixou um audível estalo.

— Muito obrigado!

Instintivamente, Júlio esfregou os lábios com uma das mãos, como se pudesse anular os efeitos do gesto recebido. Impotente, nem conseguiu sentir raiva. Tencionava dizer a João Pedro que ele devia guardar o agradecimento. Primeiro, porque não almejava construir vínculos nem laços com ele, depois, porque não era por ele que tinha agido daquela forma, mas o olhar de João Pedro oferecia só e somente gratidão, fazendo-o desenterrar a culpa de um adúltero, no sentido bíblico da palavra.

Por isso deixou o silêncio em resposta.

Já, Paulo César se descontrolou a rir e não conteve o comentário:

— Se alguém aí estava devendo ou cobrando uma apalpada, acho que já está de bom tamanho o pagamento.

46

CONVERSA RETA

Dois meses depois, julgando que havia dado tempo suficiente para que Helen tivesse as respostas que lhe serviriam para serenar o espírito, Júlio a procurou, mas não a encontrou nem no Ubatuba, nem na casa da avó Felicidade.

— Às vezes — explicou a avó —, ela passa a semana em Floripa. É por causa dos estudos.

— Muito obrigado!

Júlio teve a sensação de que ela estava fugindo dele, desviando-se de uma conversa reta e perigosa, porém não mais arriscada do que o ato entre eles consumado. Lembrou-se de que ainda tinha com ele, em algum lugar, o número do telefone de João Pedro.

Tinha muitos cartões, mas não guardaria com ele tal número para que os olhos, em conluio com o inconsciente, não lhe pregassem peças e, ainda que subliminarmente, fizessem-no lembrar de um nome que não lhe trazia nenhum sentimento prazeroso, somente dor, amarga e pura.

— Tainha, lembra aquele cartão que eu entreguei a você uma vez?

— Com o número do marido da Helen?

Tainha sabia bem a resposta, mas queria sublinhar para o amigo qual era o papel de cada um naquela história e que Júlio deveria ponderar suas atitudes fosse qual fosse o propósito da pergunta.

— Na época ainda não era.

— Tenho, sim. Olha bem o que você vai aprontar. Fica se comportando como um doido, eu não posso defender você, nós não somos mais moleques.

— Não vou aprontar nada. Só preciso conversar com o cara.

— Tudo bem.

Tainha abriu a carteira e tirou um cartãozinho azul. Fez que ia entregar, mas quando Júlio segurou no pedaço de papel, esse estava preso com força entre os dedos do amigo.

— Que foi, mano?

— Ah, agora sou seu mano? Lembra que você ainda não me explicou direito aquela história toda esquisita lá no Canta Galo?

— Não posso. Eu amo você, mas não posso. Pelo menos, não ainda. Mas algum dia eu conto.

— Pelo jeito é coisa muito séria.

Júlio fez uma expressão de lamento que Paulo bem conhecia, confirmando, sem palavras, as suspeitas do amigo, com um duplo balançar vertical da cabeça.

— Tudo bem.

Soltou o cartão.

— Sabe aquilo que eu falei antes? Esquece. Se precisar de ajuda, eu estou aqui.

Abraçaram-se.

Júlio pensou ter guardado o segredo, mas Paulo recebeu toda mensagem que apenas sua boca não enviou.

Em posse do que procurava, Júlio ligou para João Pedro e marcou um encontro, pois no dia seguinte ao telefonema, o hoteleiro tinha compromisso no hotel da Enseada.

— Boa tarde! Preciso falar com João Pedro Blandini.

— O senhor tem hora marcada?

— Sim. Meu nome é Júlio César.

— Pois não. Ele o está aguardando numa mesa da nossa área externa.

Júlio foi ao local indicado pela recepcionista.

João Pedro apertou a mão dele e o convidou a se sentar.

— Sente-se, por favor. E pode ir direto ao assunto.

— A Helen. Preciso falar com ela. É urgente.

— Helen é uma mulher livre. Por que não a procura?

A palavra "livre" trouxe a Júlio uma suspeita: "O quanto João Pedro teria de participação na cerimônia realizada sob o eclipse da lua vermelha?". Afastou o pensamento, julgando-o imoral e indecente, quem sabe um agravante ao pecado já cometido. Cruel, consigo mesmo.

— Já fiz isso, mas não a encontrei.

João Pedro parecia pensativo. Mais litúrgico que o usual.

— Talvez ela esteja fugindo de você. Se ela não quiser lhe falar, eu não posso interferir na vontade dela.

— Como vocês conseguem? Combinam? Fazem pactos? Você disse que Helen é uma mulher livre. Você também é livre?

— Parece que você está a fim de mim e não é de hoje. — Na mesma velocidade com que falou, João Pedro se arrependeu. Estava sem clima para brincadeiras. — Desculpe-me. É que você tem uma espontaneidade com as palavras... Não dá pra resistir. Vamos fazer o seguinte: eu lhe devolvo a pergunta: você, Júlio César Garcia, se considera um homem livre desde aquele bendito *Réveillon* no qual a conheceu? Não precisa responder em voz alta, a sua resposta serve pra mim em relação a sua pergunta.

— Mas é o seu nome que ela carrega na aliança.

— O seu também.

— Às vezes, você me dá medo.

— Quer que eu fale com ela pessoalmente mais tarde ou ligo agora?

— Pessoalmente é melhor. Não, eu não vou aguentar esperar. Liga.

João Pedro pegou o telefone e começou a digitar o número. Júlio ficou apreensivo, os olhos percorriam todo o espaço sem se fixar em nada.

— Oi, meu amor!

Júlio fitou o colorido dos olhos do outro, atendo-se ao brilho dourado, e começou a fazer que não com movimentos da cabeça e enfatizando a emergência da mensagem com o gesticular do indicador esquerdo.

João Pedro cortou a conversa:

— Já resolvi aqui. Não era nada. A noite a gente se fala. Eu amo vocês.

Desligou e voltou a atenção da fala para Júlio.

— O que aconteceu? Mudou de ideia? — perguntou só para ver a reação de Júlio, pois sentiu na mesma hora em que se dirigiu à esposa, do outro lado da linha, uma fisgada vinda da alma a sua frente.

Júlio não tinha equilíbrio emocional para presenciar a troca de palavras carinhosas entre eles.

— Mudei de ideia. Você conversa com ela pessoalmente. Por telefone seria mais fácil pra ela dizer não. Depois você me liga dizendo a resposta ou pede pra Helen me ligar, já que ela não me atende.

— Então tudo bem. Por enquanto ficamos assim. Hoje mesmo você terá uma resposta.

À noite, como combinado, ele recebeu uma ligação de Helen, dizendo que poderiam se encontrar no sábado seguinte, na mesma praça em que ela fazia alongamento no período em que esteve no Paulas.

Dia e hora marcado, ele estava lá.

—Tudo bem com você?

— Comigo sim. Quer me falar alguma coisa?

— Sobre o seu bebê. Pelo ultrassom você já deve saber o tempo exato da gestação, e se eu sou o pai dele.

— Não, Júlio. Não pense dessa forma. Eu sou uma mulher casada. Independentemente de qualquer coisa, essa menina é filha do João Pedro. Espero que você não insista nem peça teste de DNA.

— Eu não faço teste de DNA. Eu sei o que faço, com quem e como faço. Pra ser meu filho, basta que a mulher diga que é meu. Se você diz que não é meu, então não é.

— Eu não disse isso.

— Dá na mesma. Joguinhos de palavras não me servem de conforto. Pode ficar sossegada, não vou mais importunar você. Eu entendi. Você não quer comprometer seu casamento, mas se essa criança for minha, um dia a verdade virá à tona. Era só isso então. Tchau, Helen!

— Tchau, Júlio César.

No que ia virar as costas, pensou que talvez tivesse usado uma dose excessiva de rispidez por conta de sua mágoa. E se Helen interpretasse o que ele disse como algum tipo de ameaça e, por conseguinte, inventasse de ir morar definitivamente em Floripa? Ou, o que seria pior, e se ela se mudasse para algum país estrangeiro?

— Espera aí. Ela já tem nome?

—Vai se chamar Carmem.

— Posso? — perguntou, apontando para a barriguinha dela ainda quase imperceptível.

— Sim.

Júlio acariciou a região pouco volumosa que abrigava um novo ser.

Helen se comoveu e deixou escorrer uma lágrima.

Júlio percebeu que era o momento para fazer um pedido.

— Não afasta ela de mim, por favor! A gente guarda o segredo, mas me deixa vê-la de vez em quando, apenas na condição de amigo, de tio, qualquer coisa.

—Tá bem, Júlio. Acho que não tem problema.

Ele sorriu, agradecendo. Triste, mas sorriu.

47

UM BRINDE À VIDA

Naquele Carnaval, Helen passou trabalhando.

Nos festejos de Momo, o meio ambiente, sobretudo a vida marinha, não ganham folga. Um ataque intensifica-se nessa época contra a biodiversidade da baía Babitonga.

Helen era integrante da ONG Marevida, que desenvolvia projetos de proteção à vida marinha no litoral catarinense. A equipe recolhia detritos, principalmente plásticos, dos mares, com uma embarcação especializada. Tinham compromisso também com a limpeza das praias, prestando um serviço de conscientização ambiental e distribuindo sacolas biodegradáveis.

Para a semana seguinte havia a previsão de rajadas fortes de vento e possivelmente a formação de um ciclone tropical na baía Babitonga, com ondas de mais de 3 m altura. Por esse motivo não iriam ao mar.

João Pedro insistiu para que Helen não trabalhasse nesses dias, visto que estavam a pouco mais de um mês para o nascimento do bebê. Mas não teve jeito. Helen fazia questão de contribuir com os trabalhos no mar, dentro da embarcação. Era acompanhada por dois mergulhadores, entre os quais estava Paulo César.

Os filhos de Joaquim e os filhos de Júlio tinham compromisso para tarde, um passeio turístico no barco pirata. Raquel os deixou na casa dos avós paternos, aos cuidados do pai, e viajou em companhia do novo namorado para um retiro espiritual. O itinerário previa a travessia da baía, almoço na Vila da Glória, parada em uma das ilhas para assistir à apresentação teatral com piratas e luta de espada à beira da praia. Joaquim e Júlio César passariam uma tarde com a família.

O sol despertou mais cedo e com um sorriso mais rasgado do que nos dias anteriores.

Helen saiu de casa sentindo umas cutucadas esporádicas na espinha que lembravam um misto de cócegas e soluço. Não tinha a menor ideia do que poderia ser, mas não comentou o assunto com ninguém. João Pedro não podia sentir a totalidade da dor física dela, mas o sofrimento físico acompanhava confusas emoções de padecimento, angústia e expectativa.

Uma festividade pagã não é tão reverenciada quanto às comemorações religiosas. A primeira, oficialmente, nem feriado é. Trabalham no Carnaval os carnavalescos, os operários portuários, os funcionários de hotéis, comércio, ambulantes, saúde, limpeza pública e diversos heróis do mundo real.

Depois do intervalo do almoço, a dor na espinha se intensificou e ganhou a companhia de uma dor no peito. Esta última, uma antiga conhecida dela, que se mostrou nítida para o marido, que se viu na obrigação de procurá-la.

— Vou levá-la agora para Joinville.

— Não precisa. Ainda falta muito para o nascimento do bebê.

Helen insistiu em ficar na maternidade local porque, no fundo, tinha outra preocupação que, se lhe fosse opcional, não compartilharia com o marido: era um lamento e um grito da natureza. Não era algo bom, mas a mantinha numa comunicação aberta com a deusa suprema.

Em Joinville, Helen se sentiria numa prisão de chão asfáltico, com paredes de cimento, oxigênio escasso, um sol que não banha e cozinha ao bafo.

Com explícitas palavras, Helen lembrou que sentiu o mesmo no dia do acidente da fumaça tóxica.

— Meu Deus! — Foi a expressão contida de João Pedro. — Tudo no mesmo dia!

A lembrança trazida por ela deixou em evidência a porção supersticiosa de João Pedro, que perguntou:

— Está com a cruz?

— Na minha bolsa, com os documentos.

João Pedro pegou o objeto, enganchou na corrente, ao próprio pescoço, movendo o fecho dourado para deixá-la mais ajustada ao seu corpo.

Helen estava recebendo atendimento, ouvindo o batimento cardíaco do bebê. A fisionomia da enfermeira demonstrou preocupação.

— Vou avisar ao médico.

— O que está acontecendo?

— Faz tempo que você está perdendo líquido?

— Não sei.

Como ela já estava há alguns dias perdendo a habilidade de conter a urina, Helen não percebera que se esvaía aos poucos o líquido amniótico.

— Tudo bem. O obstetra já está vindo. Vamos levá-la para a sala de parto.

João Pedro ficou mais do que apreensivo, sem saber o que fazer. Queria ir com a esposa para a sala de parto.

Helen o dissuadiu da ideia.

O marido era sempre presente de corpo e espírito, mas por algum motivo sua energia não estava toda ali, com ela e a filha prestes a nascer. Dessa forma, estando em mais de um lugar ao mesmo tempo, João Pedro não estava em lugar algum.

— Não. Você não tem o que você fazer aqui. Tem algo incomodando você. Vai! Resolva esse problema e depois volta pra gente.

João Pedro segurou a mão da esposa e deixou em seu dedo um beijo nas duas alianças. Beijou-a nos lábios e na barriga, conversou com a bebê ainda por nascer e chorou como em poucas vezes em sua vida. Então disse:

— Eu amo vocês.

— Nós amamos você.

— Juízo!

Fora da maternidade, o céu estava carregado e o vento intensamente forte. Ao que indicava, os fenômenos catastróficos que estavam previstos para a semana seguinte estavam tão apressados quanto a neném na barriga de Helen.

Naquele dia, a temperatura estava acima do naturalmente suportável. O ar estava quente e o vento, que ficava cada vez mais furioso, não oferecia qualquer refresco.

O céu escureceu por completo, o mar ficou extremamente agitado e as ondas começaram a superar em altura as previsões meteorológicas. A água do mar começou a expulsar todos que resolveram passar o dia em sua superfície.

Um navio inglês chegava abarrotado de contêineres e começou a sambar sobre as águas brasileiras. Seu palco era a baía Babitonga.

Fortes e sequenciados raios atingiram o navio, como se fossem mísseis endereçados por divindades da natureza. Sem ritmo nem equilíbrio, tentando um rebolado desengonçado, o intruso deixou cair alguns de seus contêineres. Seu conteúdo, renegado, era a materialização do profano que as divindades se uniram para expulsar a todo custo.

Sucumbindo à fúria dos elementos da natureza, o material armazenado com descaso, como uma oferenda repleta de sarcasmo e desrespeito, começou a ser liberado nas águas com a mesma força e rapidez com que apanhava do ciclone. A equipe que fazia a limpeza no mar já tinha alcançado a terra quando Paulo lembrou que Joaquim e Júlio tinham saído para um passeio no mar.

Tudo aconteceu de repente.

A ventania surgiu do nada.

De forma arrebatadora, de um céu límpido, num piscar de olhos, não se enxergava mais luz. O vento tirava as árvores para uma dança tão voraz que não foram poucas aquelas que se partiram ou foram arrancadas desde a raiz, como se fossem participantes de um transe hipnótico coletivo de autodestruição.

Um chamado vinha do mar, com voz mais nítida e audível que o da própria paternidade.

João Pedro chegou à baía a tempo de avistar ao longe o barco pirata, de passeio turístico, e lançou-se ao mar, pulando do trapiche. Naquele momento não podia considerar os avisos de segurança, a esposa, a filha, o pai e nem a si próprio. Ao cair na água, a cruz presa ao pescoço acendeu e aos poucos foi enviando informações sinápticas ao cérebro de João Pedro e promovendo graduais alterações anatômicas em seu corpo. Seu sistema respiratório foi se adaptando e o corpo deslizava, cortando a água com velocidade.

Quando chegou próximo ao barco viu uma criança de colete se debatendo nas ondas violentas, que o golpeavam por cima e, se desejassem, poderiam facilmente tê-lo afogado.

Do barco, Júlio não conseguia gritar. Uma afonia emocional tinha dominado suas cordas vocais. O menino ao mar era Andriel. Júlio permanecia ali parado porque Alice o segurava com um forte abraço. Ele sabia que se caísse na água não voltaria vivo.

Estava fascinado pela voz e pelo cheiro da morte. Um fascínio mágico e insular. Desejava degustar o beijo que ela lhe oferecia pelo brilho dos olhos do filho.

Uma dor pungente no peito de João Pedro parecia dilacerar seu coração e o avisou que Carmen havia acabado de nascer. Não estar com elas lhe impunham o pior de todos os martírios, mas, ainda assim, estava cada vez mais convicto de que sua presença ali, no mar, era a prioridade naquele momento.

Ele segurou Andriel com uma força física que não lhe era natural e, junto à embarcação, conseguiu erguer o menino para ser alçado pelo pai. Após abraçar e beijar o filho, Júlio sentiu que recuperava aos poucos a capacidade da fala e conseguiu olhar nos olhos do seu salvador, porque era exatamente isso que a figura de João Pedro representava para ele naquele momento, dadas as circunstâncias.

Em seu íntimo, Júlio rasgou uma antiga promissória e subscreveu outra, na qual João Pedro era o beneficiário, e entendeu que não poderia lhe pagar nem que abdicasse da própria vida, pois as vidas dos filhos valiam infinitamente mais.

Com os olhos banhados em uma solução que resultava da mistura de suas lágrimas com a água do mar e da chuva, Júlio conseguiu, por fim, pronunciar uma palavra:

— Obrigado!

— Cuida delas. — Foi a resposta de João Pedro.

Um pedido que, no ápice das emoções, foi recebido por Júlio como mais uma das mensagens incompreendidas que ele recebia de João Pedro, porém, no momento em que pronunciou a palavra "obrigado", Júlio lembrou das palavras de João Pedro: "... *significa que as pessoas estão atadas, ligadas, presas por um laço*".

A fúria do vento ainda não estava aplacada e o motor do barco não estava conseguindo vencer a guerra contra o mar. Foi nessa condição que avistaram Paulo César.

A presença dele abriu um caminho de calmaria nas ondas, como se Paulo tivesse permissão para resgatar aquelas vidas e guiá-las com tranquilidade até o trapiche. Dali, Paulo não avistou mais João Pedro, mas não deixou de perceber que uma toninha o rondava. O animal tentava estabelecer contato com ele, chegava muito próximo e emitia sons sibilados.

O vento foi perdendo força e o mar se controlava para denunciar um grave crime ambiental.

Os contêineres ingleses defecaram nas águas da baía, a fossa do pomposo e elegante velho mundo: sacolas plásticas, luvas cirúrgicas, seringas, lixo hospitalar, fraldas sujas e uma imensidão indescritível de expurgo humano. A baía Babitonga tornou-se um habitat violado, um santuário maculado, impossível à sobrevivência de qualquer forma de vida.

Paulo foi defrontado com a impotência das toninhas, intimidadas e sufocadas em seu próprio estuário. Os animais estavam perdidos no meio da imundície.

Com a autoridade de guarda real que lhe foi outorgada por forças divinas além do nosso entendimento, a presença dele foi abrindo caminho pela poluição, enquanto a toninha principal acionava um sonar natural alertando e guiando os demais da espécie.

48

OLHOS DE FECHADURA

Após o profético e fatídico dia do nascimento de Carmem Blandini, João Pedro nunca mais foi visto. Ele foi dado como desaparecido. Buscas foram realizadas durante vinte dias pelos bombeiros e Marinha, mas não obtiveram êxito.

A menina, prematura, ficou um mês na UTI da maternidade. Quando finalmente teve alta, Helen levou a filha para ficar com ela na casa da vó Felicidade. Ela se sentia culpada pelo marido não ter tido nem a chance de ver o rosto da filha.

Carmem, que recebera o nome da mãe de Guido Manfredo, conforme era a vontade do pai, nasceu com os dois olhos dourados e a marca da coloboma na parte inferior da íris nos dois olhos. "Uma mutação genética hereditária", segundo os médicos.

A pele morena, cor de cappuccino, pequenas sardas no rosto e nas costas, e sobre a cabeça uma penugem clara começava a exibir uma tímida tonalidade carmim. Mas seu encanto mais abundante era, com certeza, o sorriso.

Sorria.

Carmem tinha o sorriso de João Pedro e, como o tal, não deixava a mãe chorar. Quando sua simpatia invadia o olhar da mãe era um acalento para sua dor.

Nos primeiros dias em casa com a bebê, uma Range Rover vermelha parou em frente à casa de dona Felicidade.

— Bom dia! Posso falar com a Helen?

— Sim. Ela está descansando com a bebê, mas pode entrar. Eu levo o senhor até o quarto dela, seu Guido. — Raquel se lembrou de imediato do dia em que recebeu João Pedro. Pai e filho tinham a presença e um jeito de ser praticamente idênticos.

Guido entrou no quarto onde estavam Helen e a neta. Pediu licença, beijou a nora duas vezes, uma em cada lado do rosto. Então segurou a neta nos braços pela primeira vez.

— É una bella ragazza!

Olhou para Helen, sentada na cama, e disse:

— Helen, minha querida, nós sabemos que o nosso João Pedro não vai mais voltar. Eu vim lhe pedir, se preciso suplicar, que venha para minha casa com a Carmem.

Helen pensou em como Guido foi um modelo para João Pedro em tudo que ele tinha de bom e admirável e que, naquele momento, poderiam se conceder mútuo consolo.

— Eu não me sinto bem lá sem o meu marido.

— Sei o que quer dizer, mas acredito que você ainda não saiba que Angel não mora mais lá.

Helen arregalou os olhos:

— Como assim?

— Quando soube que meu filho tinha desaparecido no mar em meio àquela grande tragédia ambiental, compreendi que o tempo tinha chegado, que cumprira toda minha parte no acordo e, apesar do sofrimento que a falta dele me faz, comecei a repensar todos os conselhos que ele insistia em me dar: aproveitar cada instante da vida ao lado de pessoas com boas energias, pessoas que eu amo, que me amam... Descomplicar. Resolvi assumir o meu relacionamento amoroso, fiz um acordo financeiro com a Ângela e, desde então, estamos separados.

— Sério? Então vou poder conhecer, enfim, o seu namorado?

— Com certeza. Ele se chama Murilo e está no carro, esperando, eu acho. Quer que eu o chame?

— Não tem necessidade. Nós vamos com vocês. Mas não é definitivo. Você sabe que tenho minha casa no Ubatuba.

— Para mim está perfeito. A propósito, onde está sua avó? Quero falar com ela e lhe dar um abraço.

— Deve estar no jardim ou no quarto, atendendo alguém.

Em silêncio, entraram no dito ambiente.

Dona Felicidade estava dando uma benção. Helen não conhecia a pessoa. Guido puxou-a para fora do quarto e cochichou:

— É o Murilo. Quando soube que a sua avó era benzedeira ele cismou de vir junto.

Helen riu.

— Um homem de fé. Gostei dele.

No que diz respeito ao desastre ambiental sofrido, foram meses de intensivo trabalho, numa união de empresas, entidades governamentais e Organizações não Governamentais, para retirar toda podridão despejada no mar.

A imundície sólida foi recolhida, armazenada e devolvida para o país de origem. Centenas de toneladas de lixo.

Banhos de mar, pesca, prática de surfe e outras atividades afins foram suspensas por seis meses, que poderiam ser prorrogáveis, dependendo dos resultados de novas análises do nível de contaminação da água.

Animais marinhos foram contaminados e sufocados até a morte. Milhares de peixes, centenas de tartarugas marinhas e duas toninhas apareceram mortas nas praias.

Como no caso do incidente da fumaça tóxica, o acontecimento foi manchete nos jornalismos nacional e internacional. O governo federal pediu a abertura de uma investigação e o fato causou um estremecimento nas relações diplomáticas entre os governos brasileiro e britânico.

João Pedro virou um número no balanço da tragédia.

Findado o prazo preestabelecido, as atividades marítimas foram se normalizando e Helen voltou a se dedicar a sua pesquisa para conclusão do mestrado.

No dia do seu vigésimo sétimo aniversário, Helen foi com Carmem, de oito meses, para se lembrar de João Pedro, no trapiche da Babitonga, lugar de onde ele saiu para não mais voltar.

Sentou-se num dos bancos e enquanto sorria para filha, que estava deitada no carrinho de bebê, ouviu uma voz familiar se dirigir a ela:

— Tia Helen!

Era Alice. Tinha crescido bastante, mas seus traços eram inconfundíveis.

— Que linda que você está! Já é uma moça.

—Tenho 12 anos e o Andriel, 9.

Andriel começou a rir.

— Tá vendo? O mano também sentiu saudade.

— Vocês estão sozinhos?

— Não. O pai foi ali na padaria para comprar daqueles picolés de chocolate.

Júlio saía da padaria com os picolés numa sacola, com os olhos buscando os filhos.

— Pai! — Alice gritou e balançou as mãos para o alto para chamar a atenção.

Aproximando-se dos filhos, Júlio já tinha percebido e visto a presença de Helen. Quando finalmente se viu de frente para ela, ficou parado e mudo por longos segundos de apreensão de espírito.

O cérebro sempre lhe pregava essa mesma peça, deixava-o incapaz de reagir.

Seus olhos brilharam e o coração começou a bater com uma força tal, dando a ele a impressão de que os filhos podiam ouvir. Alice riu e comentou com o irmão:

— Mano, lembra da história que o tio Tainha contou, de quando o pai conheceu a tia Helen?

Andriel deu risadas e descreveu a parte que mais lhe agradava da história:

— Ficou bobo.

— Olha só, tá igualzinho!

— Para com isso, Alice! Peguem seus picolés e sentem ali, no outro banco, ou vão dar uma olhada nas barraquinhas de artesanato.

Júlio se sentou ao lado de Helen.

— Como você está?

— Eu estou bem, obrigada! Aliás, nós estamos bem. Aquela miudinha, ali deitada, é a Carmem.

Júlio se inclinou levemente e afastou o tecido que estava sobre o carrinho, escondendo o rosto da bebê.

A cor dos olhos de Carmen era oscilante e não se sabia ainda qual era o agente que influenciava na transformação. Uma condição poligênica. O dourado da íris, no momento, virara um castanho esverdeado.

As marcas que pareciam escorregar de cada íris propiciavam um realce no olhar e despertavam curiosidade, pois seu formato lembrava duas fechaduras. Júlio julgou nunca ter visto uma beleza tão genuína como a dela.

O amor para ele era assim, raro, intenso e infinito.

— Posso pegá-la no colo?

Helen assentiu com a cabeça, e no que esticou as mãos para alcançar a bebê no carrinho e entregá-la, Júlio notou que ela usava duas alianças no mesmo dedo, como havia colocado na noite do eclipse lunar, noite em que Carmen foi concebida.

Quando segurou a bebê no colo ficou fascinado.

— Helen! O cabelo dela é igual ao da Alice.

— Quer dizer, igual ao seu.

Júlio confirmou com um aceno de cabeça. Os olhos expunham um misto de sentimentos: vaidade, aflição e uma esperança desesperada.

— Ela nasceu antes do tempo?

— Sim, Carmem nasceu prematura.

Júlio reconhecia nas sardas um capricho inédito de sua bioassinatura. Beijou a bebê incansáveis vezes, abraçou-a, cheirou-a com aspiradas prolongadas e chorou baixinho, tomado de uma emoção desmedida.

— Feliz aniversário, Helen!

— Obrigada!

— Você veio aqui por causa do João Pedro?

— Sim.

— Sabe qual foi a última coisa que ele me pediu depois de salvar o Andriel e... desaparecer?

Helen até fazia uma ideia, mas ficou aguardando que ele falasse.

— Pediu para eu cuidar de vocês.

— Isso é bem o João Pedro.

— Pai! Tia Helen! Olhem lá! Tem uma toninha bem perto do trapiche.

Os dois caminharam até a ponta do trapiche, acompanhados por Alice e Andriel. Helen quis levar Carmem consigo, mas Júlio não queria largá-la.

A toninha saía da água e a bebê ria.

Andriel falou para a irmã:

— Mana! A Carmem e a toninha.

— O que é que tem, Andriel?

— Não está vendo? — O menino respondeu com convicção. — Elas estão conversando.

Alice não ouviu nenhuma palavra da dita conversa, mas viu o exato momento em que a íris da bebê ficou dourada.

O barco de turismo chegou com música em volume alto e a toninha se afastou em alguns mergulhos.

Júlio acomodou Carmem no carrinho, aos cuidados de Alice, que estava apaixonada pela bebê, e segurou as mãos de Helen, formalizando o convite num diálogo silencioso e intraduzível.

Ao som da música, energias do mar e da terra, podiam sentir o fascínio de dois corpos unidos compartilhando a mesma reação motora: dançando.

FIM